# Highways nach Alaska.

VISTA POINT VERLAG

Eine Übersichtskarte des Reisegebietes mit den eingezeichneten
Routen finden Sie in der vorderen Umschlagklappe.

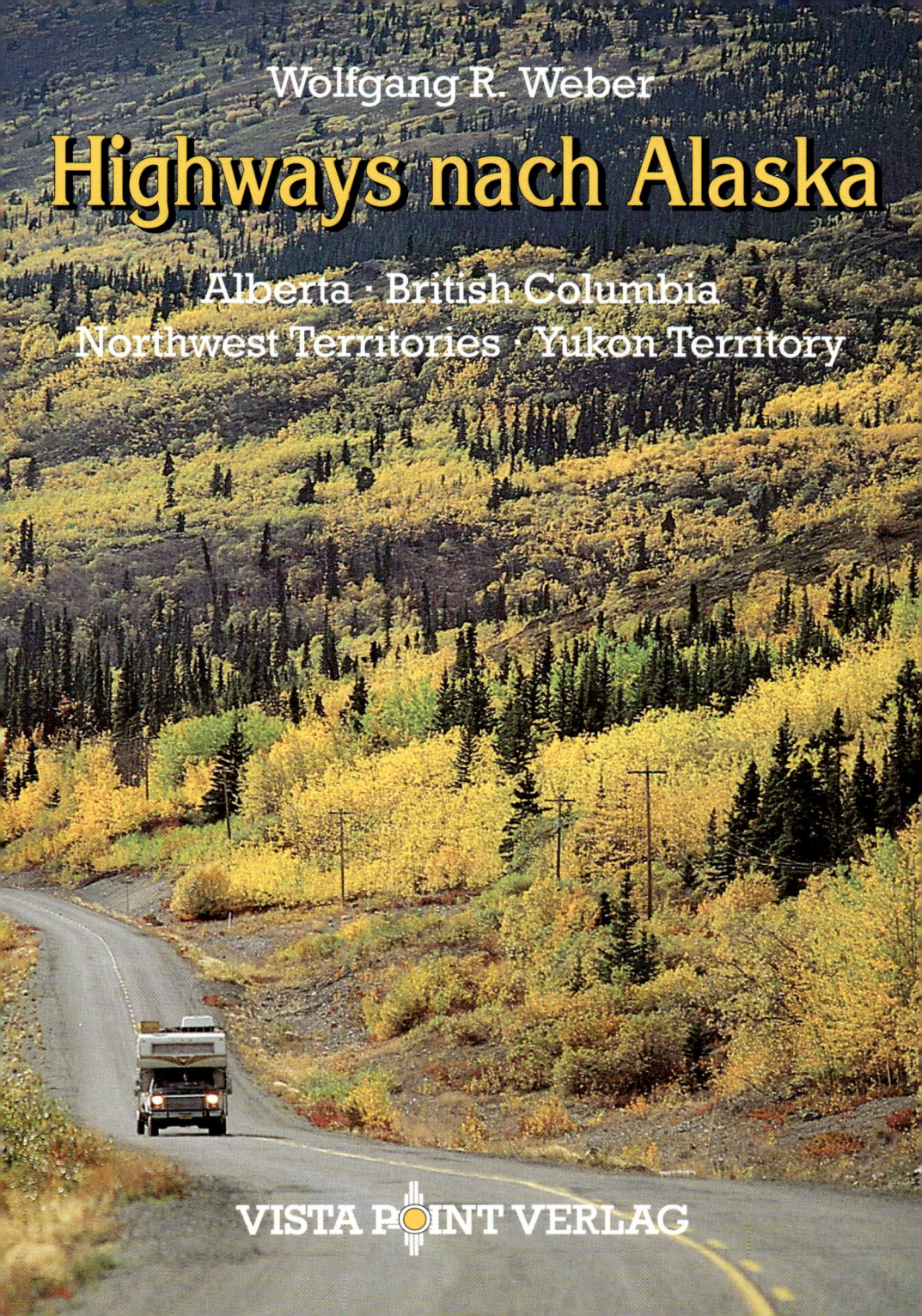

Wolfgang R. Weber

# Highways nach Alaska

## Alberta · British Columbia
## Northwest Territories · Yukon Territory

VISTA POINT VERLAG

# Inhalt

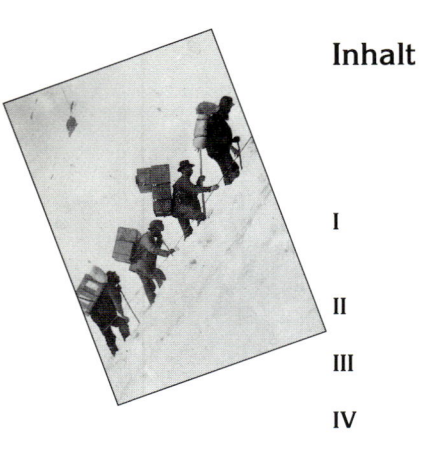

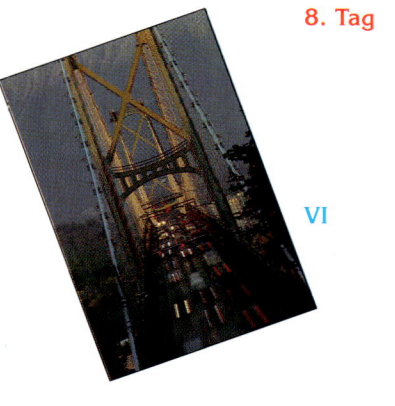

*»S. S. Klondike« in Whitehorse, einst der größte Raddampfer auf dem Yukon River*

# I *North to Alaska!*

## Kanadas Straßen in den »wilden Norden«

*»Klondike or Bust«*, *»Ho for the Yukon«*, *»North to the Future«* – stets war der Weg nach Norden von plakativen Schlagworten begleitet, die ihren Anteil am Mythos vom Reise-abenteuer in unberührter und unberechenbarer Naturlandschaft haben. Noch heute gehört der *bumper sticker* mit dem stolzen *»I drove the Alaska Highway and survived«* zu den Requisiten der jährlichen Auto- und Wohnmobilkarawanen, die auf gut gepflegten Straßen mit Beginn des Sommers nach Norden rollen.

Trotz allem: Die Zeiten sind schon lange vorbei, in denen eine Reise nach Norden ein lebensgefährliches Unternehmen war oder jahrelang dauerte, wie die von James A. Michener geschilderte Reise des Lord Luton zum Schauplatz des *gold rush* an einem unbedeutenden kleinen Bach tief in den Wäldern des Yukon. Vorbei sind die Zeiten der *pack trains*, die sich mühsam durch unwegsame Waldgebiete ihren Weg bahnten, der *voyageurs* und

*Downtown Calgary*

*Der Alaska Highway bei Tetlin Junction*

*prospectors*, die sich mit dem Paddel in der Hand schnellfließende Flüsse hinaufkämpften und auf dem Floß träge Ströme hinabtrieben, immer auf der Suche nach dem nächsten Horizont, der *bonanza* am Ende des Weges. Moderne Automobiltechnik und geteerte Straßen haben gründlich aufgeräumt mit dem Mythos der endlosen Strapazen, des unberechenbaren Abenteuers auf unbefestigten Wegen und den nervenzermürbenden Rüttelstrecken der *dirt roads*. Selbst auf den geschotterten Neben- und Neubaustrecken durch die unendliche Weite der nordischen Wälder gibt es keine unkalkulierbaren Risiken mehr, man erobert, geborgen im motorisierten Schneckenhaus, die *last frontier*.

Geblieben ist das Gefühl des »Erfahrens« eines riesigen Landes, des Vordringens aus der komfortablen Geborgenheit der festgefügten Alltagswelt im Süden in die vermeintliche große Freiheit des Nordens. Geblieben ist die Faszination einer Reise zum Ende der bewohnten Welt: durch nahezu unberührte Natur, in großen Sprüngen von einer Insel der »Zivilisation« zur nächsten. Das Nacherleben der Erschließung des Nordwestens, gepaart mit einem kleinen Hauch von Jack Londons »letztem Abenteuer der Menschheit«, fasziniert als Entdeckungsreise in die unmittelbare Vergangenheit.

Ein besonderer Reiz der Reiseroute liegt in den stetigen, oft unscheinbaren Übergängen im Wandel von Charakter und Funktion der Straßen. Sie beginnt im Süden West-Kanadas als selbstverständliche Verbindung von Orten in nahezu beliebig vielen Variationen, als touristische *high road* von den urbanen Zentren zu den landschaftlichen Highlights der Rocky Mountains und den stillen Schönheiten der Prärie, wird zur immer mehr Beachtung heischenden Magistrale durch dünn besiedeltes, landwirtschaftlich genutztes Gebiet und wandelt sich schließlich mit dem Übergang zu den endlosen Wäldern des Nordens mit seinen

*Wapiti-Hirsch*

kleinen isolierten Siedlungen zur *lifeline*, der lebenserhaltenden Nabelschur für die Vorposten am Rand der bewohnten Welt.

Eine Fahrt auf den großen Nord-Süd-Highways ist eine Fahrt durch die neuere Geschichte des Nordwestens. Hier war der Straßenbau immer Mittel zum Zweck: Man schuf Wege zu den Resourcen – Versorgungsadern, die Besiedelung und Ausbeutung des Landes ermöglichen sollten – und bekräftigte seinen Herrschaftsanspruch über »herrenlose« Gebiete. Die touristische Nutzung war, ausgenommen in den Nationalparks, ursprünglich eher ein (mehr oder weniger begrüßtes) Nebenprodukt. Die Namen dieser Highways spiegeln die Zweckgebundenheit wider: Der Cariboo Highway, entstanden als Cariboo Waggon Road und »Großmutter« aller Überlandstraßen im Nordwesten Kanadas, löste die Versorgungsprobleme zu den reichen Goldfeldern in den Cariboo Mountains. Der Richardson Highway erschloß Fairbanks und damit dem Inneren Alaskas den Zugang zum eisfreien Hafen Valdez. Der Alaska Highway wurde zur Sicherung der Souveränität der USA über den äußersten Nordwesten des Kontinents gebaut. Der Mackenzie Highway nördlich von Edmonton sicherte den Zugriff Kanadas auf den neu ent-

*Das bekannteste Fotomotiv im Jasper National Park: Spirit Island*

deckten Mineralienreichtum des Canadian Shield und machte die Versorgung des Nordens unabhängig von den Unwägbarkeiten der saisonalen Flußschiffahrt. Der Cassiar Highway schließlich war die erforderliche Anbindung der Asbestminen am Ostrand der Coast Mountains an einen kanadischen Hafen (Prince Rupert), die nationale Lösung, die unabhängig machte vom nördlicheren Hafen Skagway in Alaska.

Anders als die aus den Verbindungen der Dörfer und Städte historisch gewachsenen Magistralen durch die Prärie, erforderte der Bau dieser Straßen zu einem fernen Ziel bewußte Planung, ganzen Einsatz und den Willen, einen Weg zu bauen, wo noch keiner exi-

*Voyageur-Quartier in Fort Edmonton*

stierte. Im Vertrauen auf die unerschlossenen Resourcen des Landes und mit dem un-
erschöpflichen Optimismus, der Pionieren eigen ist, setzte man entschlossen auf die
Zukunft. Vieles kam anders als geplant: Keine Militärkonvois rollten nach Norden, die
Goldfelder der Cariboos waren bald erschöpft, die Wolfram- und Zinnminen im Norden
wurden geschlossen, und Asbest will heute niemand mehr.

Heute hat sich die Freizeitindustrie, wachstumsstark und zahlungskräftig, der Straßen
bemächtigt, und in vielen Orten ist der Tourismus zur wichtigsten Einnahmequelle geworden.
Einträchtig ziehen jedes Jahr die jungen Alten des Kontinents und der stetig wachsende
Strom der überseeischen Touristen durchs Land – im Kopf ein diffuses Bild, angesiedelt
irgendwo zwischen *»Ruf der Wildnis«* und *»Lederstrumpf«*. Vom Zwang befreit, das eigene
Überleben in wegloser, ungezähmter Wildnis zu sichern, will man die große Freiheit eines
grenzenlosen Landes erleben, die Wildnis aus problemlos sicherer Perspektive sehen und ein-
tauchen in den Mythos der *last frontier.* Und wirklich: Wer Fortbewegung nicht lediglich als
die Bewältigung einer Distanz begreift, die Nase über das Lenkrad hinaushebt, wer es wagt,
weiter in die Ferne zu sehen als auf die nächsten Meter Straße oder die nächste Siedlung,
dem wird sich die ganze Bandbreite der Landschaften des Nordwestens als eine Aneinanderreihung beeindruckender Szenarien erschließen. Hier die dominierenden Stahl- und Glas-
türme der urbanen Zentren, dort die stille Weite und subtile Schönheit der Prärie. Hier die
grandiose Kulisse der Rocky Mountains und dort das bizarre Labyrinth der Badlands. Dun-
kelgrüne Wälder stehen schweigend und geheimnisvoll bis an den Horizont, donnernde Wasserfälle betonen die Kraft ungezähmter Flüsse, einsame Seen, gesäumt von den roten Blüten
des *Fireweed*, spiegeln das Blau des Himmels. Das Investment zahlt prächtige Dividende. ∎

# II Die Reiserouten

Das Buch beschreibt die beiden Hauptreisewege zwischen dem Süden West-Kanadas und Alaska. Sie folgen im wesentlichen den Routen, auf denen vor nicht allzulanger Zeit Pelzhändler, Goldsucher, Holzfäller, Bauern und Straßenbauer in den »wilden Norden«, das weglose, von vereinzelten Indianerstämmen bewohnte Land, vordrangen.

Die **westliche Route nach Alaska** führt in zehn bis elf Tagen von Vancouver, einer der schönsten Städte an der Westküste Nordamerikas, über **Cariboo, Yellowhead** und **Cassiar Highway** nach Watson Lake im Yukon Territory und von dort aus auf dem **Alaska Highway** weiter nach Fairbanks in Alaska. Diese kürzere Strecke beginnt im milden, maritimen Klima der südlichen Westküste, führt durch das relativ warme und trockene Land der Ranches auf der Ostseite der Coast Mountains in die riesigen, weitgehend unbewohnten Wälder des kanadischen Nordens, der »letzten Grenze« des Kontinents. In Watson Lake vereinigt sie sich mit der östlichen Route und endet auf einer urbanen Insel im Herzen der Wildnis Alaskas, in dessen ausgeprägtem nördlichen Kontinentalklima die Temperaturen zwischen plus 30 Grad Celsius im Sommer und minus 40 Grad im Winter schwanken können. Die Attraktionen am Weg sind vielfältig: landschaftliche Höhepunkte und ursprüngliche Natur, historische Ranches und eine Goldgräberstadt, Totempfähle und ein Indianerdorf, ein Pelzhandelsfort und nicht zuletzt die teilweise erst in jüngster Zeit durch die Wildnis geschlagenen Straßen selbst.

Die **östliche Route nach Alaska** führt aus der trockenen Prärie mit ausgeprägtem Kontinentalklima – die Temperaturen schwanken zwischen plus 30 Grad Celsius im Sommer und minus 30 Grad im Winter – durch das fruchtbare Ackerland Nord-Albertas zum Alaska Highway im Norden von British Columbia und weiter nach Fairbanks. In zwölf bis 15 Tagen geht es von der Prärimetropole Calgary wahlweise über den **Icefields Parkway** durch die mit landschaftlichen Glanzpunkten prunkenden Nationalparks Banff und Jasper oder durch die Prärie und die Badlands am Red Deer River nach Edmonton, der Hauptstadt Albertas. In den Badlands liegt eine der bedeutendsten Fundstätten von Dinosaurierfossilien, deren beste Stücke im Royal Tyrrell Museum of Paleontology in Drumheller zu bewundern sind.

Ab Edmonton steht eine nördliche Routenvariante, die einen Besuch der Südwestecke der Northwest Territories einschließt, und eine Route durch das Peace-River-Gebiet zur Auswahl. Die längere, nördliche Variante führt auf dem **Mackenzie Highway** durch weite, einsame Wälder, zu den Wasserfällen und isolierten Siedlungen am Great Slave Lake und auf Extratouren zum Wood Buffalo National Park und nach Yellowknife, Hauptstadt der Northwest Territories und Boomtown am Rand der bewohnten Welt. Über den erst in den 80er Jahren fertiggestellten **Liard Highway** erreicht man den Alaska Highway bei Fort Nelson – eine ideale Route für natur- und wildnisbegeisterte

Wohnmobilfahrer. Eine touristische Infrastruktur ist nur spärlich vorhanden, und die Fahrstrecken zwischen den Orten sind lang; für Reisende mit einem Personenkraftwagen sind telefonische Vorausreservierungen sehr zu empfehlen.

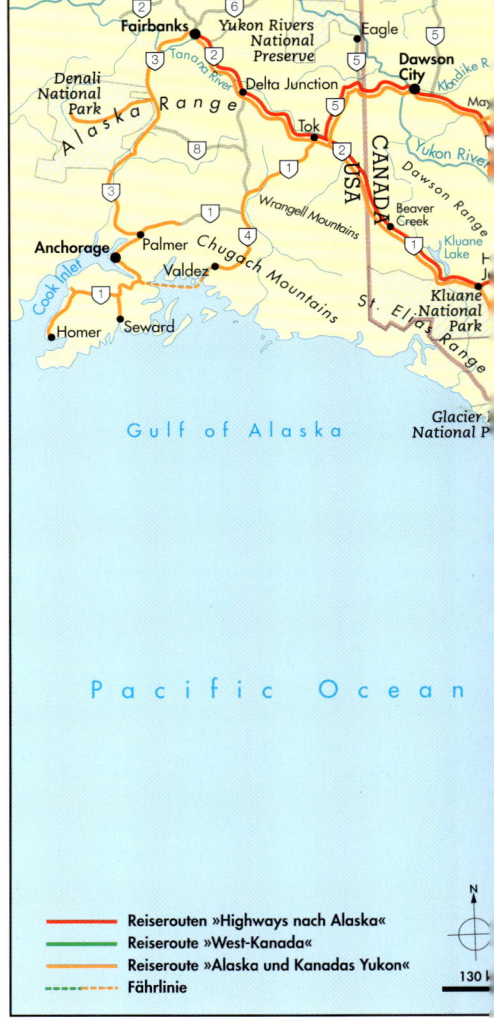

Die kürzere Route ab Edmonton durchquert über **Grizzly Trail** und **Northern Woods and Waters Route** das fruchtbare Ackerland der nördlichen Prärie im Peace-River-Gebiet und schließt in Dawson Creek an das südliche Ende des Alaska Highway an. In Dawson Creek bietet der Highway 97 außerdem die Möglichkeit einer Querverbindung nach Prince George an der westlichen Route.

Der Alaska Highway wartet mit einer ganzen Anzahl landschaftlicher Leckerbissen auf: heiße Quellen am Liard River, Berge und Seen in den Provincial Parks Stone Mountain und Muncho Lake im Norden British Columbias, der Kluane National Park im Yukon, die Kulisse der St.-Elias-Berge und der Alaska Range in Alaska.

In Watson Lake, wo die Ostroute aus Calgary und die Westroute aus Vancouver zusammentreffen, steht als Alternative zum Alaska Highway eine Fahrt auf dem **Campbell** und **Klondike Highway** zur Wahl: durch die menschenleeren Wälder des südöstlichen Yukon nach Carmacks und Dawson City, zu den Goldfeldern am Klondike River. Von dort stellen **Top of the World Highway** und **Taylor Highway** die Verbindung zum Alaska Highway bei Tok her.

Die Strecke von Watson Lake bis Dawson City ist wieder ideal für selbstversorgende Wohnmobilfahrer. Sie bietet Wildnis pur und großartige Landschaft, aber auf der gesamten Strecke von knapp 1000 Kilometern nur an ganz wenigen Orten Essen und Unterkunft der einfachsten Art. Wer »gebremstes Abenteuer« und ein komfortables Hotel am Ende des Tages vorzieht, fährt zunächst auf dem Alaska Highway nach Whitehorse, wo ebenfalls die Möglichkeit besteht, den Alaska Highway zu verlassen und auf dem Klondike Highway nach Dawson City zu fahren.

Wie die Karte zeigt, schließt dieses Buch die Lücke zwischen den beiden Vista Point Reiseführern »West-Kanada« (grüne Route) und »Alaska und Kanadas Yukon« (gelbe Route). Die in »Highways nach Alaska« (rote Route) beschriebenen Routen schließen an

Auf der Karte sind die Reiserouten aus dem vorliegenden Reiseführer »Highways nach Alaska« (rot) neben die aus den Vista Point Reiseführern »West-Kanada« (grün) und »Alaska und Kanadas Yukon« (gelb) gestellt: Kombinationen der Routen untereinander sind möglich

mehreren Punkten an die Routen der beiden anderen Reiseführer an, ein nahtloser Übergang bzw. eine Kombination von Teilstrecken aus den verschiedenen Reiseführern ist problemlos möglich (siehe Karte). Die Frage, wie es nach der Ankunft in Alaska weitergeht, beantwortet der Vista Point Reiseführer »Alaska und Kanadas Yukon«. Durch die Routenüberdeckung zwischen dem Yukon Territory und Fairbanks ist das »Umsteigen« von einem in das andere Buch gewährleistet.

Wer statt des »gebremsten Abenteuers« im »wilden Norden« ein intensives Kennenlernen der südlichen, dichter besiedelten Regionen von Alberta und British Columbia vor-

*Hyder: »The friendliest ghost town in Alaska«*

zieht, findet in Vancouver und Calgary, in den Nationalparks Banff und Jasper und am Yellowhead Highway zwischen Prince George und Prince Rupert den nahtlosen Übergang zu den Routen des Vista Point Reiseführers »West-Kanada«.

Die erwähnten Kombinationsmöglichkeiten sind vielfältig – ideal für Langzeitreisende ohne Zeitzwang. Für alle anderen, die mit ihren knapp bemessenen Urlaubstagen planen müssen, zeigt der Reisefahrplan auf Seite 260 f. die zeitliche Abfolge und die Kombinationsmöglichkeiten der Routen dieses Reiseführers einschließlich möglicher Abkürzungen, Umwege und Extratouren und erlaubt die schnelle Ermittlung des minimalen (!) Zeitbedarfs und der zu fahrenden Kilometer durch Addition der Angaben für die einzelnen Routen. Eine Fahrt von Calgary nach Fairbanks und zurück nach Vancouver dauert je nach gewählten Routenoptionen zwischen 22 und 27 Tage. Bedenken Sie bei Ihrer Planung aber, daß der so ermittelte Zeitbedarf keinen Spielraum für schlechtes Wetter, Ruhetage und unvorhergesehene Aufenthalte zuläßt. Zeitangaben und Tageseinteilung im Routenteil der blauen Info-Seiten sollen nicht gängeln, sondern eine Orientierungshilfe darstellen. Sie informieren darüber, wie weit es zum nächsten Ziel ist und wieviel Zeit man bei zügiger Fahrt normalerweise für eine bestimmte Strecke braucht. Die laut Routenteil täglich zurückzulegenden Strecken sind zwar insgesamt machbar, erfordern aber bei strikter Übernahme eine Zeitdisziplin, die schnell zu »Urlaubsstreß« ausarten kann. Dem Problem, einerseits keine Highlights verpassen zu wollen, andererseits aber auch mal genüßlich am Ufer eines stillen Sees in der Sonne sitzen zu wollen oder in aller Ruhe durch eine Stadt zu bummeln, kann man nur mit Zeit begegnen. Schließlich liegen Reiz und Erlebnis einer Reise zum Teil auch in den kleinen Schlenkern und Extratouren, im Kontakt mit den Bewohnern des Landes und dem Verfolgen ihrer Hinweise auf Verborgenes am Rand.

Sie sollten lieber einen Teil der Route weglassen, als auf Erholung zu verzichten. Durch Kombination der Teilrouten und Ausnutzen der genannten Querverbindungen und Abkürzungen läßt sich trotz des begrenzten Straßennetzes problemlos auch ein kleinerer, individuellen Bedürfnissen und begrenzter Zeit angepaßter Reiseplan zusammenstellen. Eine erste Orientierungshilfe hierbei bietet die Übersichtskarte in der vorderen Umschlagklappe. Denkbare Varianten sind zum Beispiel:

**Zentral-Alberta:**
Route: Calgary – Banff und Jasper National Park – Edmonton – Drumheller – Dinosaur Provincial Park – Calgary
Zeitbedarf: mindestens 9 Tage
Informationen: Seite 42 ff., 53 ff., 67 ff., 91 ff.

**Alberta und die Northwest Territories:**
Route: Calgary – Dinosaur Provincial Park – Edmonton – Peace River – Hay River – Wood Buffalo National Park – Yellowknife – Fort Simpson – Fort Nelson – Dawson Creek – Grande Prairie – Jasper und Banff National Park – Calgary
Zeitbedarf: mindestens 16 Tage (ohne Wood Buffalo National Park und Yellowknife) bis mindestens 21 Tage
Informationen: Seite 42 ff., 53 ff.,  67 ff., 91 ff., 122 ff., 141 ff., 146 ff.

*Biber beim Dinner: Die Jagd nach seinem Fell führte zur Gründung der »Hudson's Bay Company«*

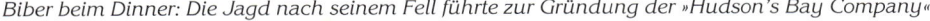

**Yukon Territory:**
Route: Whitehorse – Kluane National Park – Tok – Dawson City – Watson Lake – White-
horse
Zeitbedarf: mindestens 9 Tage
Informationen: Seite 163 ff., 183 ff.

**Alberta und British Columbia:**
Route 1:
Calgary – Banff und Jasper National Park – Edmonton – Dawson Creek – Prince George
– Vancouver
Zeitbedarf: mindestens 12 Tage
Informationen: Seite 42 ff., 67 ff., 91 ff., 109 ff., 206 ff., 226 ff., 246 ff.

Route 2:
Calgary – Banff und Jasper National Park – Edmonton – Fort St. John – Fort Nelson –
Watson Lake – Stewart – Smithers – Prince George – Vancouver
Zeitbedarf: mindestens 17 Tage
Informationen: Seite 42 ff., 67 ff., 91 ff., 109 ff., 152 ff., 206 ff., 226 ff., 246 ff. ■

*Der Yukon River nördlich von Dawson City*

# III Chronik

| | |
|---|---|
| **Ca. 35 000 v. Chr.** | Nomadische Jäger wandern über die Landbrücke der Beringstraße von Asien nach Nordamerika ein. Der älteste Hinweis auf eine menschliche Besiedelung ist ein rund 27 000 Jahre alter bearbeiteter Karibu-Knochen, gefunden bei Old Crow, einem Indianerdorf im Norden des Yukon Territory. Die Besiedelung erfolgt in mehreren Wellen. Den Athabasca-Indianern folgen die mongolischen Eskimos. Etwa 1000 v. Chr. wandern die Thule ein, die Vorfahren der heutigen Eskimos. Ihre Sprache unterscheidet sich grundlegend von den Sprachen der Indianervölker. |
| **1579** | Sir Francis Drake bereist die Westküste Nordamerikas und besucht einigen Berichten zufolge auch Vancouver Island. |
| **1592** | Juan de Fuca segelt im Dienst der spanischen Krone in den Gewässern südlich von Vancouver Island. |
| **1610** | Henry Hudson segelt mit der »Discovery« in die Bucht, die später seinen Namen tragen wird, und überwintert dort. |
| **2. Mai 1670** | Prinz Rupert, ein Vetter des englischen Königs Charles II., und 17 Londoner Kaufleute gründen eine Gesellschaft, die später als »Hudson's Bay Company« eines der größten Handelsimperien der Welt wird. »The Governor and Company of Adventurers Trading into Hudson's Bay« erhalten die Handelsrechte und de facto Hoheitsrechte für das gesamte Land im Einzugsbereich der Gewässer, die in die Hudson Bay fließen. *Rupert's Land* ist rund vier Millionen Quadratkilometer groß. Man ist besonders an Biberpelzen interessiert – aus den Haaren des Unterfells werden die in Europa so begehrten, seidig glänzenden Zylinderhüte gefertigt. Die Pelzhändler der Gesellschaft sind die ersten Europäer, die West-Kanada auf dem Landweg erreichen. Zur Zeit der größten Ausdehnung umfaßt das Handelsgebiet der »Hudson's Bay Company« ein Zwölftel der Erdoberfläche. |
| **1741** | Vitus Bering, im Auftrag des russischen Zaren auf Entdeckungsreise, erreicht die Gewässer vor Sitka (betritt Alaska aber nie). Die Felle der auf dieser Reise erlegten Seeotter sind der Anlaß für die russische Kolonisierung der Küste Alaskas und West-Kanadas. |
| **1778** | James Cook beginnt mit der systematischen Erforschung und kartographischen Erfassung der Westküste zwischen dem Nootka Sound und dem Cook Inlet, an dem heute Anchorage liegt. |
| | Peter Pond erreicht den Athabasca-See, er ist der erste europäische Pelzhändler im Inneren Nordwest-Kanadas. |

*Drei von 25 000, die im Winter 1897/98 auf den »Golden Stairs« über den Chilkoot-Paß stiegen*

**1787** Die »Hudson's Bay Company« bekommt Konkurrenz: In Montréal wird die »Northwest Trading Company« von unabhängigen Pelzhändlern gegründet.

**1789** Alexander Mackenzie sucht für die »Northwest Trading Company« von Fort Chipewyan am Athabasca Lake einen Weg zum Pazifik, erreicht aber die Beaufort-See im Polarmeer. Sein *»river of disappointment«* wird später nach ihm benannt.

**1792** George Vancouver setzt die Kartierung und Erforschung der Nordwestküste Nordamerikas fort.

**1793** Beim zweiten Versuch erreicht Sir Alexander Mackenzie bei Bella Coola in der heutigen Provinz British Columbia den Pazifik. Seine Route erweist sich aber als zu schwierig für den Pelzhandel.

**1795** William Tomison gründet Fort Edmonton als Pelzhandelsposten der »Hudson's Bay Company«. Später entsteht hier die Stadt Edmonton.

*Der »Vorraum der Hölle« (Jack London); die letzte zermürbende 45-Grad-Steigung am Chilkoot-Paß*

**1808**     Simon Fraser befährt den Fluß, der heute seinen Namen trägt, bis zum Pazifik. Die »Northwest Trading Company« baut in Konkurrenz zur »Hudson's Bay Company« im heutigen British Columbia ein Pelzhandelsimperium auf.

**1811**     David Thompson überquert als erster Europäer die Rocky Mountains. Er benutzt den Athabasca-Paß in der Nähe von Jasper.

*»Pack Trains«, Pferde und Mulikarawanen versorgten die Goldfelder mit dem Nötigsten*

**1818**    Der 49. Breitengrad wird in Verhandlungen zwischen England und den USA zur gemeinsamen Grenze im Westen des Kontinents bestimmt. Das Südende von Vancouver Island bleibt bei Kanada.

**1821**    Die beiden großen Pelzhandelsgesellschaften fusionieren. Die moderne »Hudson's Bay Company« entsteht.

**1847**    Die Pelzhändler der »Hudson's Bay Company« dringen in das russische Einflußgebiet vor und errichten einen Handelsposten in Fort Yukon am Polarkreis.

**1858**    Eine Lieferung von 800 Unzen Gold an die Münze in San Francisco lockt Goldsucher nach British Columbia. Als Folge erster Funde am Fraser River strömen etwa 30 000 Goldsucher in die bis dahin unbewohnten Täler von Fraser und Thompson River. England erklärt British Columbia zur Kronkolonie, um die territoriale Herrschaft zu sichern und auf den Goldfeldern für Recht und Ordnung sorgen zu können.

**1860**    Goldfunde in den Cariboo Mountains lösen den zweiten *gold rush* aus. Barkerville wird mit 25 000 Einwohnern zur größten Stadt West-Kanadas. Zur Sicherstellung der Versorgung wird 1861 mit dem Bau der Cariboo Waggon Road begonnen. Sie ist lange Zeit die einzige Überlandstraße West-Kanadas.

| | |
|---|---|
| **1867** | Am 1. Juli erklärt der *»British North America Act«* Ontario, Nova Scotia, New Brunswick und Québec zu Provinzen und bildet daraus das *»Dominion of Canada«*. Der Staat Kanada ist entstanden. Im selben Jahr verkauft Rußland Alaska für 7,2 Millionen Dollar an die USA. |

»White Pass & Yukon Route«-Eisenbahn

**1869** Für 300 000 englische Pfund erwirbt Kanada das Territorium der »Hudson's Bay Company«. Im Lauf der nächsten 36 Jahre entstehen daraus die Provinzen Manitoba, Saskatchewan und Alberta, das Yukon Territory und die Northwest Territories.

**1871** British Columbia schließt sich dem Bundesstaat Kanada an. Bedingung ist der Bau einer transkontinentalen Eisenbahnlinie als Anschluß an den Osten binnen zehn Jahren.

**1873** Am 23. Mai verabschiedet das kanadische Parlament ein Gesetz zur Gründung der »Northwest Mounted Police«, die in den dünn besiedelten Gebieten des Westens für Recht und Ordnung sorgen soll.

**1875** Am Zusammenfluß von Bow und Elbow River in der Provinz Alberta baut die »Northwest Mounted Police« ein Fort. Es ist die Keimzelle der Stadt Calgary.

**1881** Baubeginn der Eisenbahnlinie von Winnipeg zum Pazifik.

**1884** Joseph B. Tyrrell entdeckt Dinosaurierknochen im Tal des Red Deer River unweit der heutigen Stadt Drumheller. Das Gebiet erweist sich als eine der wichtigsten Fundstellen der Welt. Knochen und ganze Skelette von 35 Saurierarten wurden bis heute gefunden.

**1885** Am 7. November ist der erste transkontinentale Schienenstrang fertiggestellt. Am westlichen Endpunkt der Bahnlinie entsteht eine neue Stadt: Vancouver. Siedler strömen nach Westen. Rund um die von Bahnarbeitern entdeckten heißen Quellen wird 1887 Banff, der erste Nationalpark Kanadas, eingerichtet. Die »Canadian Pacific Railroad« beginnt mit dem Bau luxuriöser Hotels an ihren Bahnstationen und startet Werbekampagnen, um Touristen in den Westen zu bringen.

*Durch Nord-Alberta in den 20er Jahren*

**1892**     Erster Erdgasfund bei Medicine Hat östlich von Calgary.

**1896**     Am 17. August finden Tagish Charley, Skookum Jim und George Washington Carmack Gold in einem Bach unweit der Mündung des Klondike in den Yukon River. Es dauert noch ein Jahr, bis die Nachricht von den Schätzen im Tal des Bonanza Creek in den rezessionsgeplagten Süden Amerikas gelangt, dann beginnt der größte *gold rush* der Geschichte. Etwa 100 000 Menschen machen sich auf zum Dorado in der Wildnis, aber nur etwa ein Viertel von ihnen kommt an – und stellt fest, daß alle erfolgversprechenden *claims* schon vergeben sind. Der *gold rush* wird zum Auslöser für die geographische und wirtschaftliche Erschließung des Nordens.

**um 1900**  Kanada wirbt in Europa um Auswanderungswillige, die bereit sind, die Prärie zu besiedeln. Bis 1911 wächst die Bevölkerung des Westens auf über 750 000. Deutsche, Ukrainer, russische Juden und Skandinavier stellen das Hauptkontingent der Einwanderer.

**1901**     Die erste Ölquelle Albertas wird in den Bergen im heutigen Waterton Lakes National Park erbohrt.

**1905**     Die Provinz Alberta entsteht. Edmonton wird Hauptstadt.

| 1914 | Ölförderung im großen Stil beginnt im Turner Valley südwestlich von Calgary. |
|------|------|
| 1931 | Kanada wird mit dem Statut von Westminster ein unabhängiger Staat. |
| 1933 | Ein Goldfund am Great Slave Lake in den Northwest Territories bringt Prospektoren an die Yellowknife Bay. Das Zelt-Camp ist die Keimzelle von Yellowknife. |
| 1942 | Japanische Truppen landen auf zwei Aleuten-Inseln. Alaska und die Schiffahrtswege durch die Inside Passage scheinen verwundbar. In acht Monaten und zwölf Tagen wird eine Militärstraße gebaut, die die wenigen Straßen Alaskas an das Straßennetz im südlichen West-Kanada anschließt. 1949 wird die Straße, die den Namen Alaska Highway erhält, für den öffentlichen Verkehr freigegeben. |
| 1947 | Bei Leduc, südlich von Edmonton, werden große Ölvorkommen entdeckt. Der folgende Öl-Boom legt den Grundstein für den Reichtum Albertas. |
| 1952 | Whitehorse wird Hauptstadt des Yukon Territory. |
| 1958 | Inuvik am Mackenzie-River-Delta wird 200 Kilometer nördlich des Polarkreises als Verwaltungszentrum für die westliche Arktis erbaut. |
| 1959 | Alaska wird 49. Bundesstaat der Vereinigten Staaten von Amerika. |

*Brückenbau am Alaska Highway im Sommer 1943*

| | |
|---|---|
| **1964** | Der Abbau der gigantischen Öl-sandvorkommen bei Fort McMurray am Athabasca River nahe der Grenze zu Saskatchewan beginnt. Man schätzt die Reserven auf mehrere 100 Milliarden Barrel. |
| **1979** | Der Dempster Highway wird fertiggestellt. Er bindet Inuvik an der Beaufort-See an das Straßennetz des Yukon Territory an. Ein großer Teil des Nachschubs für die Öl-exploration in der Beaufort Sea rollt über die neue Straße. |
| **1992** | In einer Volksbefragung entscheidet sich die Bevölkerung der |

*Die Anfänge des Schilderwaldes (Signpost Forest) bei Watson Lake im Yukon Territory*

Northwest Territories für eine Aufteilung des Gebietes. Im »*Nunavut Act*« gesteht die Bundesregierung den 17 500 Inuit im Ostteil der Territorien Besitztitel über 350 000 Quadratkilometer Land, eine Abfindung von 990 Millionen Dollar und einen Prozentsatz der Einnahmen aus den Minerali-envorkommen zu. Bis spätestens 1999 soll es das *Nunavut Territory* mit einer eigenen Regierung und beschränkter Selbstbestimmung geben.

Die Kanadier entscheiden sich in einer Volksabstimmung gegen einen Sonderstatus für Québec.

Diamantenfunde am Lac de Gras, 300 Kilometer nordöstlich von Yellow-knife führen zu einem starken Anwachsen der Bevölkerung von Yellowknife und zu einer hektischen Exploration in der Tundra.

| | |
|---|---|
| **1993** | Die Separatisten in Québec gewinnen bei den Bundeswahlen zwei Drittel der Mandate in der Provinz. In den westlichen Provinzen erringen die Gegner einer Sonderregelung für Québec einen ähnlich hohen Wahlsieg. |
| **1994** | Die Separatisten gewinnen die Provinzwahlen in Québec und kündigen einen Volksentscheid über den Verbleib Québecs in der Union an. |
| **1995** | Bei dem Volksentscheid im Oktober gewinnen die Gegner einer Sonderregelung für Québec mit einer hauchdünnen Mehrheit. ■ |

# IV Eine Straße nach Alaska
## Die Geschichte des Alaska Highway

Die Idee einer Landverbindung nach Alaska ist weitaus älter, als es die Chronisten des Alaska Highway im allgemeinen erwähnen. Das erste ernsthafte Projekt wurde von F.H. Harriman, einem der großen amerikanischen Eisenbahnbauer, vorgeschlagen. Sein Traum war es, eine Eisenbahnlinie durch Kanada nach Alaska zu bauen, die mit Brücke, Fähre oder Tunnel einen in Rußland zu bauenden Anschluß an die transsibirische Eisenbahn bekommen sollte. Rußlands Niederlage im Russisch-Japanischen Krieg von 1904 bedeutete das Ende dieser Idee.

1905 wurde Major Constantine von der »Northwest Mounted Police« (dem Vorläufer der »Royal Canadian Mounted Police«) damit beauftragt, einen Weg zu den Goldfeldern am Klondike River zu bauen. Er begann in Fort St. John und hatte bereits 375 Meilen Feldweg bis zum Stikine River, der den heutigen Cassiar Highway kreuzt, durch die Wälder des Nordens geschlagen, als man ihn zurückberief.

1928 schlug Donald MacDonald, ein Ingenieur der U.S.-Armee, unter Hinweis auf die militärischen Vorteile vergeblich den Bau einer Straße nach Alaska vor. 1933 beauftragte der Kongreß der Vereinigten Staaten von Amerika Präsident F.D. Roosevelt, zusammen mit Kanada eine Kommission einzusetzen, die die Möglichkeiten des Baus einer Straße nach Alaska untersuchen sollte. Bis 1938 erschöpfte sich die Tätigkeit der Kommission darin, einige neue Mitglieder zu ernennen, darunter auch Donald MacDonald.

Während die Politiker sich in geschäftiger Untätigkeit ergingen, begannen die Buschpiloten, unter ihnen Grant McConachie, aus dessen »Yukon Southern Air Transport« später die international operierende »C.P. Air« entstand, Verkehrswege nach Norden zu erschließen. Ihr Erfolg war einer der bestimmenden Faktoren für die Planung und den Bau einer Reihe von Flugplätzen auf einer Großkreisroute durch den Nordwesten Kanadas. Die Grundidee des Projekts bestand darin, daß man diese Flugroute im Landesinneren, das vom unstabilen und unzuverlässigen Wetter an der Pazifikküste nicht beeinträchtigt wird, nach Alaska, wo bereits Flugplätze existierten, und weiter nach Asien verlängern konnte; die Reichweite der Verkehrs- bzw. Transportflugzeuge reichte damals für eine Pazifik-Überquerung noch nicht aus. In Grande Prairie, Fort St. John, Fort Nelson, Watson Lake und in Whitehorse wurden Flugplätze geplant. Bei Ausbruch des Zweiten Weltkrieges waren die kanadischen Vermessungstrupps bereits vor Ort an der Arbeit, und die Flugplätze entstanden binnen kürzester Zeit. Die Flugplätze entlang der »Northwest Staging Route«, auf der im Rahmen des *»Lend Lease Act«* (Leih- und Pachtgesetz von 1941) amerikanische Flugzeuge nach Rußland flogen, waren 1942 ein entscheidender Faktor für die Entscheidung, den Alaska Highway entlang seiner heutigen Route zu bauen. Zunächst jedoch stritt man sich heftig, welche der drei vorgeschlagenen Routen gebaut werden sollte.

Route A sollte parallel zur Eisenbahnstrecke von Prince George nach Hazelton verlaufen, dann am Ostrand der Coast Mountains über Telegraph Creek und Atlin nach Whitehorse führen und durch das Tanana-Tal den Anschluß nach Fairbanks herstellen. Diese Routenführung entspricht im wesentlichen der heutigen Kombination von Yellowhead, Cassiar und Alaska Highway, die in diesem Buch als Route 2 der westlichen und Route 4 der östlichen Route nach Alaska (Prince George – Watson Lake – Whitehorse – Fairbanks) beschrieben ist. Vorteil dieser Route, die sehr von den Amerikanern propagiert wurde, war, daß die Topographie für den größten Teil des Weges (von Prince George bis Whitehorse) durch den Bau der Telegrafenlinie nach Dawson City und der Eisenbahnstrecke bekannt war; ebenso hätten die isolierten Küstenorte von British Columbia und Südost-Alaska an diese Straße angeschlossen werden können. Nachteile dieser Streckenführung waren die heftigen Schneefälle im Winter, die Nähe zur Küste, die, zumindest theoretisch, der Gefahr eines Angriffs durch trägergestützte Flugzeuge vom Pazifik her ausgesetzt war; außerdem gab es entlang der Route keine Flugplätze.

Route B, der kanadische Favorit, sollte von Prince George aus dem Rocky-Mountain-Graben nach Norden folgen, durch die Täler von Parsnip und Finley River nach Watson Lake führen, am Frances Lake entlang zum Pelly River, nach Dawson City (mit Anschluß an die Flußdampferrouten nach Whitehorse und Alaska) und von hier nach Alaska. Der Vorteil dieser Route war, daß sie weiter im Landesinneren verlief und flacheres Land und nur wenige Sumpfgebiete durchquerte. Sie hatte jedoch zwei gravierende Nachteile: Es gab unterwegs keine Flugplätze, und Whitehorse mit Zugverbindung zum Pazifik (Skagway) wurde nicht berührt.

Wenig Chancen hatte die vom kanadischen Polarforscher Vilhjalmur Stefansson vorgeschlagene Route C über den Great Slave Lake, am Mackenzie River entlang nach Norman Wells und dann über Land nach Fairbanks. Der Vorteil einer Anbindung an die Ölquellen bei Norman Wells konnte den Nachteil der Abgelegenheit dieses absolut unbekannten Terrains und das Fehlen von Flugplätzen nicht wettmachen. Als letztes meldete sich eine Koalition aus amerikanischen und kanadischen Präriestaaten zu Wort, die unter der Führung Edmontons als »Prairie Highway Association« verlangten, daß eine Straße nach Alaska die nördliche Prärie durchqueren müsse.

Es war ein Krieg, der sich hier entwicklungsfördernd auswirkte: Mit dem japanischen Bombenangriff auf Pearl Harbor am 7. Dezember 1941 und der Landung japanischer Truppen auf zwei Aleuten-Inseln 1942 kam den Politikern die Erkenntnis, daß die Nordwestküste Nordamerikas und Alaska mögliche, bis dato nahezu ungeschützte Invasionsziele darstellten; das gab dem Projekt einer Landverbindung nach Alaska absolute Priorität. Es sollte in möglichst kurzer Zeit eine Straße für das Militär gebaut werden, auf der parallel zur bedrohten Schiffahrtsroute an der Westküste Nachschub in den Norden gebracht werden konnte.

Das Militär, genauer gesagt die Ingenieure des »Army Corps of Engineers«, gab den Ausschlag bei der Routenwahl. Sie propagierten die Route, die aus ihrer Sicht am sinnvollsten war: Die bereits existierende Lufttransportroute der »Northwest Staging Route« bot unschätzbare logistische Vorteile, Whitehorse mit der Eisenbahnverbindung zum Pazifikhafen Skagway konnte als dritter Brückenkopf für die Bauarbeiten dienen, und entlang der Strecke gab es Winterwege und Pferdewagenrouten, die in die Planung miteinbezogen werden konnten. Südlicher Ausgangspunkt war Dawson Creek am Ende der Eisenbahnstrecke durch die nördliche Prärie von Alberta. Von hier nach Fort St. John existierte ein für Pferdewagen nutzbarer Feldweg, und von dort nach Fort Nelson schloß sich ein in den 20er Jahren durch den Busch geschlagener Winterweg an. Von Watson Lake

führte ein Streckenabschnitt nach Lower Post am Liard River und von Whitehorse eine rauhe *waggon road* nach Westen zu den Goldfundorten am Kluane Lake.

Es wird oft behauptet, die Armee hätte den Alaska Highway gebaut. Das war aber von Anfang an nicht ihre Aufgabe. Ihr Auftrag war es: »*... to construct a pioneer road, rough and unfinished, ... to a standard sufficient only for the supply of the troops engaged on the work*«. Der Ausbau dieses Pionierweges zu einer von den Lastwagenkonvois der Armee nutzbaren Straße wurde von Bautrupps ziviler Unternehmen unter der Kontrolle der »Public Roads Administration« ausgeführt. Nicht überall konnte man den bereits existierenden Routen folgen: Sumpfgebiete entlang der Winterstraßen mußten umgangen werden, und nicht alle Packtierpfade waren für den Bau einer Straße geeignet. Auch mußten entlang der schon bestehenden Wege Brücken geschlagen werden, um die Strecke auch in den Sommermonaten passierbar zu machen. Aber in der Hauptsache waren die beim Bau eingesetzten Pionier-Regimenter damit beschäftigt, die etablierten Routen miteinander zu verbinden und Lücken zu schließen. Etwa 250 der ursprünglich rund 1600 Meilen wurden ausschließlich von zivilen Bautrupps gebaut, und etwa 900 Meilen wurden von ihnen grundlegend verbessert.

Der erste Zug mit Soldaten und Ausrüstung traf am 2. März 1942 in Dawson Creek ein, und sofort begann ein Wettlauf mit der Zeit. Schweres Gerät und Ausrüstung mußten nach Fort St. John und Fort Nelson – Basislager für die südlichen Bauabschnitte – gebracht werden, bevor die steigenden Temperaturen des herannahenden Frühlings die Erde aufweichten und das Eis der brückenlosen Flüsse aufbrechen ließen. Zur gleichen Zeit brachten die Züge der »White Pass & Yukon«-Eisenbahn im Dauerbetrieb Truppen und Gerät von

*Pontonbrücke am Alaska Highway 1943*

Skagway nach Whitehorse, von wo aus Bautrupps gleichzeitig nach Norden und nach Süden vorzudringen begannen.

Für zwei große Teilstücke mußte ein Weg durch die weitgehend unbekannte und nicht kartographierte Wildnis gefunden und gebaut werden: von Fort Nelson nach Whitehorse und vom Kluane Lake bis nach Big Delta am Richardson Highway in Alaska, der in den 20er Jahren als Verbindung von Fairbanks mit dem eisfreien Hafen Valdez entstanden war. Trapper, Indianer und Prospektoren wurden rekrutiert, um bei der Suche nach einer geeigneten Streckenführung zu helfen. Auch wenn sich bald herausstellte, daß deren Vorstellungen von einem gangbaren Weg sich nicht unbedingt mit den Anforderungen einer Straße für den motorisierten Verkehr deckten, war ihre Kenntnis des Landes doch sehr hilfreich. Für die Region westlich von Watson Lake ließ sich noch nicht einmal ein Indianer finden, der es durchquert hatte, und erst mit Hilfe eines Buschpiloten gelang es, in unzähligen Flugstunden eine adäquate Streckenführung über die Berge nach Teslin auszumachen.

*Ein Foto an der Meile 0 ist fester Bestandteil einer Reise auf dem Alaska Highway*

Die Schwierigkeiten beim Bau waren erheblich. Nördlich von Fort Nelson galt es, die Ausläufer der Rocky Mountains zu überwinden – fast 1 300 Meter hoch liegt der Gipfelpunkt des Alaska Highway am Summit Lake. Aber damit wurde man fertig: Straßenbau über die Berge kannte man aus dem Süden des Landes. Ein größeres Problem war die mangelnde Erfahrung der Straßenbauer mit Muskeg und Permafrostboden. Im Muskeg, einer sumpfigen Mischung aus Wasser und verrottender Vegetation, versanken die Baumaschinen und der Schotter des Straßenbettes, sobald sich der Boden im Frühling erwärmte. Die Lösung dieses Problems war der Weg des geringsten Widerstandes: Wo man den Muskeg nicht mit Schotter auffüllen konnte, führte man die Straße einfach drumherum. Das Ergebnis waren unzählige Kurven und eine manchmal unorthodoxe Streckenführung: steil hinauf auf einen Hügelrücken und am anderen Ende ebenso steil wieder hinab. Beides trug in den Anfangsjahren wesentlich zum schlechten Ruf des Highway bei.

Am problematischsten war der Straßenbau im nördlichen Sektor zwischen Whitehorse und Alaska. Zu Beginn der Bauperiode sanken die Temperaturen auf unter minus 40 Grad Celsius, eine Temperatur, bei der Stahl spröde wird und wie Glas zerbricht und bei der ungeschützte menschliche Haut binnen kurzer Zeit einfriert. Es gab ausgedehnte Sumpfgebiete und Permafrostboden, große, gletschergespeiste Flüsse mußten überbrückt werden, auf denen zur Zeit der Schmelze Eisschollen wie gigantische Rammböcke gegen die Brückenpfeiler donnerten, und am Südende des Kluane Lake mußte die Straße stellenweise aus dem Fels gesprengt werden.

Der Permafrostboden war das größte Problem. Obwohl schon seit einem halben Jahrhundert Europäer in den Permafrostgebieten lebten und arbeiteten, gab es keine allgemeingültigen Regeln für das Bauen auf Permafrost. Die Armee-Ingenieure aus dem Süden ließen die isolierende Vegetationsschicht von Bulldozern wegschieben und eine Fahrbahn auf dem Untergrund planieren. Prompt taute der gefrorene Boden auf und verwandelte die Straße in ein Schlammbad. Um den Schlamm und die Feuchtigkeit von der Fahrbahn zu entfernen, ließen sie sodann tiefe Drainage-Gräben beidseits der Straße ausheben mit dem Resultat, daß das in den Gräben stehende Wasser unter die Straße sickerte und auch den tieferliegenden Permafrost zum Schmelzen brachte. Der Schlamm wurde bodenlos. Um die »Straße« überhaupt passierbar zu machen, legte man Baumstämme Seite an Seite über die Schlammstrecken und bedeckte sie mit einer Schicht Kies. Wo eine Schicht nicht ausreichte, kam eine zweite darüber und so weiter; an manchen Stellen waren fünf Lagen Holz und Kies nötig. Glücklicherweise ging irgendwann jemandem ein Licht auf, denn eine dauerhafte und stabile Straßendecke ließ sich auf diesen *corduroy roads* genannten Strecken nicht verwirklichen. Seitdem planiert man Straßen im Norden nicht mehr in den Untergrund, sondern baut sie auf einem aufgeschütteten, isolierenden Damm.

Am 24. September 1942 trafen die Bautrupps des Südsektors bei Contact Creek südlich von Watson Lake zusammen, und am 20. Oktober, nach einer Bauzeit von acht Monaten und zwölf Tagen, wurde bei Beaver Creek kurz vor der U.S.-Grenze die letzte Lücke des Nordsektors geschlossen. 11 000 Soldaten hatten in Rekordzeit eine 2 446 Kilometer lange Verbindung nach Alaska geschaffen. Der rauhe, einspurige Fahrweg war jedoch noch weit davon entfernt, eine richtige Straße zu sein. Mit der Schneeschmelze 1943 schwammen Dutzende der im Jahr zuvor hastig gebauten Brücken und große Teile der Straße einfach weg. Während 16 000 Arbeiter von 70 zivilen Baufirmen mit dem Ausbau zu einer Allwetterstraße begannen, hatten die verbliebenen Soldaten alle Hände voll zu tun, die Pionierstraße wenigstens zeitweise passierbar zu halten.

*Biberbau in einem Weiher am Rand des Cassiar Highway*

Ende 1943 war die Gefahr einer japanischen Invasion weitgehend gebannt, die Armee verlor das Interesse an der Straße; aufgrund dessen wurden die Verträge mit den zivilen Baufirmen nicht verlängert. Lediglich 300 bis 500 Soldaten blieben zurück, um die mit Kanada vertraglich festgelegten Wartungsarbeiten an der Straße auszuführen. Im April 1946 übernahm die kanadische Armee die Verantwortung für Betrieb und Instandhaltung der Straße in Kanada und führte den Ausbau weiter. 1949 wurde die Strecke dann für den zivilen Verkehr freigegeben, und die ersten Tankstellen und *roadhouses* zur Versorgung der Reisenden entstanden. Die »Straße« war noch weit davon entfernt, ein halbwegs sicherer Transportweg zu sein. Die steilen Steigungsstrecken – oft verknüpft mit engen, nicht einsehbaren Kurven am Ende –, die rutschigen Schlammstrecken, riesigen Wolken alles durchdringenden Staubs und die anscheinend unendliche Aneinanderreihung von Kurven, Kurven, Kurven bedeutete auch für erfahrene Fahrer eine Herausforderung. Einer der meistzitierten Reime der frühen Jahre des Alaska Highway war:

*»Winding in and winding out,*
*Leaves me no doubt*
*That the dude who built this road*
*Was going to hell or coming out.«*

Als die Verantwortung für die Straße 1964 an das zivile »Department of Public Works« überging, waren über 100 temporäre Brücken durch stabile Bauten ersetzt, Hunderte von Meilen Straße auf festeren Untergrund verlegt, die problematischsten Straßenstücke stabilisiert worden, und entlang der Straße hatte sich eine minimale, aber ausreichende touristische Infrastruktur aus Tankstellen, Werkstätten und Motels etabliert. 41 000 Fahrzeuge benutzten in diesem Jahr den Alaska Highway.

Die Ausbau- und Stabilisierungsarbeiten gingen weiter. In den 70er Jahren waren Teilstücke der Straße geteert oder staubfrei gemacht und ein Großteil der kurvenreichen Strecken begradigt und entschärft worden. Nur noch eine Handvoll romantischer Touristen fuhr im Sommer mit Schutzgittern vor Windschutzscheibe und Scheinwerfern, mit mehreren Ersatzreifen und Ersatzkanistern auf dem Dach nach Norden. Aus der legendären Pionierstraße, auf der fliegende Steine zu Dutzenden Windschutzscheiben zertrümmerten, die Reifen fraß und Benzintanks durchlöcherte und auch die besten Fahrer demoralisierte, war eine ganz normale Überlandstraße geworden.

Dachte man zumindest, bis die sintflutartigen Regenfälle von 1974 die Verbindungen in den Süden des Landes unterbrachen: Brücken wurden weggerissen, ganze Straßenabschnitte einfach davongespült. Etwa 130 Meilen des Sektors von Fort Nelson nach Watson Lake waren unpassierbar geworden. Auch den Cassiar Highway, die neue Nord-Süd-Verbindung am Ostrand der Coast Mountains, hatten die Regenfälle unpassierbar gemacht. Es dauerte eine Woche, bis die ersten Konvois von gestrandeten Reisenden über einspurige Notbrücken und notdürftig planierte Schotterwege ihre Fahrt fortsetzen konnten.

1975 gab es einen ähnlichen Katastrophensommer, wieder wurden Brücken weggerissen, und der Highway war zehn Tage lang nicht zu passieren. Nicht nur den Einwohnern

*Muncho Lake: Ein landschaftlicher Höhepunkt am Alaska Highway*

des Nordens wurde damals klar, wie sehr sie von dieser einzigen Straße nach Süden abhängig waren; der Ausbau und die Stabilisierung zu einer wetterfesten Straße wurde mit Nachdruck in Angriff genommen.

Der Alaska Highway von heute ist eine Asphaltstraße wie jede andere, die Bautrupps sind am Werk, um den letzten schlechten Abschnitt südlich der Grenze zu Alaska auszubessern. Nur die hier und da in der Wildnis sichtbaren Spuren eines überwachsenen Schotterweges oder einer verfallenen Brücke aus rohen Baumstämmen erinnern an die rauhe Fahrspur, mit der alles begann.

*Nadelöhr Thompson River Canyon*

Deutlich ist ein Wandel in Funktion und Nutzung der Straße zu erkennen. Für den Fahrer eines Lastwagens voller Versorgungsgüter für den Norden ist der Highway einfach eine Verbindung zwischen dem Süden und Alaska, das Land, das er durchfährt, wenig mehr als ein Hindernis, das es schnell zu überwinden gilt. Im Zeitalter des Luftverkehrs sehen auch die Bewohner der Region den Highway mit anderen Augen. Für sie ist er nicht mehr primär die Überlandverbindung nach Süden, und nur wenige fahren regelmäßig große Strecken; die Fahrzeiten kosten zu viel der kostbaren Urlaubs- oder Arbeitszeit. Für die meisten *Northeners* liegt die Bedeutung des Highway heute in der Verbindung der Orte der Region: Man fährt von Teslin nach Whitehorse oder von Tok nach Fairbanks und fliegt nach Süden.

Mit dem Wandel der Nutzung änderte sich auch das Leben entlang der Straße. Größere Benzintanks, kombiniert mit geringerem Kraftstoffverbrauch, und zuverlässigere Automobiltechnik auf geteerter Straße haben viele der in den 60er Jahren gebauten, kleinen Tankstellen und *roadhouses* überflüssig gemacht. Trotzdem hält sich der Mythos von der unberechenbaren Route durch die Wildnis, und in jedem sommerlichen »Lemming-Zug« der Urlauber gibt es unweigerlich einige, die sich wundern, wo denn jetzt das Abenteuer der Fahrt durchs Nordland beginnt, wo die Bäche und die bodenlosen Schlammstrecken sind, die es zu durchqueren gilt. Die Menschen entlang der Straße ertragen es mit Geduld und mildem Spott, so wie der Tankwart, der dem Fahrer des seilwindenbestückten Geländewagens, das Dach voller Ersatzkanister und Reifen, Kühler und Scheinwerfer mit Drahtgittern geschützt, anbietet, ihm einen dekorativen Riß in die Windschutzscheibe zu schlagen, »sonst glaubt dir niemand, daß du in Alaska warst!« ■

# V  Gold an der Westküste

## Eine Kolonie entsteht

Genaugenommen hatte die freiwillige Feuerwehr von San Francisco einen entscheidenden Einfluß auf die Geschichte von British Columbia: Um 1857 war das Festland westlich der Rocky Mountains fest im Griff der »Hudson's Bay Company«. Nach der Fusion mit der »Northwest Trading Company« besaß man das Pelzhandelsmonopol, und die Profite waren gut. Daß es Gold gab, wußte man. Hier und da hatten die Händler in den Forts *nuggets* und Goldkörner eingetauscht, und im Lauf der Zeit waren 800 Unzen zusammengekommen, die man zu Beginn des Jahres 1858 zur Münze in San Francisco schickte. Damals gehörte jeder besser gestellte Bürger von San Francisco zur freiwilligen Feuerwehr, auch der Chef der Staatlichen Münze, der seinen Kollegen umgehend von dem Gold erzählte, das gerade mit dem Dampfer »Otter« der »Hudson's Bay Company« eingetroffen war.

*»Bridge over troubled waters«: am Fraser River unterhalb Hells Gate*

*Goldwaschen und . . .*

Die Erinnerung an den kalifornischen *gold rush* war in San Francisco noch frisch, der erste Trupp Goldsucher machte sich sofort auf den Weg nach Norden. Dort wurden sie von den Vertretern der »Hudson's Bay Company« in Fort Langley und Fort Hope im Tal des Fraser River kühl empfangen. Man hielt sich an die Regeln der Firma und verweigerte den Ankömmlingen jede Auskunft. Goldsucher bedeuteten Ärger. Goldsucher brachten Unruhe ins Land, verdarben die Preise für Rohpelze und Dienstleistungen der Indianer und gefährdeten das Handelsmonopol der Gesellschaft. Die Kalifornier ließen sich jedoch nicht aufhalten, und nur einen halben Tagesmarsch nördlich von Hope fanden die Männer Gold in einer Sandbank des Fraser River. Die Neuigkeit verbreitete sich schnell auf dem ganzen Kontinent, und im Juli 1858 waren etwa 30 000 Menschen – die meisten von ihnen Amerikaner – auf der Suche nach Gold am Fraser River.

Bisher hatten nur etwa 400 Engländer in Victoria auf Vancouver Island und eine geringe Anzahl von Angestellten der »Hudson's Bay Company« in den Forts auf dem Festland gelebt. Die britische Regierung, alarmiert vom Gouverneur von Vancouver Island, fürchtete um ihre Kontrolle über diesen Teil des Landes, schickte 165 Soldaten der »Royal Engineers«, um Ruhe und Ordnung aufrecht zu halten, und erklärte das Gebiet 1858 zur *»Crown Colony of British Columbia«*.

*. . . lebendige Geschichte: Museumsstadt Barkerville*

»*We had to pass where no human being should venture*«, schrieb Simon Fraser 1808 über seinen Marsch auf dem Indianerpfad durch den Canyon des Fraser River. 50 Jahre später schwappte die erste Welle der Goldsucher genau auf dieser Route flußaufwärts. Ungeduldig und mit schweren Lasten auf dem Rücken kämpften sie sich über die Pfade und Klettersteige der Indianer nach Norden, immer auf eine neue Sandbank am Fraser oder Thompson River hoffend, aus der sie ihr Glück aus feinen gelben Goldflocken waschen würden. Viele bezahlten ihren Traum mit dem Leben; sie stürzten ab, ertranken in den Stromschnellen oder wurden von den über die fremden Eindringlinge erbosten Indianern massakriert. Dazu kam, daß es zwar Gold gab, aber nicht in den erhofften Mengen. Die meisten kehrten desillusioniert um, nur wenige ausdauernde und entschlossene Prospektoren hielten durch, drangen immer weiter nach Norden vor. Das Gold im Fraser mußte ja irgendwo herkommen.

Im Herbst 1860 kam der erste *strike*. An einem namenlosen Bach in den Bergen, die man die Cariboo Mountains taufte, lag das Gold offen zutage. Die nächste Welle der vom Goldfieber Befallenen fand schnell heraus, daß der Weg zu den Goldfeldern – die 400 weglose Meilen nordöstlich von Yale lagen, dem Endpunkt der Schiffahrtsroute auf dem unteren Fraser River – die Torturen von 1858 eher noch übertraf. Zwar gab es inzwischen einen Pfad um den Fraser Canyon herum, der 1860 zu einem Weg für Fuhrwerke ausgebaut wurde: Vom Harrison Lake am Rand des unteren Fraser-Tals führte er durch die Berge nach Lillooet; aber der Rest der Strecke, über die Berge zum Thompson River und durch dichte Urwälder weiter zum Williams Lake, war tückisch und gefährlich. Die Pfade waren nicht mehr als eine Wegspur. Steil und unbefestigt führten sie durch Sumpf und dichten, unwegsamen Wald nach Norden. Auch die Versorgung der Goldfelder erfolgte über diese Strecke, und trotz Preisen, die bis zu hundertfach über den Preisen in Victoria lagen, mußten die Lebensmittel auf den Goldfeldern immer wieder rationiert werden.

Auch die Straße von Lillooet über die Berge zum heutigen Clinton, die ab 1861 in Angriff genommen wurde, verbesserte die Situation nicht wesentlich. Zwischen Port Douglas am Harrison Lake und Clinton mußte die Fracht mindestens achtmal umgeladen werden: Von Port Douglas reiste sie 38 Meilen über Land zum Lillooet Lake, auf dem ging es mit dem Dampfer zu einer zweiten, 30 Meilen langen Straße zwischen Mount Currie und dem Anderson Lake, und auf diesem wiederum übernahm der nächste Dampfer den Transport bis zur eineinhalb Meilen langen Überland-Portage (Seton Portage) zum Seton Lake. Nach der Schiffsreise auf dem Seton Lake wurde dann für die letzten drei Meilen nach Lillooet bzw. 50 Meilen nach Clinton noch einmal auf Wagen umgeladen.

James Douglas, weitsichtiger Gouverneur der neuen Kronkolonie British Columbia, schlug 1861 den Bau einer 400 Meilen langen Straße von Yale durch den Fraser Canyon zu den Goldfeldern in den Cariboos vor – ein mutiges Projekt für eine Kolonie mit nur 7 000 Bürgern! Im Oktober 1861 begannen die »Royal Engineers« mit der Vermessung der Trasse, und parallel dazu begannen die Bauarbeiten. Die schlimmsten zehn Kilometer auf der Strecke von Yale durch den Canyon nach Norden mußten fast vollständig aus den Felswänden herausgesprengt werden. Im September 1863 war Soda Creek nördlich vom Williams Lake am Oberlauf des Fraser River erreicht. Von hier nach Quesnel, Ausgangspunkt des Weges zu den Goldfeldern, verkehrte ein Raddampfer. 1865 wurde auch die Fahrstraße von Quesnel zu den Goldgräberorten Richfield, Camerontown und Barkerville fertiggestellt.

Der neue Transportweg war ein unmittelbarer Erfolg. Im Sommer 1863, noch bevor die Strecke vollendet war, zählte ein Reisender auf den ersten 80 Meilen nördlich von Yale zehn Planwagen und über 250 Packtiere, was in etwa einem Frachtvolumen von 70 Tonnen entsprach. Die Preise auf den Goldfeldern fielen: 1862 kostete Mehl zwei Dollar pro Pfund, Kartoffeln eineinhalb Dollar und Butter und Nägel fünf Dollar pro Pfund. 1864, noch vor Vollendung der Straße, waren die Preise auf 35 Cents pro Pfund Mehl, 25 Cents für Kartoffeln und einviertel Dollar für Butter gefallen.

Die Cariboo Waggon Road galt als technisches Meisterwerk; sie war der Stolz der jungen Kronkolonie und lange Zeit die einzige Überlandstraße im Westen der Provinz. Auf ihr rollten schwere Frachtwagengespanne, teilweise gezogen von 16 und mehr Ochsen, und die sechsspännigen rot-gelben Postkutschen der »B.X. Line«. Der Bau der Straße öffnete die Gebiete im Landesinneren von British Columbia für die Besiedelung – er war ein wichtiger Faktor für das Wachstum der Kolonie. Die Zukunft von British Columbia war gesichert. ■

# DIE ÖSTLICHE ROUTE NACH ALASKA: VON CALGARY ÜBER WATSON LAKE NACH FAIRBANKS

# Route 1: Von Calgary durch die Prärie nach Edmonton (759 km)

## Route 1    1. Tag – Programm: Calgary, Alberta

**Vormittags**    Fahrt auf den **Calgary Tower**, danach Besuch des **Glenbow Museum** (ca. 1½ Std.) und der **Olympic Plaza** vor der City Hall. Spaziergang auf der **Stephen Avenue Mall** (8th Ave.) und über die **Plus 15 Skywalks** zu den Shopping Centres im Toronto Dominion Square mit den **Devonian Gardens** und im Calgary Eaton Centre.

**Nachmittags**    Auf der **Barclay Mall** (3rd St.) nach Norden zum **Eau Claire Market** am Bow River. Von dort über 2nd St. S.W. und 2nd Ave. S.E. zum **Chinese Cultural Centre**. Weiter auf der Daquing Ave. durch **Chinatown** zur 1st St. S.E. und auf dieser, an den Skulpturen im Park vor dem Calgary Board of Education vorbei, zur Olympic Plaza.

**Abends**    Fahrt zum **Aussichtspunkt** an der Crescent Rd. oder an der Salisbury St.

---

**Abkürzung:** Wem der Weg zum Eau Claire Market und durch Chinatown zu weit ist, der kann mit der (im Zentrum kostenlosen) Straßenbahn auf der 7th Ave. direkt zur Olympic Plaza zurückfahren.

**Alternative:** Nach dem Bummel auf der Stephen Ave. Mall Besuch des Museumsdorfes **Heritage Park Historical Village** am Hwy. 2 südwestlich von Calgary (ähnliches wird allerdings in noch größerem Umfang im Fort Edmonton geboten, s. S. 95). Ein Besuch im Eau Claire Market läßt sich nach der Rückkehr anhängen.

**Zusatztage in Calgary:** Ein Besuch im **Canada Olympic Park** ist für Sportfans mit Sicherheit die Fahrt an den westlichen Stadtrand wert. – Das **Interpretive Centre** im **Fort Calgary Historic Park** erzählt die Geschichte der Stadt seit ihren Anfängen als Handelsposten. – Das **Energeum** an der 5th Ave. bietet interessante Exponate und Informationen zum Thema Energie. – Auch ein Spaziergang vom **Prince's Island Park** am Bow River entlang zum **Fort Calgary** (am Zusammenfluß von Bow und Elbow River), nach **St. Patrick's Island** und zum **Zoo** ist ein angenehmer Zeitvertreib. – Wer es gern etwas aktiver hat, kann am frühen Morgen mit dem Heißluftballon über der Stadt schweben (Aero Dynamics Aerostats, ✆ 287-93 93), Go-Kart fahren (Kart Gardens, 9555 Barlow Trail N.E., ✆ 250-95 55) oder im Canada Olympic Park seinen Adrenalinspiegel mit Bungee Jumping (✆ 286-43 34) oder Rodeln auf der olympischen Rennbahn in die Höhe treiben (✆ 247-54 42).

Route 1    **1. Tag – Informationen:** Calgary, Alberta

**Orientierung in Calgary:**

Achten Sie bei Adressenangaben auf die Anhängsel S.W., S.E., N.W. und N.E., die den Quadranten der Stadt angeben, in dem sich die Straße befindet. Gleichnamige Straßen mit unterschiedlichen Anhängseln können weit voneinander entfernt sein. Selbst bei identischer Bezeichnung muß es sich nicht unbedingt um eine durchgehende Straße handeln. Es gibt Unterbrechungen durch den Elbow River, die Eisenbahntrasse usw.

ℹ **Calgary Convention & Visitors Bureau**
237, 8th Ave. S.E.
Calgary, Alta. T2G 0K8
✆ (403) 263-85 10, Fax 262-38 09

ℹ Wettervorhersage für Calgary und Banff:
✆ (403) 275-33 00

Informationen für Besucher (vom Band):
✆ (403) 521-52 22 und dann 89 50

🛏 **Château Airport Hotel**
2001 Airport Rd. N.E.
Calgary, Alta. T2E 6Z8
✆ (403) 291-26 00, Fax 250-87 22
Gutes Hotel direkt am Flughafen-Terminal. Ideal für die erste oder letzte Nacht. $$$$

(Die Auflösung der $-Zeichen finden Sie auf S. 266 und 273 sowie in der hinteren Umschlagklappe.)

🛏 **Radisson Plaza Hotel**
110, 9th Ave. S.W., Calgary, Alta. T2G 5A6
✆ (403) 266-73 31, Fax 262-84 42
Luxushotel im Zentrum mit Swimmingpool und Passage zum Glenbow Museum. $$$$

🛏 **The Palliser Hotel**
133, 9th Ave. S.W., Calgary, Alta. T2P 2M3
✆ (403) 262-12 34, Fax 260-12 60

Renoviertes Hotel aus dem Jahr 1914 mit viel Atmosphäre.
$$$–$$$$

**Westward Inn**
119, 12th Ave., Calgary, Alta. T2R 0G8
℮ (403) 266-46 11, Fax 237-09 78
Downtown-Hotel mit akzeptablen Preisen. $$$

**Stampeder Inn**
3828 Macleod Trail S.W.
Calgary, Alta. T2G 2R2
℮ (403) 243-55 31, Fax 243-69 62
Gutes Kettenhotel am Südrand der Stadt.
$$

**Mountain View Farm Campground**
P.O. Box 6, Site 8, R.R. 6 (am Hwy. 1, 3 km östlich von Calgary)
Calgary, Alta. T2M 4L5
℮ (403) 293-66 40
Ausgezeichnet ausgestatteter Campingplatz mit deutschsprachigem Personal.

**KOA Calgary West**
P.O. Box 10, Site 12, S.S. No. 1 (im Westen der Stadt südlich vom Hwy. 1)
Calgary, Alta. T2M 4N3
℮ (403) 288-04 11
Geöffnet 15. April–15. Okt.
Gut ausgestatteter Campingplatz mit Pool in der Nähe des Canada Olympic Park.

**Sunalta**
P.O. Box 55 (3 km westlich der Stadtgrenze am Hwy. 1)
Calgary, Alta. T3B 0H0
℮ (403) 288-79 11
Geöffnet 15. April–1. Okt.
Gut ausgestatteter Campground, Geschäft, Propangasanschluß.

**Calgary Tower**
101, 9th Ave. S.W./Ecke Centre St.
℮ (403) 266-71 71
Geöffnet 15. Juni–15. Sept. tägl. 7.30–23 Uhr

Die Aussichtsplattform und das Drehrestaurant auf dem 190 m hohen Turm bieten einen spektakulären Blick auf Calgary, die Prärie und die Rockies.

**Glenbow Museum**
130, 9th Ave. S.E. (im Calgary Convention Centre, schräg gegenüber vom Calgary Tower)
℮ (403) 262-40 45
Di–So 10–18 Uhr
Eines der sechs großen kanadischen Museen. Behandelt die indianische Geschichte und Kultur und die Besiedelung und Entwicklung des Westens. Ausstellungen von Eskimo- und Indianerkunst. Interessanter Museumsladen.

**Olympic Plaza**
Zwischen 7th Ave. und Stephen Ave. Mall in der Nähe des Glenbow Museum
Kleiner Park mit großem Brunnen vor der Kulisse der City Hall. Hier fanden während der Olympiade die Siegerehrungen statt.

**Plus 15 Skywalks**
Ein viele Kilometer langes Netz von gläsernen Röhren verbindet in 4 1/2 Meter Höhe über den Straßen die Einkaufsgalerien und Bürohäuser der Innenstadt.

**Devonian Gardens**
8th Ave. S.W./Ecke 3rd St. S.W.
Tägl. 9–21 Uhr
1,2 ha großes tropisches Paradies mit Pools und über 15 000 Pflanzen im obersten Stock des **Toronto Dominion Square**.

In den Shopping Malls links und rechts der Stephen Ave. Mall gibt es viele auf das Lunch-Geschäft spezialisierte kleine Restaurants. In der »Food Village« des **Eau Claire Market** am nördlichen Ende der Barclay Mall wird die ganze Bandbreite internationaler Fast-food-Varianten, vom Hamburger bis Sushi und vom Sandwich bis Satay, angeboten.

### Aussichtspunkte
An der **Salisbury Street:** 1st St. S.E. nach Süden, hinter der Brücke über den Elbow River an der ersten Ampel links in die 25th Ave. S.E., am Südende des Stampede Park vorbei und links in die Spiller St., gleich darauf links in die 6th St. S.E., die in die Salisbury St. übergeht. – An der **Crescent Road:** auf der Centre St. nach Norden, in die erste Straße hinter der Bow-River-Brücke links (7th Ave. N.W.), an deren Ende links (1st St. N.W.) und dann rechts in die Crescent Rd.

### Heritage Park Historical Village
1900 Heritage Dr. S.W., im Süden der Stadt, Zufahrt über Hwy. 2
© (403) 259-19 00
Geöffnet Ende Mai–Anfang Okt. Mo–Fr 10–16, Sa/So 10–18 Uhr
Das Museumsdorf vermittelt einen Eindruck davon, wie es in und um Calgary zwischen 1860 und 1900 aussah. Auf dem weitläufigen Gelände befindet sich ein Fort der »Hudson's Bay Company« und ein Dorf aus der Zeit vor dem Bau der Eisenbahn, eine typische Eisenbahnsiedlung von 1910 und die Straßen einer kleinen Stadt in der Prärie. Ein Bäcker backt frisches Brot, ein Hufschmied erklärt sein Handwerk, und im Speisesaal eines alten Hotels wird *beef* serviert. Auf dem Glenmore-See nebenan macht der Raddampfer »S.S. Moyie« Rundfahrten, und Eisenbahnfans können mit einem Dampfzug von 1920 das ganze Gelände umrunden.

### Canada Olympic Park
Am Hwy. 1 westlich der Stadt (Ausfahrt Bow Fort Rd.)
© (403) 286-26 32
Öffnungszeiten unterschiedlich, telefonisch erfragen
Skisprungschanze, Bob- und Rodelbahn, »Olympic Hall of Fame« mit Ausstellung zur Olympiade 1988. Auf dem unteren Teil der Bobbahn können mutige Besucher mit dem Skeleton-Schlitten eine Probefahrt machen.

*Ein Hufschmied erklärt sein Handwerk: Calgary Heritage Park Historical Village*

### Fort Calgary Historic Park
750, 9th Ave. S.E.
© (403) 290-18 75; tägl. 8.30–17 Uhr
Ort des Fort von 1875, mit dem die Geschichte Albertas begann. Das Interpretive Centre erzählt die Geschichte der Stadt von den Anfängen als Handelsposten über die Stationierung der »Royal Northwest Mounted Police« bis zur Erschließung durch die Eisenbahn und zum Beginn der Industrialisierung.

### Dean House Historic Site & Restaurant
806, 9th Ave. S.E.
© (403) 237-90 44; tägl. 11–17 Uhr
Leichter Lunch und traditioneller englischer *high tea.* Das Haus wurde 1906 für Captain Richard Burton Dean, Kommandeur von Fort Calgary, gebaut und 1983 restauriert.

**Energeum**
640, 5th Ave.
✆ (403) 297-42 93
Mo–Fr 10.30–16.30 Uhr, im Sommer auch So
Sammlung zur Geschichte der Energie-
wirtschaft Albertas: Erdöl, Ölsand, Kohle
und Elektrizität.

 Calgary, die Stadt des *stampede*, ist **die**
Westernstadt. Wo, wenn nicht hier, sollte
man sonst seine Cowboy-Stiefel, bestickten
Westernhemden, silbernen Gürtelschnal-
len und Zehn-Gallonen-Hüte kaufen?

 **Sarcee Arts & Crafts**
3700 Anderson Rd. S.W.
✆ (403) 238-26 77
*Native souvenirs* wie Mokassins, Lederar-
beiten, Masken und indianischer Kopf-
schmuck.

 **Alberta Boot**
614, 10th Ave. S.W.
✆ (403) 263-46 23
»Die Adresse« für Cowboy-Stiefel.

 **Lammle's Western Wear**
Im Calgary Eaton Centre an der 8th Ave.
✆ (403) 263-62 86
Klamotten für Asphalt- und echte Cowboys.
Acht weitere Geschäfte überall in der Stadt.

**Für den Abend:**

 **La Chaumiere**
121, 7th Ave. S.E.
✆ (403) 228-56 90
Calgarys bestes Restaurant. Französische
Spitzenküche, ausgezeichnete Weinkarte.
Elegant gekleidete Gäste. Reservieren! $$$

 **Entre Nous**
2206, 4th St. S.W.
✆ (403) 228-55 25
Gemütliches französisches Restaurant. $$

 **Mescalero**
1315, 1st St. S.W.

✆ (403) 266-33 39
Geöffnet Di–Sa ab 19 Uhr
*Southwest cuisine* und lateinamerikani-
sche Küche. Lockere Atmosphäre. $$

 **Ercole Ristorante Italiano**
202, 16th Ave. N.E.
✆ (403) 230-44 47
Mamma Ericas Küche wurde mehrfach
ausgezeichnet. $$

 **Billy Macintyre's Cattle Company
South**
7104 Macleod Trail S.
✆ (403) 252-22 60
Geöffnet Mo–Sa 11.30–24 Uhr
Western-Restaurant. Super Steaks, *ribs*
und Margaritas, wie sie sein sollen; guter
Service. $$

 **Ranchman's**
9615 Macleod Trail S.
✆ (403) 253-11 00
Die berühmteste Western-Bar in Calgary.

 **The Unicorn**
304, 8th Ave.
Pub voller netter Leute.

 An der 11th Ave. S.W., so etwa zwischen
5th St. S.W. und 10th St. S.W., finden sich
die hauptsächlich von den jüngeren Ein-
wohnern Calgarys frequentierten Bars,
Discos und Szenekneipen.

**Feste:**

Größtes und weltweit berühmtes Fest
sind die neun Tage des **Calgary Stam-
pede** Anfang Juli mit großer Parade durch
die Straßen der Innenstadt, Rodeos und
*chuck waggon races*. In den Orten und
Indianerreservaten der Umgebung von
Calgary finden im Sommer ebenfalls
Rodeos und *powwows* statt. Einzelhei-
ten und Termine gibt es beim Calgary
Convention & Visitors Bureau, ✆ (403)
263-85 10.

# Calgary: Cowboys und Kommerz

Am Rand der westlichen Prärie, wo die Vorberge der Rocky Mountains den Horizont zu beschränken beginnen, erhebt sich aus dem weitläufig ausufernden Einerlei der traditionellen Prärievorstädte **Calgarys Downtown** als glänzendes Monument aus Stahl und Glas. Kompakt und ohne Übergang schießen die Türme himmelwärts. Hier ist alles modern, jung, progressiv und blitzblank. »Sieht aus, als

wäre sie gerade eben frisch ausgepackt worden«, kommentiert mein Nachbar die Skyline und legt einen neuen Film in die Kamera.

Calgary ist eine junge Stadt. 1875 errichtete die »Northwest Mounted Police«, Vorläufer der heutigen *mounties*, ein Zelt-Camp am Zusammenfluß von Bow und Elbow River, um den Weg für die nach Westen drängenden *homesteader* zu eb-

*Der Saddledome vor der Skyline von Calgary*

*Der Uhrturm des Rathauses (City Hall) war einmal das höchste Gebäude von Calgary*

nen und den Whisky-Händlern das Handwerk zu legen, die von Montana aus vorgedrungen waren, um von den Indianern Büffelhäute gegen Feuerwasser einzutauschen. Das Wachstum des unbedeutenden Präriekaffs begann 1883, als die Eisenbahnstrecke Calgary erreichte. Siedler kamen ins Land, und riesige *cattle ranches* nutzten das Grasland der Prärie von Süd- und Mittel-Alberta. 1893 – aus den 600 Einwohnern 1883 waren inzwischen 2 000 geworden – wurde Calgary Stadt und entwickelte sich zur *cowtown*, zum landwirtschaftlichen Zentrum der Region; Schlachthöfe und eine Konservenindustrie entstanden.

Der eigentliche Aufschwung ließ noch bis 1914 auf sich warten; mit den Ölfunden im Turner Valley südwestlich von Calgary begann eine Ära der Prosperität und des Bevölkerungswachstums. In der Folge des Ölpreis-Booms der 70er Jahre schossen die Bürotürme wie Pilze aus der Erde: Das »Manhattan« in der Prärie entstand. 1982 waren aus den 4 000 Einwohnern von 1914 über 600 000 geworden. Mit dem weltweiten Ölpreisverfall der 80er Jahre setzten auch für Calgary schwierige Zeiten ein. Die Olympiade 1988 brachte jedoch einen neuen Aufschwung und internationale Bekanntheit. Heute sind Tourismus und High-Tech-Industrie die Wachstumsbranchen. Der Zuzug in die Metropole hält ungebrochen an, 1994 wohnten bereits 725 000 Menschen in Calgary.

Jedes Jahr im Juli, zur Zeit des Calgary Stampede, verkleidet sich ganz Calgary mit Stetson, Jeans und Cowboystiefeln und versucht sich und der Welt vorzumachen, daß es noch die *cowtown* der frühen Tage, des *old west*, ist und nicht die Stadt der Hochfinanz (fast 600 Firmen der Branche, alle kanadischen und 60 ausländische Banken haben hier ihre Büros), der Erdöl- und Erdgas-Industrie und der High-Tech-Firmen.

Unser Tag in der Stadt beginnt mit einem Rundblick aus luftiger Höhe. Von der Aussichtsplattform des **Calgary Tower** 190 Meter über dem Straßenpflaster schweift der Blick über die Bürotürme der Innenstadt zu den schneegekrönten Gipfeln der Rocky Mountains 80 Kilometer weiter westlich. Im Osten dehnen sich die Weizenfelder der Prärie, und nach Süden erstreckt sich *suburbia*, die gepflegten Wohnstädte im Grünen, gegliedert durch viele Parks. Wer den Tag langsam angehen will, frühstückt im gemächlich rotierenden Restaurant des Calgary Tower, während draußen Skyline und Landschaft vorüberziehen.

Schräg gegenüber, auf der anderen Seite der 9th Avenue S.E., informiert das **Glenbow Museum** über Kultur und Geschichte der Prärie-Indianer und die Besiedelung des Westens. Auf drei Stockwerken dieses Weltklassemuseums erfährt man, wie die Indianer zur Zeit der großen Büffelherden lebten, kann die Kochtöpfe der ersten Siedler inspizieren und sich sowohl über den Aufbau der Hutterer-Kolonien wie über die Geschichte der Ölindustrie Albertas informieren. Eine wahre Fundgrube ist die einmalige Sammlung historischer Fotografien und Dokumente.

Vom Museum führt ein *skywalk* durch das **Calgary Centre for Performing Arts**, Calgarys Theater- und Konzertkomplex, hinüber zum blauschimmernden Glaspalast des **Municipal Building** mit den Büros der Stadtverwaltung. Etwas verwirrt schaut »The Family of Horses«, eine Gruppe von drei bronzenen Pferden, auf die große Freitreppe vor dem Eingang des Beamtenbunkers. Nebenan steht mit Uhrturm und rotem Dach der ehrwürdige Sandsteinbau der alten **City Hall**. Vor dieser Kulisse erstreckt sich die **Olympic Plaza**, auf der 1988 den siegreichen Olympioniken vor dem Hintergrund einer Säulenreihe ihre Medaillen überreicht wurden. Heute plätschern kleine Brunnen in einen großen Teich, und auf den Bänken rundum findet man immer ein schattiges Plätzchen zum Verweilen.

Insgesamt haben die Stadtplaner bei dem Versuch, in der Downtown Calgary eine komfortable urbane Umwelt zu schaffen, gute Arbeit geleistet. Die Fußgängerzone der **Stephen Avenue Mall**, eine sechs Häuserblocks lange Flaniermeile mit Bäumen und Bänken, Restaurants, Läden und Kinos, führt von der Südwestecke der Olympic Plaza vorbei an den Sandsteinfassaden der ältesten Geschäftshäuser der Stadt zu den Bürotürmen und Shopping-Palästen im Herzen der Downtown. Sie ist das Dorado von Straßenmusikanten und Brezelverkäufern, Flaneuren und Büroangestellten in der Mittagspause – zumindest im Früh-

*Die Olympic Plaza (Calgary)*

ling und im Herbst. Im Hochsommer, wenn die Temperaturen auf über 30 Grad Celsius steigen, und im Winter, wenn das Quecksilber sich in den Bereich von minus 20 bis minus 30 Grad zurückzieht, verlagert sich das Treiben nach innen zu den *food courts* und Restaurants in den unteren Etagen der Bürotürme und den marmorverkleideten Wandelhallen der Shopping Centres. Banker's Hall, Eaton Centre und Toronto Dominion Square sind wahre Tempel des Konsums. Im obersten Stockwerk des **Toronto Dominion Square** bilden Tümpel, kleine Wasserfälle und Tausende von Pflanzen der **Devonian Gardens** eine 1,2 Hektar große Oase der Ruhe und Erholung. Damit man nun auch wirklich nicht ins Freie muß, hat

man sich für Calgarys Downtown die **Plus 15 Skywalks** einfallen lassen. In viereinhalb Meter Höhe verbinden verglaste Brücken die Malls und Bürotürme über die Straßen hinweg. Markierungen im Gebäude weisen den Weg zum nächsten Haus, zur nächsten Brücke. Fast fünf Kilometer ist das sommers wie winters wohltemperierte Wegenetz lang.

An der 3rd Street (Barclay Mall) ist die Entscheidung des Tages fällig: Für Einkaufsmuffel und Fußkranke bietet sich die Rückfahrt zur Olympic Plaza mit dem auf der 7th Avenue verkehrenden C-Train an. Er kann – unseren eigenen Stadtvätern sei's ins Stammbuch geschrieben – im Bereich der Innenstadt zwischen der 10th Street S.W. und der 3rd Street S.E.

*Blick vom Aussichtspunkt an der Salisbury Street auf die Skyline von Calgary*

gratis benutzt werden. Die anderen bummeln die Barclay Mall hinab zum Fluß, wo eine Fußgängerbrücke hinüberführt zum Prince's Island Park, einer der vielen grünen Oasen Calgarys. Gleich nebenan steht der farbenfrohe Komplex des **Eau Claire Market** mit Shops, Restaurants und IMAX-Kino.

Zwei Straßen weiter nach Südosten, am Rand von **Chinatown**, leuchtet die mit prächtigen Fliesen verzierte Kuppel des **Chinese Cultural Centre**. Mittelpunkt ist die dem Tempel des Himmels in Peking nachempfundene 20 Meter hohe, große Halle, auf deren Säulen die mit einem goldenen Drachen verzierte Kuppel ruht. Drumherum gruppieren sich ein Restaurant, Museum und Galerie zur Geschichte der chinesischen Kultur, eine Bibliothek und Räume für Veranstaltungen der chinesischen Gemeinde. Weiter führt der Weg über Daquing Avenue und Centre Street durch Chinatown zur 1st Street S.E. und zum Park vor dem **Calgary Board of Education**, in dem etwas unmotiviert die sechseinhalb Meter hohen, langbeinig-dürren Skulpturen der »Family of Man« herumstehen. Ursprünglich Bestandteil des englischen Pavillons während der EXPO 1967, fanden sie hier eine ständige Bleibe.

Eine interessante Alternative zu Eau Claire Market und Chinatown wäre zum Beispiel ein Besuch des **Fort Calgary Historic Park** am Rand von Downtown, vielleicht verbunden mit *high tea* auf der

*Im Eau Claire Market (Downtown Calgary)*

verglasten Veranda des gegenüberliegenden **Dean House** mit Blick auf Bow und Elbow River. Oder eine kurze Fahrt an den Stadtrand zum **Heritage Park Historical Village** auf einer Halbinsel im Glenmore-Stausee. Ein nostalgischer Dampfzug aus den 20er Jahren dreht seine Runden um das Gelände, und auf dem See wartet der Raddampfer »S.S. Moyie« auf Passagiere. Eine Windmühle streckt ihre Segel in den Himmel, und in der Schmiede demonstriert der Hufschmied sein Handwerk. Vom Indianertipi über die kargen Blockhütten der einstigen *homesteader* bis zu den *false fronts* einer kleinen Präriestadt ist alles vorhanden, was typisch ist für das Alberta der frühen Jahre. Sehr schön und interessant, doch in Edmonton (siehe 4. Tag, Seite 91 ff.) kommt das gleiche noch einmal – noch ein bißchen größer und noch ein bißchen umfangreicher.

Wer die nötige Energie noch aufbringen kann, sollte in den letzten Stunden vor Sonnenuntergang zum Aussichtspunkt an der **Crescent Road** auf dem Hochufer des Bow River fahren, wenn das weiche Licht der tiefstehenden Sonne das Glas- und Betongebirge der Innenstadt zum Leuchten bringt. Bei Sonnenuntergang und kurz danach ist der Blick vom Rand der **Salisbury Street**, auf einem Hügel über dem Calgary Exhibition and Stampede Park gelegen, besonders beeindruckend. Wenn die Lichter in den Bürotürmen der Innenstadt angehen, kommt Leben und Leichtigkeit in die Gebäudemassen der Skyline. Vor dem gelb, rot und purpur gefärbten Abendhimmel blinken, schimmern und leuchten ungezählte Lampen, signalisieren Vitalität, Zukunftsglauben und unbegrenzten Optimismus. Morgen beginnt das Kontrastprogramm: Natur pur und viel Landschaft. ■

**2. Tag – Route:** Calgary – Dinosaur Provincial Park – Drumheller (424 km)

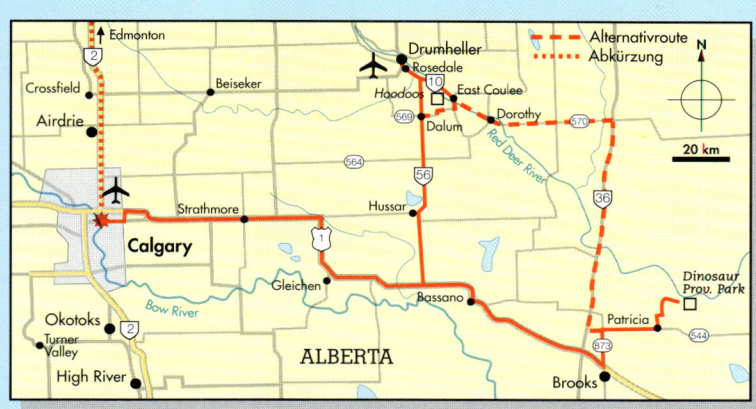

| km | Zeit | Route |
|---|---|---|
| 0 | 7.00 Uhr | Abfahrt in **Calgary** auf dem Hwy. 1 E. nach Osten. |
| 180 | | Ausfahrt **Brooks**, Rt. 873 N. und Rt. 544 E. nach **Patricia**, Wegweisern zum |
| 228 | | **Dinosaur Provincial Park** folgen; dort |
| | 10.00 Uhr | an der **Badlands Bus Tour** teilnehmen. |
| 280 | 15.00 Uhr | Zurück zum Hwy. 1 W., auf diesem nach Westen bis zur |
| 336 | | Ausfahrt Hwy. 56 nach Norden. |
| 400 | | In **Rosedale** rechts, auf dem Hwy. 10 nach Südosten zur |
| 408 | | **Hoodoos Provincial Recreation Area**, dann zurück nach |
| 416 | | Rosedale und auf Hwy. 56 weiter nach |
| 424 | 18.00 Uhr | **Drumheller**. |

**Abkürzung:** Wer nur auf dem schnellsten Weg nach **Edmonton** gelangen will, fährt auf dem Hwy. 2 von Calgary 294 km nach Norden, Dauer ca. 3¹/₂ Std.

**Empfehlenswerte Alternativroute:** Wer die Fahrt auf einer gelegentlich nicht geteerten Landstraße nicht scheut, fährt von der Rt. 544 (Patricia) den Hwy. 36 nach Norden und nach 73 km links auf der Rt. 570 über Dorothy nach East Coulee. Diese Route führt durch die **Prärie** ins Tal des Red Deer River. Von East Coulee sind es noch 7 km auf dem Hwy. 10 nach Norden zur Hoodoos Provincial Recreation Area. – Eine kürzere Alternative der Route über Brooks und den Hwy. 1 biegt vom Hwy. 56 nach 51 km in Dalum rechts ab in die Rt. 569 (oder schon 8 km früher in die Rt. 564) und folgt den Wegweisern nach East Coulee.

**Dinosaur Provincial Park**
Nördöstlich von Patricia
Einer der reichsten Fossilienfundorte der
Welt. Im Herzen der Alberta Badlands hat
die Erosion die Hänge des Red-Deer-
River-Tals zerfurcht und dabei die Reste
von Dinosauriern freigelegt. Eine 3 km
lange Straßenschleife führt durch die Badlands, vorbei an zwei Skeletten. Die inter-
essantesten Formationen und Fossilien-
fundstätten der Badlands sind allerdings
nur auf den geführten Touren zugänglich,
denn 90 % des rund 6 000 km$^2$ großen
Parks sind für Besucher gesperrt. Die
ca. 1stündige **Badlands Bus Tour** (1. Juli–5. Sept. 10, 14, 15 und 16 Uhr, außerdem
Di/Do 11.30, Sa/So 11 Uhr) führt durch das
Herz des Schutzgebietes zu bizzaren Ero-
sionsgebilden und Dinosaurierresten und
bietet den besten allgemeinen Überblick.
Ab 9.15 Uhr werden jeweils abwechselnd
andere Touren angeboten. Der etwa 2stün-
dige Centrosaurus Bone Bed Hike besucht
eines der Hauptausgrabungsareale, ein
fußballfeldgroßes Gebiet mit einer hohen Konzentration an Dinosaurierknochen.
Auf der Fossil-Safari suchen die Besucher
unter Anleitung eines Rangers nach Fossilien. Vom 21. Mai bis 30. Juni und vom 6.
bis 25. Sept. finden die Touren ebenfalls
statt. Tage und Zeiten erfährt man vom
Park Office, ℂ (403) 378-43 42; angeschlos-
senes Museum.

**Restaurant im Best Western Heritage
Inn**
An der Rt. 873, 1 km südlich vom Hwy. 1
Brooks
ℂ (403) 362-66 66
Hamburger, Sandwiches, Salatbar – das
übliche Lunch-Menü. $–$$

**Hoodoos Provincial Recreation Area**
Am Hwy. 10, 8 km südöstlich von Rosedale
Wind und Wetter haben bizarre Säulen mit
einem »Hut« aus hartem Gestein aus dem
Hang des Flußtals gewaschen. Bequemer
Zugang zu einem Erosionshang der Bad-
lands.

---

**Drumheller, Alberta**

---

**Drumheller Inn**
P.O. Box 3100
100 S. Railway Ave. (Hwy. 9)
Drumheller, Alta. T0J 0Y0
ℂ (403) 823-84 00, Fax 823-50 20
Hotel mit Bar, Restaurant, Schwimmbad
und Whirlpool. $$$

**Badlands Motel**
P.O. Box 2217, 801 Dinosaur Trail
Drumheller, Alta. T0J 0Y0
ℂ (403) 823-85 55
Gut ausgestattetes Motel außerhalb Drum-
hellers. Zimmer mit Einbauküchen. $$

**The Lodge at Drumheller**
P.O. Box 1810, Centre St./Ecke Railway
Ave.
Drumheller, Alta. T0J 0Y0
ℂ (403) 823-33 22, Fax 823-37 41
Downtown, Einbauküche im Zimmer, Sau-
na. $$

**Shady Grove Campground**
25 Poplar St.
Drumheller, Alta. T0J 0Y0
ℂ (403) 823-25 76
Mit *hook ups*, Duschen, Blockhütten; am
Flußufer gelegen.

**Dinosaur Trail RV Resort**
P.O. Box 1300
838 Secondary Rd., 11 km außerhalb von
Drumheller am S. Dinosaur Trail
Drumheller, Alta. T0J 0Y0
ℂ (403) 823-93 33
Großer Campground mit allen Einrichtun-
gen und geheiztem Pool.

**Bleriot Ferry Provincial Recreation
Area**
Am Dinosaur Trail, 23 km nordwestlich von
Drumheller
Einfacher Campground in der Nähe der
Fähre über den Red Deer River.

| km | Zeit | Route |
|----|------|-------|
| 0 | 9.00 Uhr | In **Drumheller** Besuch des **Royal Tyrrell Museum of Paleontology** und Fahrt auf dem **Dinosaur Trail** nordwestlich von Drumheller. |
| 48 | | Lunch in Drumheller. |
| | 13.30 Uhr | Abfahrt auf dem Hwy. 56 nach Norden, |
| 90 | | kurzer Abstecher nach **Rowley**, zurück auf Hwy. 56 und über **Stettler** und |
| 206 | | **Camrose** zum Hwy. 26 W. nach |
| 245 | | **Wetaskiwin**. Über den Hwy. 2A S. zum Hwy. 13, den Schildern zum |
| 247 | | **Reynolds-Alberta Museum** folgen (Besichtigung). |
| 265 | | Zurück auf Hwy. 2A und auf diesem nach Norden. In **Leduc** auf Hwy. 2 nach |
| 335 | 18.00 Uhr | **Edmonton**. |

**Zusatztag in der Prärie:** Vom Präriestädtchen **Stettler** aus zuckelt jedes Wochenende der museumsreife Alberta-Prairie-Dampfzug aus den 20er Jahren auf einer ansonsten nicht mehr genutzten Nebenlinie der Bahn durch die Prärie. Er hält in kleinen, abseits der Durchgangsstraßen gelegenen Dörfern, in denen die Zeit stehengeblieben zu sein scheint (u.a. auch in Rowley). Unterwegs gibt es Unterhaltung und ein von den Dorfbewohnern serviertes *country dinner*. Auskunft und Reservierung: **Alberta Prairie Steam Tours**, P.O. Box 800, Stettler, Alta. T0C 2L0, ✆ (403) 742-28 11, Fax 742-28 44. Fr, Sa, So, manchmal auch Do, in Verbindung mit einer Übernachtung in Stettler: Grandview Motel, am Hwy. 56, ✆ (403) 742-34 01, Fax 742-13 63.

### Royal Tyrrell Museum of Paleontology

N. Dinosaur Trail

Drumheller, Alta. T0J 0Y0

℡ (403) 823-77 07

Geöffnet Victoria Day (Ende Mai) bis Labour Day (Anfang Sept.) 9–21, sonst Di–So 10–17 Uhr

Weltberühmtes Museum mit der international größten Sammlung von kompletten Saurierskeletten und anderen Fossilien. Neben der außergewöhnlich vielseitigen und interessanten Darstellung der Dinosaurier und ihrer Welt vermittelt das Museum anhand von Fossilien und Dioramen einen Überblick über die Entstehung der Arten von den Trilobiten bis zu den Säugetieren der letzten Eiszeit.

### Dinosaur Trail

48 km lange Straße nordwestlich von Drumheller

Hauptattraktionen sind die Aussichtspunkte mit Blick auf die Landschaft der Alberta Badlands, das Tal des Red Deer River und, für technisch Interessierte, die Fähre über den Fluß.

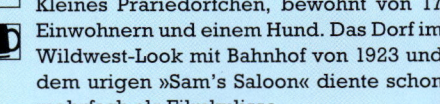
### Rowley

Kleines Präriedörfchen, bewohnt von 17 Einwohnern und einem Hund. Das Dorf im Wildwest-Look mit Bahnhof von 1923 und dem urigen »Sam's Saloon« diente schon mehrfach als Filmkulisse.

### Reynolds-Alberta Museum

Am Hwy. 13

2 km westlich von Wetaskiwin

℡ (403) 361-58 55

Tägl. 9–7 Uhr

Gelungene Dokumentation der Mechanisierung von Transport, Landwirtschaft und Industrie in Alberta. Traktoren, Dampfmaschinen und Oldtimer beschreiben den technologischen Wandel in der Prärie. In einem Hangar nebenan zeigt die »Canadian Aviation Hall of Fame« einen Querschnitt kanadischer Flugzeuge von den Anfängen der Fliegerei bis zur DC 3.

Informationen zu **Edmonton**, s. S. 91 ff.

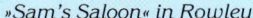

*»Sam's Saloon« in Rowley*

56

# Dinosaurier und *Hoodoos*
## Eine Reise ins Erdaltertum

Heute heißt es früh aufstehen. Der größte und interessanteste Teil des Dinosaur Provincial Park darf nur im Rahmen einer geführten Tour unter Aufsicht eines Rangers betreten werden, und wer nicht im 48 Kilometer entfernten Brooks übernachtet hat, muß zeitig in Calgary losfahren, damit er spätestens eine Viertelstunde vor Beginn der Badlands Bus Tour in der *field station* des Royal Tyrrell Museum of Paleontology seine Fahrkarten kaufen kann.

Nach 200 Kilometern Fahrt durch die Prärie Süd-Albertas ist der erste Kontakt mit den Badlands des **Dinosaur Provincial Park** überraschend abrupt. Ohne Übergang reißt der Ozean aus Gras auf, eine Schlucht mit von Mineralien rot, grün, grau und braun gestreiften Wänden tut sich auf, und man starrt hinunter in die Badlands, deren nackte, bizarre Hügel und labyrinthische Schluchten den Boden des Red-Deer-River-Tals bedecken. Der Name »Badlands« ist eine verkürzte Übersetzung des Ausdrucks *»mauvaises terres à traverser«*, den frühe französische Trapper für die Gegend des White River in North Dakota prägten und der im Lauf der Zeit zum Synonym für schwieriges, rauhes und unfruchtbares Terrain wurde.

Schmelzwasser gruben vor 10 000 bis 15 000 Jahren, am Ende der letzten Eiszeit, das Tal in die weichen Sedimentschichten. Erosion durch Wind und Wasser hat seitdem die Landschaft weiter ge-

*Die Teilnehmer der Fossil-Safari stoßen regelmäßig auf neue Fossilienfunde*

formt. Tiefe Erosionsrillen ziehen sich die Hänge hinunter, und wo schützende Lagen aus härterem Stein über den weichen Sedimenten liegen, blieben *hoodoos*, Säulen mit einem »Hut«, stehen. Die bei gelegentlichen Sommergewittern vom Himmel stürzenden Wassermassen waschen immer neue Fossilien aus den weichen Lehm- und Sandsteinhängen. Teilweise verschwinden die Regenbäche durch Risse in die Erde und treten irgendwo an einer Hangflanke wieder zutage. Mit der Zeit können diese Kanäle so groß werden, daß sie unter dem Gewicht der darüberliegenden Erde einstürzen und kraterförmige *sink holes* bilden. Bentonit, ein lehmiges Verwitterungsprodukt vulkanischer Asche und Tuffe, bedeckt in trockenen Zeiten an manchen Stellen wie

*Hoodoos en miniature im Dinosaur Provincial Park . . .*

bröckeliges graues Popcorn den Boden. Wenn es regnet, absorbiert Bentonit Unmengen Wasser und wird zu einer graugrünen schlüpfrigen Schmiere. Tückisch sind die Bentonit-Hänge, wenn nach dem Regen die Sonne wieder hervorkommt. Die noch feuchte Schicht unter der schon zum vertrauten Popcorn-Bild getrockneten Oberfläche hat ganz ausgezeichnete Schmiereigenschaften und transportiert den nichtsahnenden Wanderer mitsamt einer Lage graugrünen Schlamms zum Fuß des Hügels.

Der Dinosaur Provincial Park ist eine der reichsten Fossilienfundstellen der Welt. Seit Joseph Burr Tyrrell 1884 auf der Suche nach ausbeutbaren Kohlevorkommen in der Nähe von Drumheller den ersten Schädel eines Albertosaurus entdeckte, wurden mehr als 150 Skelette von über 30 verschiedenen Sauriern und Überreste von prähistorischen Krokodilen, Schildkröten, Fischen und fliegenden Reptilien gefunden. Vier der Skelette blieben, durch kleine Häuschen geschützt, im Park. Zwei davon sind über eine kurze Straße durch den für Besucher freigegebenen Teil des Parks zu erreichen, zwei

*. . . und in voller Größe am Red Deer River*

weitere werden auf der geführten Bad-
lands Bus Tour besucht. Ebenfalls frei
zugänglich sind der 1,5 Kilometer lange
Badlands Trail, der durch die Erosions-
landschaft führt, und der Cottonwood
Flats Trail, der die grüne ökologische
Nische direkt am Flußufer erschließt.
Immer wieder werden in den Badlands

neue Fossilienfunde gemacht. Jeder Regenguß, so scheint es, wäscht irgendwo
irgend etwas frei. So ist dann auch der
landschaftlich beeindruckendste Teil der
Badlands wegen der vielen Fundstellen
abgeriegelt und nur auf einer der von
Rangern begleiteten Touren betretbar.
Sehr empfehlenswert ist die **Badlands**

**Bus Tour**, sie führt mitten durch eine spektakuläre Erosionslandschaft mit *hoodoos*, Türmen, Zinnen und steilkegeligen Hügeln zu zwei an Ort und Stelle belassenen Saurierskeletten. Wer sich mehr für alte Knochen interessiert, kann auf dem zweistündigen **Centrosaurus Bone Bed Hike** eine Fundstelle besuchen, an der auf kleiner Fläche die Knochen von etwa 60 Exemplaren massiert sind.

Am Eingang zum Campground des Provinzparks steht die restaurierte Hütte von John Ware, einem der frühen Siedler Albertas. Nach dem amerikanischen Bürgerkrieg aus der Sklaverei entlassen, kam er als Cowboy mit den großen *cattle drives* von Texas über Montana ins südliche Alberta und errichtete eine eigene Ranch, auf der bald über 1000 Rinder grasten. Wer es sich zeitlich erlauben kann, sollte vor der Weiterfahrt noch das kleine, aber interessante Museum, eine Nebenstelle des Royal Tyrrell Museum of Paleontology, und dessen Dia-Show besuchen. Wer es nicht tut, versäumt auch nicht viel – morgen bietet das Royal Tyrrell Museum in Drumheller das gleiche in ungleich größerem Rahmen.

Der weitere Weg nach Norden ist problemlos. Schnurgerade zieht sich das As-

phaltband durch die Prärie, es gibt wenig Verkehr, und Rosedale ist bald erreicht. Zunächst begleiten die bewässerten Wei-

*Galoppierende Pferde in der Prärie Albertas*

*Die Prärie an der Route 544 nahe Drumheller*

zenfelder der Farmen den Weg, dann werden die Abstände größer, und die Fahrt führt vorbei an den Ranches der Shortgrass-Prärie.

Wer sich nicht scheut, auch einmal abgelegene Nebenstraßen zu fahren, sollte die Routenalternative über den Highway 36 wählen. Man muß die Weite der baumlosen, nur leicht gewellten Prärie, über der sich ein unendlicher blauer Himmel wölbt, selbst durchfahren, die roten Dächer und silbern schimmernden Silos der einsamen Ranches wie eine Fata Morgana über den hitzeflimmernden Horizont steigen sehen, die neben dem Auto im weichen Abendlicht galoppierende Pferdeherde erlebt haben, um zu verstehen, worin der Reiz dieser durch ihre Weite und klare Gliederung beeindruckenden Landschaft liegt. Verkehrstechnisch ist die Fahrt problemlos, denn es gibt selbst an

den Sträßchen durch die Prärie kleine Wegweiser, die für Orientierung sorgen.

Wie auch immer – der Weg führt zu den *hoodoos* am Highway 10 im Tal des Red Deer River. Nicht weit von **East Coulee**, einer Fast-Geisterstadt aus der Zeit der Kohlebergwerke, stehen prächtige, übermannshohe Exemplare dieser von Wind und Wetter aus dem Hang des Talrandes herausgearbeiteten Säulen. Die Indianer der Region glaubten, es seien versteinerte Riesen, die nachts zum Leben erwachen und mit Felsbrocken nach kecken Eindringlingen werfen würden. Große *cap rocks* aus eisenhaltigem, hartem Sandstein schützten das weiche Gestein stellenweise vor Erosion, und während rundherum die ungeschützten Bereiche viel schneller abgetragen wurden, blieben die Säulen unter dem Deckstein stehen. Das Gelände rund um die *hoodoos* bietet

*Ein Dinosaurier als Werbegag . . .*

die Möglichkeit, die Erosionsformationen der Badlands unmittelbar aus der Nähe zu sehen. Nehmen Sie sich ruhig Zeit, am Hang herumzuklettern und ein wenig in den Formationen zu beiden Seiten herumzulaufen. Drumheller ist nah, und im flachen, warmen Abendlicht geben die *hoodoos* und Hänge ganz vortreffliche Fotomotive ab.

**Drumheller** ist ein freundliches kleines Städtchen und ganz auf Dinosaurier eingestellt. Die Wimpel an den Straßenlaternen schmückt ein freundliches Dinosaurierporträt, im örtlichen Fast-food-Schuppen gibt es *dinoburger* statt *hamburger,* und im Park vor dem Visitor Centre fletscht »Dinny«, ein Tyrannosaurus Rex in Lebensgröße, freundlich die Zäh-

ne. Begonnen hat die Geschichte Drumhellers im Jahr 1910. Schon 1902 waren die ersten Siedler in die Gegend gekommen, aber erst die Gründung des ersten Kohlebergwerks brachte einen Aufschwung. Binnen weniger Jahre förderten 40 Bergwerke Kohle, und die Eisenbahnverbindung nach Calgary ließ auch

*. . . und als Gerippe im Royal Tyrrell Museum of Paleontology in Drumheller*

nicht lange auf sich warten. Nach dem Zweiten Weltkrieg endete der Boom. Erdöl und Erdgas verdrängten die Kohle als Energierohstoff, und Drumheller hielt sich als Versorgungszentrum der umliegenden Farmen und Ranches mühsam über Wasser. Die Erdöl- und Erdgasfunde – heute wird aus mehr als 3 000 Bohr-

löchern im Umkreis von 50 Kilometern Öl gefördert – und das 1985 eröffnete Museum, eine Touristenattraktion, brachten einen neuen Auftrieb.

Der dritte Tag der Route beginnt mit dem Besuch einer weltberühmten Attraktion: dem **Royal Tyrrell Museum of Paleontology**. Unter dem Motto *»a celebra-*

tion of life« präsentiert das Museum die Geschichte von 3,6 Billionen Jahren Leben auf der Erde. Es beginnt mit der Vorstellung von Fossilien und einer Einführung in die Paläontologie. Durch Panoramascheiben kann man den Wissenschaftlern des Museums beim Präparieren von Fossilienfunden zuschauen.

Auf die Darstellung der Kontinentalverschiebung folgt die Dokumentation von Darwins Theorien zur Evolution und wie das Überleben der Arten durch ständige Anpassung an die Umwelt gewährleistet wird. Über Trilobiten, Fossilien aus der Burgess-Shale-Formation, frühe Pflanzen und Fische, Insekten und Reptilien führt der Rundgang zu der großen Saurierhalle mit Skeletten und lebensgroßen Modellen von 35 Dinosauriern. Ein drei Meter großer Albertosaurus mit massiven Kiefern und scharfen Zähnen herrscht über eine Ecke der Halle, und an der gegenüberliegenden Wand schaut ein zwei Stockwerke hoher Tyrannosaurus Rex nach Beute aus. Nebenan steht das zehn Meter lange Skelett

eines Edmontosaurus mit »Entenkopf« und stachelbewehrtem Panzer, ein fliegender Pterosaurus schwebt über einem Dromeosaurus-Rudel, das einen Lambeosaurus erlegt. Am Ausgang der Halle werden Theorien über das Aussterben der Dinosaurier präsentiert. Der Rundgang endet mit Exponaten zu den ersten Säugetieren und zu den Menschen der Eiszeit.

Zum Museum gehört auch ein rund 350 Quadratmeter großes Gewächshaus mit über 100 verschiedenen Pflanzen, die mit der Flora Albertas zur Zeit der Dinosaurier verwandt sind. 350 Millionen Jahre alte Fossilienfunde zeigen, daß einige der primitiveren Pflanzen bis heute fast unverändert auf der Erde wachsen.

Vom Rand des **Horsethief Canyon** schweift der Blick über ein Labyrinth aus engen, gewundenen Tälern und Schluchten zwischen den steilen, farbig geschichteten, von der Erosion geformten Hügeln. Wie geschaffen als Versteck für die Pferdediebe, die hier noch zu Beginn dieses Jahrhunderts ihre Beute versteckt

△ *Fossile Muschelbank*

▽ *Alberta Badlands am Dinosaur Trail*

haben sollen. Die Felsbrocken mit den schwarzen Flecken am Rand des unteren Plateaus erweisen sich bei näherem Hinsehen als versteinerte Austernbänke aus dem prähistorischen Bearpaw-Meer.

Umkehrpunkt des **Dinosaur Trail** ist die **Bleriot-Fähre** über den Red Deer River. Die nach einem der ersten Siedler, nach dem Bruder von Louis Blériot (erste Ärmelkanalüberquerung im Flugzeug), benannte Seilfähre benutzte bis 1958 die Kraft des strömenden Flußwassers als Antrieb und wird heute von einer Motorwinde über den Fluß gezogen. Auf der anderen Talseite klettert die Straße durch die Badlands hinauf zum Plateau der Prärie. Vom **Orkney Hill Viewpoint** ergibt sich dann noch einmal ein großartiger Panoramablick in s Flußtal und auf die Badlands, deren von der Erosion zerfurchte Hügelreihen sich wie die Finger einer knorrigen Hand in die Wiesen des Talgrundes krallen.

Auf dem Weg nach Norden führt ein kurzer Abstecher vom Highway 56 in das Präriedörfchen **Rowley**, Drehort für den Film *»Bye Bye Blues«*, dessen Kulisse immer wieder in Werbespots zu sehen ist. 17 Einwohner und ein Hund leben hier ein beschauliches Leben, ausgenommen an den Tagen, an denen der antike Dampfzug voller Tagesausflügler aus Stettler am alten Bahnhof von 1923 hält. Dann laufen die *locals* zu Hochform auf: 300 Gäste werden verköstigt, und das Hämmern des Honky-tonk-Klaviers aus »Sam's Saloon« ist auf der ganzen, fünf Häuser langen Main Street zu hören.

Die Trockengras-Prärie geht während der Fahrt nach Norden langsam in Parkland über, in dem sich Wälder von Espen, Weiden, Pappeln und Fichten mit Schwingelgras-Wiesen und kleineren und größeren Seen abwechseln. Einige davon sind als Provincial Parks zu Erholungsgebieten entwickelt worden. Genau richtig, um an einem warmen Sommertag einen Bade- und Ruhetag am Ufer einzuschieben. Schilder am Highway weisen den Weg dorthin.

Das **Reynolds-Alberta Museum** nahe **Wetaskiwin** ist ein Tempel der Technik. In dem modernen Glasbau wurde der Mechanisierung von Transport, Landwirtschaft und Industrie ein großartiges Denkmal gesetzt. Am Eingang läuft zischend ein Monstrum aus der Jugendzeit der Motorisierung, und der erste Blick in die große Halle fällt auf ein Ensemble aus Dreschmaschine mit vorgeschalteter mobiler Dampfmaschine als Antrieb, daneben ein monströser Dampfmaschinentraktor. Jeden technisch interessierten Besucher wird die funktionelle Klarheit und Geradlinigkeit der Exponate aus der Anfangszeit des modernen Maschinenbaus begeistern. Da hat jedes Hebelchen, jedes Rädchen seinen Sinn, Funktion und Anordnung sind nachvollziehbar. Rundherum stehen wunderschön restaurierte Personenwagen, Motorräder, Traktoren, Feuerwehrautos und Lastwagen aus der Vor-

kriegszeit. Im großen Hangar hinter dem Museum ist die Heimat der »Canadian Aviation Hall of Fame« mit Porträts der derzeit 137 ernannten Mitglieder. Interessanter ist aber die dazugehörige Sammlung historischer Flugzeuge: von der Curtiss JN4 des Luftfahrtpioniers Wop May über Segelflugzeuge bis zum »Arbeitstier« DC 3 findet sich hier eine Reihe liebevoll instandgehaltener Veteranen.

Die Weiterfahrt nach Edmonton führt über **Leduc**, wo die ersten fündigen Bohrungen niedergebracht wurden, in deren Folge der Öl-Boom begann, der den heutigen Reichtum der Provinz Alberta entscheidend mitbegründete. Letzter Stopp vor dem Tagesziel ist das Visitor Centre am Bohrturm zwischen den beiden Fahrbahnen des Highway: Hier gibt es einen Stadtplan von Edmonton, und freundliche Helfer erklären den Weg zum Campground oder zum Hotel in der Stadt. ∎

*Feste feiern kann man auch in den Präriedörfern*

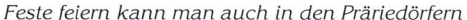

# Variante zu Route 1: Von Calgary über Trans-Canada Highway, Bow Valley Parkway, Icefields Parkway und Yellowhead Highway nach Edmonton (848 km)

## Variante zu Route 1     1. Tag – Route: Calgary – Banff – Lake Louise (192 km)

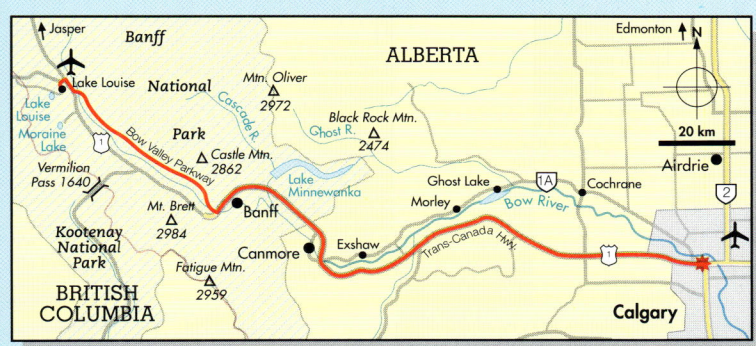

| km | Zeit | Route |
|---|---|---|
| 0 | 9.00 Uhr | Von **Calgary** auf dem **Trans-Canada Highway** (Hwy. 1 W.) nach |
| 127 | 10.30 Uhr | **Banff:** Besuch des Banff Information Centre (eventuell Campground reservieren), danach Bummel auf der Banff Ave. bis zur Bow-River-Brücke, anschließend Besuch im **Luxton Museum**. Nach dem Lunch Besuch im **Cave & Basin Centennial Centre**, danach Seilbahnfahrt auf den **Sulphur Mountain** und Baden in den **Upper Hot Springs**. |
| | Abends* | Zurück zum Trans-Canada Highway (Hwy. 1 W.), |
| 134 | | abbiegen auf den **Bow Valley Parkway** (Hwy. 1A) und auf diesem nach |
| 192 | | **Lake Louise**. |

\* Die Fahrt nach Lake Louise sollte spätestens eine Stunde vor Sonnenuntergang gestartet werden. In der Abenddämmerung sind die Chancen zur Tierbeobachtung am besten. Bei Dunkelheit ist der breite und gut ausgebaute Hwy. 1 gegenüber dem engen und kurvenreichen Bow Valley Parkway die bessere Wahl.

**1. Tag – Route:** Calgary – Banff – Lake Louise (192 km)

**Hinweis:** Hotels und Campgrounds sind, besonders in der sommerlichen Hochsaison, oft schon mittags ausgebucht. Wer also noch keine Campground- oder Hotel-Reservierung in **Lake Louise** hat (oder vor 18 Uhr dort im Hotel einchecken muß), fährt zunächst auf dem Hwy. 1 an Banff vorbei nach Lake Louise. Die Fahrt auf der vielbefahrenen, vierspurigen Strecke wartet mit schönen Aussichten auf das Tal des Bow River und auf den Castle Mountain auf. Die zusätzliche Fahrerei ist zwar lästig, dafür muß man aber am nächsten Morgen nicht so früh aufstehen, um rechtzeitig am Lake Louise zu sein; außerdem ist die Auswahl an Restaurants für das Abendessen in Banff viel besser als in Lake Louise, das, abgesehen vom »Post Hotel«, wenig zu bieten hat.

**Zusatztage:** Das hier empfohlene Programm soll Reisenden auf dem Weg nach Norden lediglich einen ersten Eindruck vermitteln. Wer **Banff, Lake Louise** und den angrenzenden **Yoho National Park** näher kennenlernen will, sollte mindestens 4 Tage (ohne Spielraum für Schlechtwettertage) einplanen (Informationen hierzu finden Sie im Vista Point Reiseführer »West-Kanada«, 11.–13. Tag). – Zusätzliche empfehlenswerte Unternehmungen sind: **Banff:** Seilbahnfahrt auf den **Mount Norquay**, Fahrt auf dem **Tunnel Mountain Drive**, Besuch der **Bow River Falls** und der **Tunnel Mountain Hoodoos**, Bootsfahrt auf dem **Lake Minnewanka**, Bergwanderung zum Cascade-Amphitheater. – **Lake Louise:** Wanderungen auf dem **Consolation Lakes Trail**, dem **Little Beehive Trail** und zur **Plain of Six Glaciers**, Seilbahnfahrt auf den **Mount Whitehorn**.

**1. Tag – Informationen**

---

**Banff Townsite, Alberta**

---

 **Banff Information Centre**
224 Banff Ave./Ecke Wolf St.
Geöffnet Anfang Juni–Sept. 8–22, sonst 10–18 Uhr
Gemeinsames Auskunftsbüro von Stadt und Nationalpark. Infos über Wanderungen, Veranstaltungen der Park Ranger, Unterkunft, freie Campgrounds.

 **Banff Transit Bus**
Zwischen dem Trailer/RV Parking Lot am Nordostende der Banff Ave. und dem »Banff Springs Hotel« sowie den Campingplätzen an der Tunnel Mountain Rd. und dem Luxton Museum verkehren in Abständen von $1/2$ Std. die Busse von »Banff Transit«. Fahrpreis: $ 1,25, Zwölferkarte $ 10. Abfahrt am Stadtrand zur vollen und zur halben Stunde, im Zentrum um viertel vor und viertel nach.

 **Luxton Museum**
1 Birch Ave. (hinter der Bow-River-Brücke scharf rechts abbiegen)
℮ (403) 762-23 88
 Geöffnet Mitte Mai–Mitte Okt. tägl. 10–18, sonst tägl. 10–17 Uhr

Ausstellung zu Leben und Kultur der Indianer in der nördlichen Prärie und in den Rocky Mountains. Im Museums-Shop gibt es schöne und authentische indianische Handarbeiten.

 **Whyte Museum of the Canadian Rockies**
111 Bear St.
℃ (403) 762-22 91
Im Sommer tägl. 10–18, sonst Di–So 13–17 Uhr
Ausstellung von Werken einheimischer Künstler.

 **The Paris Restaurant**
114 Banff Ave.
℃ (403) 762-35 54
Tägl. 11–23 Uhr
Im Sommer Lunch im Straßencafé. $$

 **Melissa's**
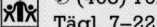 218 Lynx St.
℃ (403) 762-55 11
Tägl. 7–22 Uhr
Unkompliziertes Familienrestaurant in einem alten Blockhaus. $–$$

 **Joshua's Restaurant & Pub**
204 Caribou St./Ecke Bear St.
 ℃ (403) 762-28 33
Ungezwungener Lunch im Pub. $–$$

 **Cave & Basin Centennial Centre**
Am Ende der Cave Ave. (über die Bow-River-Brücke, dann rechts der Cave Ave. folgen)
℃ (403) 762-49 00
Die Höhle mit einer heißen Quelle war der Nukleus des Banff National Park. Im Centennial Centre informiert eine Ausstellung über die Entwicklungsgeschichte des Parks und seine Geologie, draußen führt der 400 m lange Discovery Trail zu einer heißen Quelle.

 **Sulphur Mountain Gondola**
Mountain Ave.
℃ (403) 762-25 23

 In Betrieb 26. Dez.–21. Nov. (wetterabhängig)
 Seilbahn auf den Sulphur Mountain (2 285 m). Sehenswertes Panorama der Rockies. Aussicht auf Banff und das Bow-River-Tal; Bergstation mit Restaurant.

 **Upper Hot Springs**
Am Ende der Mountain Ave. (hinter der Bow-River-Brücke links)
℃ (403) 762-20 56
Geöffnet Fr–So 12.30–23, sonst bis 21 Uhr
Thermalfreibad mit 40 °C Wassertemperatur.

 **Bow Valley Parkway**
Ruhige Straße mit vielen Aussichtspunkten. Alternative zum Hwy. 1 zwischen Banff und Lake Louise. Hier kann man häufig Hirsche, Rehe, Bighorn-Schafe und Coyoten beobachten.

 **Caboose**
Lynx St./Ecke Elk St. (im alten Bahnhof)
℃ (403) 762-36 22 oder 762-21 02
Geöffnet ab 17 Uhr
Die übliche amerikanische Speisekarte – Steaks, Hummer, *king crabs.*
$$–$$$

 **Grizzly House**
207 Banff Ave.
℃ (403) 762-40 55
Tägl. 11.30–24 Uhr
Steaks und Fondues. $$–$$$

 **Bumpers**
603 Banff Ave.
℃ (403) 762-26 22
Tägl. 16.30–22 Uhr
Steaks, *prime ribs* und Barbecue-Ribs.
$–$$

 **Giorgio's La Pasta**
219 Banff Ave.
℃ (403) 762-55 11
Hausgemachte *pasta* und Pizza in ungezwungener Atmosphäre.
$–$$

**Wichtig:** Während der sommerlichen Reisesaison empfiehlt es sich, die **Hotelbuchung** in **Banff** oder **Lake Louise** so früh wie möglich vorzunehmen.

### Mount Royal Hotel
P.O. Box 550, 138 Banff Ave.
Banff Townsite, Alta. T0L 0C0
✆ (403) 762-33 31, Fax 762-89 38
Im Zentrum von Banff. $$$$

### Banff Caribou Lodge
P.O. Box 279, 521 Banff Ave.
Banff Townsite, Alta. T0L 0C0
✆ (403) 762-58 87, Fax 762-59 18
Neues Hotel mit allem Komfort; empfehlenswertes Restaurant. $$$–$$$$

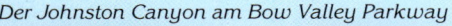

*Der Johnston Canyon am Bow Valley Parkway*

### Banff Park Lodge
222 Lynx St.
Banff Townsite, Alta. T0L 0C0
✆ (403) 762-44 33
Vier-Sterne-Hotel mit Schwimmbad, Sauna, Whirlpool. Ruhig gelegen, zwei Blocks von Downtown entfernt. $$$

---

### Lake Louise Village, Alberta

---

### The Post Hotel
Lake Louise Village, Alta. T0L 1E0
✆ (403) 522-21 67
Kleines, elegantes Hotel im Dorf; mit Hallenbad und gepflegtem Restaurant ($$–$$$). $$$$

### Lake Louise Inn
P.O. Box 209, 210 Village Rd.
Lake Louise Village, Alta. T0L 1E0
✆ (403) 522-37 91, Fax 522-20 18
Hotelzimmer und Apartments mit Küche; Hallenbad, Whirlpool, Sauna. $$$$

### Deer Lodge
P.O. Box 100, Lake Louise Dr.
Lake Louise Village, Alta. T0L 1E0
✆ (403) 522-37 47, Fax 522-38 83
Nur 3 Minuten Fußweg vom See entfernt. Mit Whirlpool im Freien und Sauna; sehr empfehlenswert! $$$–$$$$

**Banff:** Die Parkverwaltung unterhält mehrere große Campgrounds an der Tunnel Mountain Rd. Falls diese belegt sind, nennt das Banff Information Centre Ausweichplätze. – **Lake Louise:** Ein großer Campground befindet sich am Südrand von Lake Louise Village (Zufahrt über die Fairview Rd. Auch hier nennt das Information Centre im Ort oder der Ranger am Eingang des Campgrounds Ausweichplätze. – **Marble Canyon Campground** (am Hwy. 93 S., 12 km westlich des Hwy. 1 und 35 km von Banff entfernt) ist noch halbwegs unbekannt und hat auch in der Hochsaison häufig noch freie Plätze.

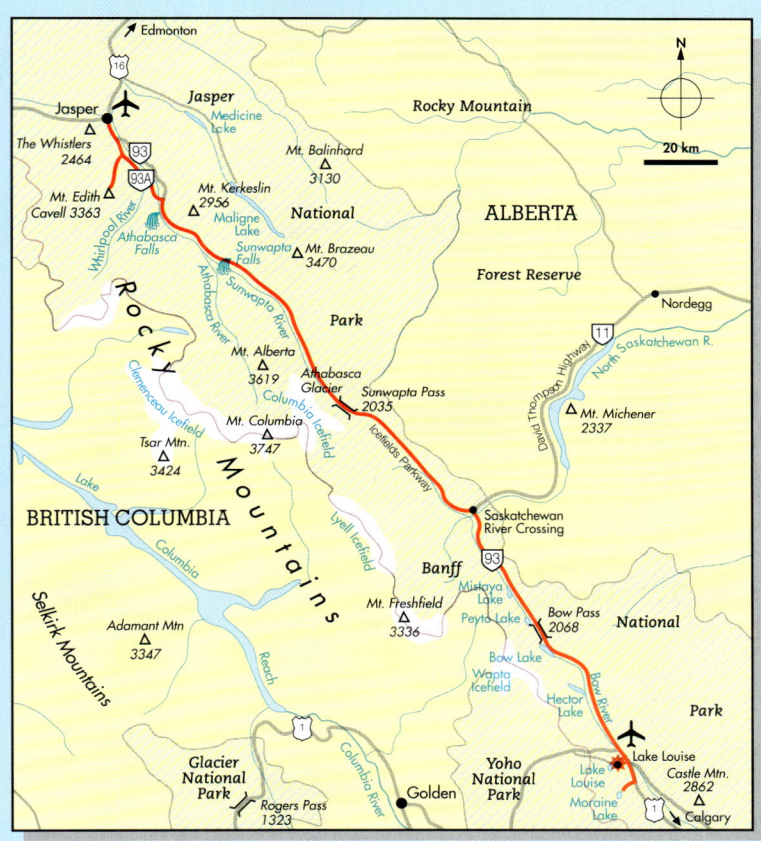

| km | Zeit | Route |
|---|---|---|
| 0 | 7.00 Uhr | Spaziergang zum **Lake Louise**, danach Frühstück im Village, anschließend über die Moraine Lake Rd. zum |
| 15 | | **Moraine Lake**. Kurze Wanderung auf dem Moraine Lake Rockpile Trail zum Aussichtspunkt. |
| | 10.00 Uhr | Abfahrt: vom Moraine Lake über Lake Louise Village zum Hwy. 1 W., nach 3 km rechts in den |
| 33 | | **Icefields Parkway** (Hwy. 93). Auf diesem nach Norden zum |
| 67 | | **Bow Lake Viewpoint**. Auf der Paßhöhe des Bow Summit die Stichstraße links zum Parkplatz des **Peyto Lake Overlook**, weiter zum |

# 2. Tag – Route: Lake Louise – Icefields Parkway – Jasper (286 km)

| km | Zeit | Route |
|---|---|---|
| 105 | | **Mistaya River Canyon** und zum |
| 110 | | **Howse Valley Viewpoint**. |
| 136 | | **North Saskatchewan Valley Viewpoint**. Über den Sunwapta-Paß erreicht man das sehenswerte |
| 160 | 13.00 Uhr | **Columbia Icefields Interpretive Centre**. |
| 167 | | **Tangle-Creek-Wasserfall** neben dem Parkway. |
| 209 | | Abzweigung zu den **Sunwapta Falls**. |
| 232 | | Links abzweigen in den Hwy. 93A und Besuch der **Athabasca Falls**. Auf dem Hwy. 93A weiter bis zur Abzweigung der |
| 237 | | **Mount Edith Cavell Road**. Diese bis zum Ende fahren und Spaziergang zum Gletschersee. Danach auf dem Hwy. 93A nach |
| 286 | 19.00 Uhr | **Jasper**. |

**Zusatztage:** Das hier empfohlene Programm soll Reisenden auf dem Weg in den Norden lediglich eine erste Impression vermitteln. Wer **Jasper** und den **Icefields Parkway** eingehender kennenlernen will, sollte zumindest 4 Tage (ohne Spielraum für Schlechtwettertage) einplanen. Empfehlenswerte Unternehmungen auf dem Icefields Parkway sind: **Athabasca Glacier Icewalk** (eine etwa 4stündige Führung auf dem Gletscher mit einem Park Ranger). – Eine Wanderung auf dem **Parker Ridge Trail** zum Aussichtspunkt auf den Saskatchewan-Gletscher. – Im Bereich von Jasper: Seilbahnfahrt auf den **Whistler Mountain** oder Bergwanderung auf den Gipfel, Bootsfahrt auf dem **Maligne Lake** zur Spirit Island, Wanderung entlang dem Robson River zum **Berg Lake**.

# 2. Tag – Informationen

**Lake Louise und Moraine Lake**
Bergseen mit Postkartenpanorama. **Hinweis für Fotografen:** Wegen der Hauptblickrichtung nach Westen bestes Fotolicht am Vormittag. Am Moraine Lake scheint die Sonne sehr früh am Morgen (ca. 1 Std. nach Sonnenaufgang) durch eine Berglücke auf den See, verschwindet dann hinter den Bergen und taucht erst wieder bei relativ hohem Sonnenstand auf.

**Icefields Parkway**
230 km lange Panoramastraße von Lake Louise nach Jasper. Die Straße verläuft parallel zum Hauptkamm der Rocky Mountains und überquert zwei Pässe: Bow und Sunwapta Pass.

**Columbia Icefields Interpretive Centre**
Am Icefields Parkway im Jasper National Park
Informationszentrum mit Reliefkarte des Gletschergebietes, Dia-Show und Tips für Wanderer; die Columbia Glacier Icewalks z.B. starten um 12.30 Uhr und dauern 4–5 Std.

**Mount Edith Cavell Road**
Befahrbar Juni–Okt.

Endet am Fuß des Mount Edith Cavell. Das beste Fotolicht liegt abends vor Sonnenuntergang und ganz früh am Morgen auf dem Berg.

 **Jasper, Alberta**

 **Jasper Park Chamber of Commerce**
P.O. Box 98, Jasper, Alta. T0E 1E0
✆ (403) 852-858
Hier gibt es u.a. Informationen über den Jasper-Nationalpark.

 **Tonquin Prime Rib Restaurant**
Juniper St./Ecke Connaught Dr.
✆ (403) 853-40 66
Tägl. 17–23 Uhr
Spezialisiert auf Steaks und *prime ribs.*
$$–$$$

 **Something Else Restaurant**
621 Patricia St.
✆ (403) 852-38 50
Tägl. 11–24 Uhr
Große Bandbreite an Gerichten, von griechischer bis zu kanadischer Hausmannskost. $$

 **Amethyst Dining Room**
In der Amethyst Lodge (s. Hotels)
Tägl. 17–22 Uhr; $$

**Villa Caruso**
626 Connaught Dr.
✆ (403) 852-39 20
Tägl. 11–24 Uhr
Steaks, *ribs* und italienische Gerichte. $$

**Wichtig:** Hotels und Campgrounds sind besonders in der sommerlichen Hochsaison oft schon mittags ausgebucht. Es empfiehlt sich, die **Hotelbuchung** in **Jasper** so früh wie möglich vorzunehmen.

 **Château Jasper**
P.O. Box 1418, 96 Geikie St.
Jasper, Alta. T0E 1E0
✆ (403) 852-56 44, Fax 852-48 60

Angenehmes Luxushotel mit allem Komfort und entsprechenden Preisen. $$$$

  **Amethyst Lodge**
P.O. Box 1200, 200 Connaught Dr.
Jasper, Alta. T0E 1E0
✆ (403) 852-33 94, Fax 852- 51 98
Angenehmes Hotel mit gutem Restaurant und Whirlpool. $$$$

 **Jasper Inn**
P.O. Box 879, 98 Geikie St.
Jasper, Alta. T0E 1E0
✆ (403) 852-44 61, Fax 852-59 16
Gutes Hotel mit Pool, Whirlpool, Sauna. $$$–$$$$

 **Astoria Hotel**
P.O. Box 1710, 404 Connaught Dr. (Nähe Bahnhof)
Jasper, Alta. T0E 1E0
✆ (403) 852-33 51, Fax 852-54 72
Gemütlich und (relativ) preiswert. $$$

 **Bonhomme Bungalows**
P.O. Box 700, 100 Bonhomme St.
Jasper, Alta. T0E 1E0
✆ (403) 852-32 09, Fax 852-30 99
Ruhig gelegene Cabins mit Küche, Kamin, Sitzgruppe. $$$

 Die Campgrounds »**The Whistlers**« und »**Wapiti**« liegen nahe bei Jasper. Falls diese voll sind, nennt die Parkaufsicht am Eingang einen Ausweichplatz.

*In den Nationalparks haben Tiere Vorfahrt*

# Variante zu Route 1    **3. Tag – Route:** Jasper – Edmonton (370 km)

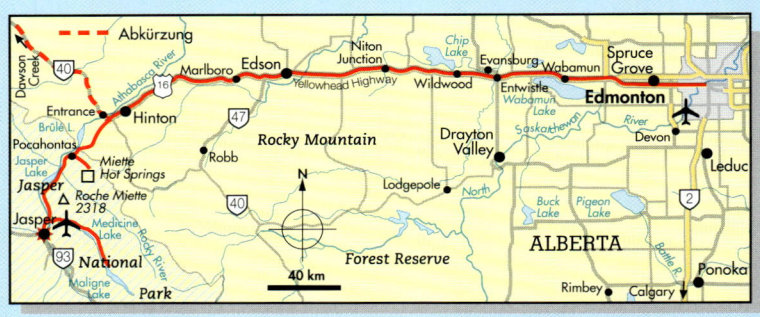

| km | Zeit | Route |
|---|---|---|
| 0 | 9.00 Uhr | Abfahrt in **Jasper** auf dem **Yellowhead Highway** (Hwy. 16) nach Osten. |
| 5 | | Rechts abbiegen auf die Maligne Lake Rd. zum |
| 12 | | **Maligne Canyon**, Wanderung im Canyon, danach |
| | 11.00 Uhr | entweder: weiter zum **Maligne Lake** und Bootsfahrt auf dem See (hin und zurück: zusätzlich 72 km; ca. 3 Std.), Weiterfahrt um 14 Uhr und später Miette Hot Springs auslassen. Oder: nach der Wanderung direkt zurück zum Hwy. 16, diesen ostwärts bis zur Abzweigung nach **Miette Hot Springs**. An den **Punchbowl Falls** vorbei zum Baden im Thermalbad von Miette Hot Springs (zusätzlich 36 km). |
| 55 | 15.00 Uhr | Ab **Pocahontas** auf dem Hwy. 16 ostwärts und über |
| 82 | | **Hinton** und |
| 167 | | **Edson** nach |
| 370 | 19.00 Uhr | **Edmonton**. |

**Abkürzung:** Wer es ganz eilig hat, nach Norden zum Alaska Highway zu kommen, fährt nach Verlassen des Jasper National Park auf dem Hwy. 40 (Big Horn Highway) nach Grande Cache und weiter nach Grande Prairie. Von dort geht es auf dem Hwy. 2 nach Dawson Creek. Nördlich von Grande Cache waren 1994 noch ca. 100 km der Straße nicht asphaltiert. Falls das derzeitige Straßenbauprogramm weiterläuft, verkleinert sich diese Staubstrecke um ca. 20 km pro Jahr (458 km ab Abzweigung Hwy. 40 bis Dawson Creek).

# Variante zu Route 1 3. Tag – Informationen

**Maligne Canyon**
Durch die 50 m tiefe und nur wenige Meter breite Schlucht führt ein Wanderpfad; sechs Brücken ermöglichen spektakuläre Blicke in die Tiefe.

**Maligne Lake**
Maligne Tours Ltd. in Jasper, ✆ (403) 852-33 70, bietet für $ 27 jeweils zur vollen Stunde (in der Sommersaison von 10–17 Uhr) geführte 1 1/2stündige Bootstouren ab Bootshaus am Maligne Lake an. Dabei wird auch das 14 km entfernte Postkartenmotiv **Spirit Island** besucht. **Hinweis für Fotografen**: Gutes Fotolicht auf Spirit Island gibt es erst ab ca. 15 Uhr.

**Miette Hot Springs**
Geöffnet Ende Mai bis erstes Wochenende im September
Thermalschwimmbad am Ende einer Seitenstraße. Das 54 °C heiße Quellwasser wird auf 39 °C abgekühlt und in ein großes Schwimmbecken geleitet.

Informationen zu **Edmonton** s. S. 91 ff.

*Beliebtes Motiv: das Bootshaus am Maligne Lake*

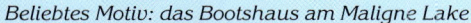

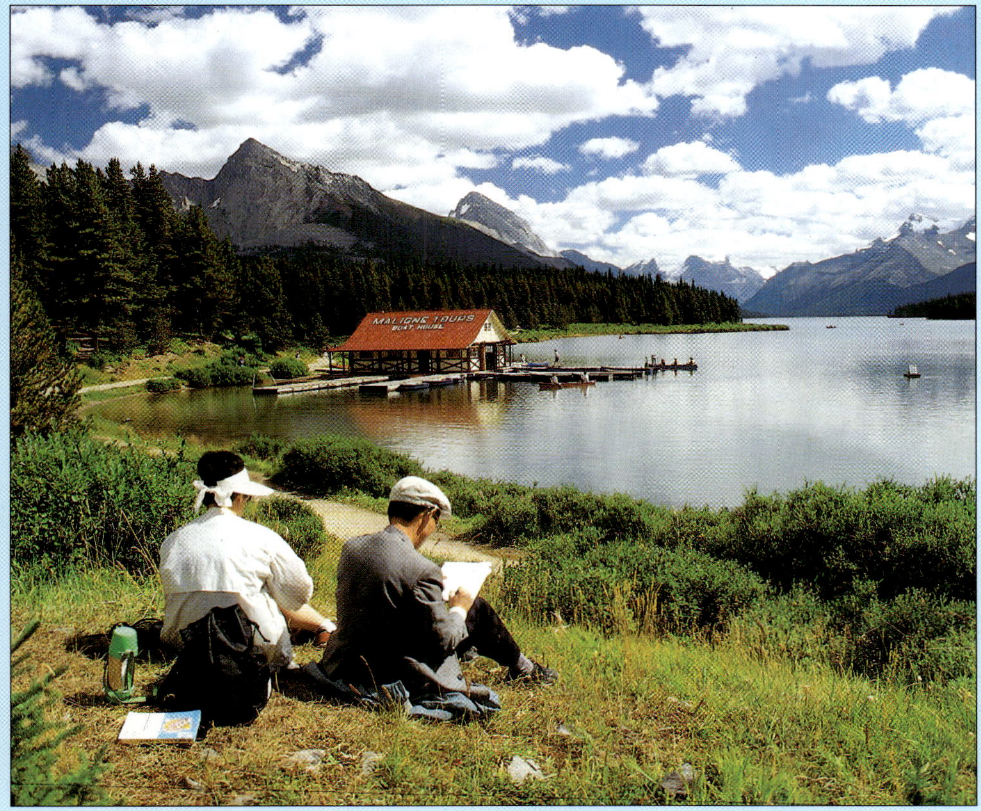

# Gipfel, Seen und heiße Quellen
## Durch die Nationalparks Banff und Jasper

Die Variante zur Route 1 zählt zu den landschaftlich schönsten Strecken West-Kanadas. Sie führt entlang dem zentralen Kamm der Rocky Mountains von Banff nach Jasper.

Die Rocky Mountains reichen vom Yukon Territory bis nach New Mexico und sind doch nur Teil einer viel größeren Bergkette, die den amerikanischen Kontinent wie ein massives Rückgrat von Alaska bis Mexiko durchzieht. Entstanden sind die Rockies vor 120 bis 45 Millionen Jahren durch die Kollision der pazifischen und der nordamerikanischen Kontinentalplatte. Als Folge der Aufwölbung der amerikanischen Platte brachen große Schollen davon ab, die sich schräg stellten und die für die Rocky Mountains typischen parallel verlaufenden Bergketten formten. Dabei traten einige der ältesten Gesteinsschichten überhaupt zutage. Im Bereich des Waterton Lakes National Park zum Beispiel findet sich 1,6 Milliarden Jahre altes Gestein. Während der großen Eiszeiten hobelten die Gletscher die U-förmigen Täler aus und hinterließen bei ihrem Rückzug die gerundeten Moränenhügel. Flüsse gruben seitdem die V-förmigen Täler. Spärliche Überreste der Vergletscherung aus der letzten Eiszeit, darunter das Columbia Icefield zwischen Banff und Jasper, sind heute der Ursprung der großen Flüsse des Westens: Fraser River, Columbia River, Peace, Athabasca und Saskatchewan River.

Spuren früher Jäger führen etwa 11000 Jahre zurück in die prähistorische Geschichte der kanadischen Rockies; die ersten vereinzelten Europäer durchquerten die Berge zu Anfang des 19. Jahrhunderts. Am 8. November 1883, während des Baus der ersten transkontinentalen Eisenbahn, beschlossen drei Arbeiter, in der Umgebung der Station »Siding 29« nach Bodenschätzen zu suchen. Sie fanden am heutigen Sulphur Mountain nahe Banff eine heiße Quelle und eine Höhle mit einem Heißwasserteich. Sie erkannten den Wert des Fundes, zäunten das Gebiet ein und versuchten ihren *claim* registrieren zu lassen. Aber auch

*Im Tal des Sunwapta River*

andere hatten das Potential erkannt, und es kam zu einem heftigen Streit um die Besitzrechte. Auf den nicht ganz uneigennützigen Vorschlag der Eisenbahndirektoren wurde 1885 ein 26 Quadratkilometer großes Gebiet zur »Hot Springs Reserve« erklärt – später der erste kanadische Nationalpark –, mit speziellen Nutzungsrechten für die Eisenbahngesellschaft, versteht sich. Die Entdecker erhielten 675 Dollar Entschädigung und die Heuernte der Wiesen im Tal für drei Jahre als Zugabe. Zwei Jahre später umfaßte der Rocky Mountains National Park schon das ganze Tal, und seit 1964 ist der 1930 umbenannte **Banff National Park** – Teil eines zusammenhängenden Gebietes von vier Nationalparks mit über 20 000 Quadratkilometern Fläche – 6 641 Quadratkilometer groß.

Die Förderung des Tourismus war schon zur Zeit der Gründung des Nationalparks ein Hauptanliegen der Eisenbahnbosse. Die Idee war einfach: Man baute entlang der Bahnlinie einfach eine Reihe schloßähnlicher Hotels in die Wildnis, um das Geschäft der nicht ausgelasteten Eisenbahnlinie zu beleben. »Da wir die Landschaft nicht exportieren können, werden wir die Touristen importieren müssen«, sagte Eisenbahndirektor William Cornelius van Horne. Als er 1887 die Baustelle in Banff besuchte, entdeckte er zu seinem Entsetzen, daß die Küchenfenster einen wunderbaren Blick ins Tal hatten, während die Gäste aus ihren Zimmern auf einen bewaldeten Berghang schauten. Nach hastigen Modifikationen öffnete dann am 1. Juni 1888 das »**Banff Springs Hotel**«, mit 250 Zimmern das damals größte Hotel der Welt, seine Tore. Es war ein unmittelbarer Erfolg: 5 000 Gäste bereits im ersten Jahr. Zu Beginn war das Wasser der heißen

*Banff Avenue, die Flaniermeile von Banff*

*Der Peyto Lake im Tal des Mistaya River*

Quellen, das mittels einer zwei Kilometer langen Leitung zum Hotel transportiert wurde, die Hauptattraktion. Bald aber kamen die ersten Bergwanderer, und als um die Jahrhundertwende Bergführer aus der Schweiz geholt wurden, um das Erklimmen der Gipfel einfacher und sicherer zu machen, wurden Banff und Lake Louise zum Mekka des Bergtourismus.

Im Lauf seiner Geschichte wurde das Hotel mehrfach vergrößert, renoviert, luxuriöser ausgestattet. Ein Golfplatz entstand (6 729 Yards, Par 71), der heute noch zu den zehn landschaftlich schönsten Plätzen der Welt zählt. Viele berühmte Leute kamen hierher; heute haben allerdings Pauschaltouristen aus aller Herren Länder die Filmstars, Staatsoberhäupter und Jet-setter abgelöst.

Banff ist Kanadas populärstes Urlaubsziel, über vier Millionen Besucher im Jahr lassen die Einwohnerzahl der Stadt während der Saison von 6 000 auf bis zu 35 000 anschwellen. Dann herrscht auf der Flaniermeile ein dichtes Gedränge, und der Verkehr quält sich Stoßstange an Stoßstange im Schrittempo die **Banff Avenue** hinunter. Wer auf einem der Parkplätze in den Nebenstraßen parkt und die Stadt zu Fuß oder mit dem **Banff Transit Bus** erforscht, ist damit gut beraten. Die meisten Geschäfte, Restaurants und Cafés drängen sich an der Banff Avenue und in deren unmittelbarer Nähe an Bear, Wolf und Caribou Street. Hier gibt es einfach alles: vom Trivialkitsch Typ »röhrender Hirsch« über exklusive Mode und Schmuck bis zur Ausrüstung für Wanderer und Bergsteiger, vom Fastfood-Schuppen über das Straßencafé bis zum Sushi-Restaurant mit Speisekarte in japanischen Schriftzeichen. Die Vorliebe Japans für Banff ist nicht zu übersehen, die japanischen Wimpel, Preisschilder

*Gymnastik vor dem Frünstück: Streifenhörnchen*

und Verkäuferinnen in den Geschäften sprechen eine deutliche Sprache. Nicht wenige der Einheimischen murren, mehr als die Hälfte der Stadt sei bereits in japanischem Besitz.

Der internationale Trubel des Städtchens täuscht, denn gleich hinter den überfüllten Parkplätzen, den Busgruppen an den Aussichtspunkten und ein paar hundert Meter von den Souvenir-Shops entfernt führen einsame Pfade in die Berge, bauen Biber ihre Dämme und weiden Hirsche und Bighorn-Schafe auf den Wiesen. Banff ist ein winziges urbanes Einsprengsel im Naturreservat des Nationalparks. Wer mit der Seilbahn auf den **Sulphur Mountain** hinauffährt, kann vom kurzen Vista Trail hinabblicken auf die Stadt im flachen Tal des Bow River, zu den Ausläufern des Lake Minnewanka

und über das Tal hinweg auf Mount Norquay und Cascade Mountain. Auch von der Brücke über den blaugrünen Bow River am Ende der Banff Avenue ist die Kulisse beeindruckend: Im Norden dominiert der Cascade Mountain die Stadt, im Süden ragen die Felswände von Sulphur und Rundle Mountain auf, und im Osten

*Besuchermagnet Lake Louise*

und im Westen blickt man durch das ebene Flußtal auf die Bergketten der Umgebung.

Direkt neben der Brücke steht am Flußufer die Palisadenwand des **Luxton Museum of the Plains Indian**. Das Gebäude und seine Sammlung sind dem Abenteurer, Zeitungsverleger und Touris-muspromoter Norman Luxton zu verdanken. Luxton war ein Freund der Stoney-Indianer von Morley und Nordegg. Er war mit einer Indianerin verheiratet und hatte durch sein Interesse an der Kultur der Indianer und seine Ehrlichkeit das volle Vertrauen und den Respekt der Stoneys erworben. Das Museum präsentiert Ex-

*Der Moraine Lake im »Tal der zehn Gipfel«*

ponate, die er in einem Zeitraum von 60 Jahren zusammengetragen hat: Kleidung, Schmuck, Waffen und Gegenstände des täglichen Lebens der Indianer. Eine interessante Alternative ist das **Whyte Museum of the Canadian Rockies** in der Bear Street. Das umfangreiche Archiv verwahrt Dokumente, Fotos und die Aufzeichnungen mündlicher Überlieferungen von Pionieren und Outfittern aus den frühen Jahren des Parks. Das Museum veranstaltet zudem Vorträge und Lesungen, und eine Galerie zeigt Werke örtlicher und kanadischer Künstler zum Thema Rocky Mountains.

Ein Besuch im **Cave & Basin Centennial Centre**, der Geburtsstätte der kanadischen Nationalparks, darf natürlich nicht fehlen. Im restaurierten Badehaus von 1914 erzählt eine Dia-Show die Geschichte der Entdeckung der heißen Quellen, wie das Wasser erhitzt wird und welche Auswirkungen es auf die regionale Flora hat. Ein kurzer Tunnel führt in die Höhle mit dem Heißwasserteich, in dem die Entdecker ihr erstes Bad nahmen. Ein Foto, einmal mit der Hand die Wassertemperatur testen, mehr ist nicht erlaubt. Schadet aber auch nichts, denn zum Baden ist das viel wärmere Wasser im Pool der **Upper Hot Springs** ohnehin besser. Bademuffel können derweil beim *high tea* im »Banff Springs Hotel« entspannen.

Auf der Ostseite des Bow River führt der **Bow Valley Parkway** als beschauliche Alternative zum verkehrsreichen Highway 1 durch Wälder und Wiesen nach Lake Louise. Die ursprüngliche Verbindungsstraße von Banff nach Lake Louise wurde erst Ende der 50er Jahre vom neuen **Trans-Canada Highway** auf der anderen Talseite als Hauptverkehrsader abgelöst. Der Bow Valley Parkway vermittelt einen besseren Eindruck von der Landschaft und den Bergen der kontinentalen Wasserscheide als der Highway 1; allerdings hat man vom Highway 1 die bessere Aussicht auf die Türme und Zinnen des **Castle Mountain** und den Bow River. Ein großer Vorzug des Bow Valley Parkway ist die sehr gute Möglichkeit zur Wildbeobachtung: Hirsche, Rehe und Coyoten sind relativ häufig von der Straße aus zu sehen, ab und zu auch Wölfe. Entlang der Straße gibt es eine ganze Anzahl von Aussichtspunkten sowie Schilder mit Erläuterungen zu Geologie, Flora und Fauna des Nationalparks. Empfehlenswert ist ein Stopp am **Johnston Canyon** und eine Wanderung im Canyon zu den einen bzw. zweieinhalb Kilometer entfernten Wasserfällen.

Im blaugrün schimmernden Wasser des **Lake Louise** spiegeln sich dunkle Wälder und die in den ersten Strahlen der aufge-henden Sonne rosa glühenden Firnfelder des Mount Victoria. Eine Handvoll Fotografen macht sich zu schaffen, ein Grüppchen unentwegter Frühaufsteher unterhält sich im Flüsterton – die Szenerie strahlt Ruhe und Frieden aus, während das Tageslicht langsam die Schatten aus dem Talkessel vertreibt. So früh am Morgen ist am See die Welt noch in Ordnung. »Juwel der Rockies, schönster See der westlichen Hemisphäre, Perle der Nationalparks« – an euphemistischen Superlativen ist kein Mangel, wenn vom Lake Louise die Rede ist. Mit Sicherheit ist er der meistbesuchte und meistfotografierte See in den Rockies. Wer je zur Hauptreisezeit zu Füßen der 1000-Betten-Trutzburg mit dem Namen »Château Lake Louise« am Seeufer stand, wird die kolportierte Zahl von einer Million Besuchern pro Jahr nicht anzweifeln. Bei so viel Betrieb ist die Versuchung groß, sich

*Der Athabasca Glacier, einer der Gletscher des riesigen Columbia Icefield*

mit einem Blick und ein paar Fotos zu begnügen und mehr oder weniger hastig das Weite zu suchen, auch wenn man damit dieser wirklich schönen und beeindruckenden Landschaft unrecht tut.

Auf keinen Fall versäumen sollte man aber den Abstecher zum wunderschönen und nicht so überlaufenen **Moraine Lake** im »Tal der zehn Gipfel« (Valley of Ten Peaks) am Ende der Moraine Lake Road. *»No scene has given me an equal impression of inspiring solitude and rugged grandeur«*, schrieb Walter Wilcox, als er 1899 als erster Europäer den See besuchte. Das spektakuläre Panorama (die Kanadier kennen es von der Rückseite des 20-Dollar-Scheins) der schroffen Wenkchema Peaks (*wenkchema* bedeutet »zehn« in der Sprache der Stoney-Indianer) über dem milchig-türkisfarbenen Gletschersee ist am schönsten vom Ende des kurzen **Moraine Lake Rockpile Trail** aus zu sehen. Er führt hinauf zu den Überresten eines Bergsturzes, der als natürlicher Staudamm den Talkessel verschließt. Seinen Namen erhielt der See, weil die ersten Besucher den Bergsturz für eine Endmoräne hielten.

Wer auch nur einen zusätzlichen Tag erübrigen kann, dem sei einer der vielen Wanderwege in die umliegenden Berge empfohlen; nur dem Wanderer erschließt sich die ganze Schönheit der Gegend. Besonders empfehlenswert sind zwei der vielen Möglichkeiten: Der **Lake Agnes/Beehive Trail** beginnt westlich des »Château Lake Louise« und führt zunächst in ein Hochtal 365 Meter über dem See. Unterwegs ergeben sich Ausblicke ins Tal des Bow River, auf den Highway 1 und den Lake Louise. Das Teehaus am **Lake Agnes** serviert außer Tee auch einfachen Lunch. Selbst die zusätzlichen 140 Höhenmeter vom Lake Agnes zum Little Beehive lohnen sich: Am Steilabfall des Little Beehive, rechts vor dem offiziellen *viewpoint*, ergibt sich ein imposanter Ausblick auf Lake Louise,

Mirror Lake und Lake Agnes mit dem Bridalveil-Wasserfall zu Füßen einer Gruppe von Dreitausendern (Zeitbedarf etwa fünf Stunden). Der **Plain of Six Glaciers Trail** beginnt am Ende des Lake Louise Lakeshore Trail, am westlichen Ufer des Sees. Er bietet Ausblicke auf den Lake Louise, auf eine eindrucks-

*Der Yellowhead Highway auf einer Sanddüne zwischen Talbot und dem Jasper Lake zu Füßen des Roche Miette*

volle, rauhe Hochgebirgslandschaft und den **Victoria-Gletscher**. Ein Teehaus offeriert nach 360 Höhenmetern Lunch und Getränke. Der Trail endet nach 405 Höhenmetern an einem *viewpoint* mit Aussicht auf den Abbott-Paß und die *death trap*, eine riesige, vergletscherte Schlucht zwischen Mount Victoria und Mount Lefroy (Zeitbedarf etwa sechs Stunden).

Der **Icefields Parkway** (Highway 93) ist eine der schönsten Bergstraßen der Welt und Kanadas berühmteste Panoramaroute. Mehr als 100 Gletscher, türkisgrüne Seen, rauschende Wasserfälle und wildgezackte Gipfel sind von der Straße aus zu sehen.

*Das Tal des Athabasca River*

230 spektakuläre Kilometer parallel zur kontinentalen Wasserscheide, zwischen dem Hauptkamm der Rockies und den Front Ranges, stellen die Verbindung zwischen Lake Louise und Jasper her. Zu Beginn ist die Panoramastrecke eher unspektakulär: 16 Kilometer durch dichten Nadelwald, über dem hin und wieder ein Gipfel auftaucht. Dann kommt mit dem **Hector Lake** der erste Schmelzwassersee in Sicht. Seine grünblaue Farbe entsteht durch feines Gesteinsmehl, das, vom Gletschereis produziert, mit dem Schmelzwasser in den See gelangt. Am Ufer des **Bow Lake** setzt das knallrote Dach einer Lodge einen kräftigen Farbakzent in den tiefgrünen Wald. Der See und der nach Süden abfließende Bow River werden vom Bow Glacier, einem Ausläufer des 40 Quadratkilometer großen **Wapta Icefield**, gespeist.

Auf dem 2 068 Meter hohen **Bow Summit** zweigt linker Hand eine kurze Stichstraße zu den 500 Meter höher gelegenen Parkplätzen am Bow Summit Trail ab. Der kurze Pfad führt heraus aus dem subalpinen Wald mit feuchten Wiesen voller Wildblumen, vorbei am Krummholz der Baumgrenze zum **Peyto Lake Overlook**. Der kurze Fußweg lohnt sich: Weit reicht der Blick über das Tal des Mistaya River und hinunter zum **Peyto Lake**. Nirgendwo in den Rockies hat man einen solch guten Ausblick auf einen vom Schmelzwasser eines Gletschers gespeisten See. Im Juni, wenn das Eis auf dem See gerade geschmolzen ist, erstrahlt der See im tiefen Blau des darin sich widerspiegelnden Himmels. Das später vom Peyto-Gletscher abfließende Schmelzwasser – es ist am

Einlauf als schmutzig-graues Band zu sehen – trägt große Mengen Gesteinsmehl in den See ein. Während die gröberen Bestandteile auf den Grund des Sees absinken, gehen die mikroskopisch feinen Anteile in Suspension und erzeugen durch selektive Reflexion des grünen und blauen Bereichs des sichtbaren Lichtspektrums den blaugrünen bis türkisfarbenen Schimmer des Sees.

Der Icefields Parkway führt weiter hinab ins Tal des Mistaya River, vorbei am Waterfowl Lake, in dem sich das Horn des Mount Chephren spiegelt, vorbei am abrupt vom Grund des North Saskatchewan Valley aufsteigenden Mount Murchison zum **Mistaya River Canyon**. Ein kurzer Pfad führt hinunter zur Brücke über die enge, gewundene Schlucht, deren senkrechte Kalksteinwände vom Wasser aus dem Berg gefräst wurden. Bei **Saskatchewan River Crossing** überquert der Parkway den North Saskatchewan River, der sich hier, ganz am Anfang seines über 3 000 Kilometer langen Weges zur Hudson Bay, seinen Lauf durch die Front Ranges nach Osten in die Prärie gebahrt hat. Der David Thompson Highway folgt dem Fluß auf einer alten Handelsroute ostwärts durch die Berge bis nach Rocky Mountain House.

1807 überquerte David Thompson, Pelzhändler der »Northwest Trading Company« aus Rocky Mountain House, von hier aus als erster Europäer den Howse-Paß, um in der Gegend des heutigen Invermere in British Columbia einen neuen Handelsposten zu gründen. Seine Route war die erste regelmäßig genutzte Verbindung über die Rocky Mountains. Die Überquerung des North Saskatchewan River war in der Zeit vor dem Straßenbau eine Schlüsselstelle auf dem Saumpfad zwischen Banff und Jasper. Sie forderte zwar keine Menschenleben, aber so mancher Outfitter und seine Auftraggeber nahmen hier ein unfreiwilliges Bad. Viele verloren hier ihre Ausrüstung und Vorräte, mußten aufgeben und vorzeitig umkehren.

Etwa einen Kilometer nördlich der Brücke bietet sich am **Howse Valley Viewpoint** ein Panoramablick auf das Howse Valley, North Saskatchewan Valley und die Berge im Süden und Westen. Am schönsten ist die Aussicht von der Hügelkante – ein paar Schritte durch den Wald hinter dem Parkplatz. Etwa 35 Kilometer weiter nördlich klettert die Straße dann in einer großen Schleife am Hang der Parker Ridge fast 400 Meter hinauf zum 2 035 Meter hohen **Sunwapta-Paß**, der Grenze zwischen dem Banff und dem Jasper National Park. Noch vor der Paßhöhe hat man am **North Saskatchewan Valley Viewpoint** einen hervorragenden Blick auf die Straße unten im engen Canyon und auf die Felsen des Cirrus Mountain. 500 Meter weiter führt am unteren Ende eines Parkplatzes ein kurzer Wanderweg (zwei Kilometer hin und zurück) zu den schönen **Panther Falls**. Der nicht markierte Weg ist gut ausgebaut und leicht auszumachen. Nochmal fünf Kilometer weiter nördlich beginnt der sehr empfehlenswerte **Parker Ridge Trail**. Wer für den heutigen Tag einen Spaziergang eingeplant hat, der sollte es an dieser Stelle tun! Ein kurzer, steiler Anstieg auf den Bergrücken führt zu alpinen Wiesen oberhalb der Baumgrenze. Während der nur wenige Wochen andauernden Vegetationsperiode im Hochsommer blühen hier oben rote und weiße Bergheide, rosa *Moss Campions*, blaue Vergißmeinnicht und Enzian, violette Wicken und weiße *Mountain Avens*. Der Pfad endet nach zweieinhalb Kilometern an einem Aussichtspunkt mit Blick auf den **Saskatchewan-Gletscher**, einem Ausläufer des Columbia Icefield. Der Pfad auf der Parker Ridge ist dem kalten Gletscherwind ausgesetzt; warm anziehen ist wichtig, denn hier oben ist es erheblich kälter als unten an der Straße.

Einer der Höhepunkte am Icefields Parkway ist das 325 Quadratkilometer große **Columbia Icefield**. Mehr als zehn Meter Schneefall pro Jahr speisen den im Mittel 3 000 Meter hoch gelegenen und bis zu 360 Meter dicken Eispanzer über der kontinentalen Wasserscheide. Die Schmelzwasser des Columbia Icefield fließen über den Columbia River in den Pazifik, über den Athabasca und den Mackenzie River ins Nordpolarmeer und über den North Saskatchewan River in die Hudson Bay und somit in den Atlantik. Einer seiner Gletscher, der fünf Kilometer lange **Athabasca Glacier**, fließt zwischen Snow Dome und Mount Athabasca aus 3 000 Meter Höhe herab und bis auf anderthalb Kilometer an die Straße heran.

Im **Columbia Icefields Interpretive Centre** kann man ein Modell des Gletschergebietes betrachten, Dia-Shows ansehen und sich über Geschichte und Naturgeschichte des Nationalparks informieren. Gegenüber führt eine kurze Stichstraße zum Parkplatz an der Geröllhalde der Endmoräne, und wer will, kann von hier aus zum schmutzig-grauen Ende des Gletschers laufen. Die beliebten und stark beworbenen *snowcoach tours* lohnen kaum den Aufwand an Zeit und Geld. 30 Minuten Schleichfahrt auf dem Gletscher, 20 Minuten Aufenthalt an einer langweiligen Stelle des Eisfeldes – das ist alles. Interessante Details wie Spalten, Strudellöcher und Gletschermühlen bekommt man nicht zu sehen. Informativ dagegen sind die fast immer ausgebuchten Columbia Glacier Icewalks unter sachkundiger Führung. Wer sich für den Icefields Parkway zwei Tage Zeit lassen kann, sollte unbedingt einen *icewalk* einplanen.

Der Icefields Parkway beginnt jetzt seinen Abstieg ins Tal des Sunwapta River und führt an der Kaskade der hübschen **Tangle Creek Falls** vorbei ins ebene Schwemmland des Talgrundes. *»Watch for sheep on road«*, warnen Schilder, und oft genug vergnügt sich die örtliche Bighorn-Schafherde damit, den Verkehr aufzuhalten. Unbeeindruckt vom Klicken und Surren der Kameras lecken sie am Straßenbelag und am Schotter daneben, um ihren Bedarf an Salz und Mineralien zu decken.

Bevor er in den Athabasca River mündet, zwängt sich der Sunwapta River bei den **Sunwapta Falls** schäumend und tosend durch eine enge Klamm, über die eine Fußgängerbrücke führt. Am Anfang des Highway 93A donnern die **Athabasca Falls** vor der Kulisse des Mount Kerkeslin. Der Athabasca River stürzt sich mit seiner ganzen Kraft über eine zwölf Meter hohe Stufe aus hartem Gestein in einen kurzen Canyon. Der gesicherte Steig führt dicht an den Wasserfall heran, in dessen Sprühnebel die Sonne einen Regenbogen zeichnet.

Die **Mount Edith Cavell Road** klettert vom Highway 93A wenige Kilometer vor Jasper 14 enge und kurvenreiche Kilometer das Astoria Valley hinauf zum Fuß der gewaltigen Steilwand des 3 363 Meter hohen Mount Edith Cavell. Unterwegs öffnet sich am Astoria River Overlook die Aussicht weit hinein in das von Felsgipfeln umstandene, dicht bewaldete Tonquin Valley. Etwa 300 Meter weiter, am Parkplatz gegenüber der Anlage eines Outfitters, beginnt der 43 Kilometer lange Wanderweg durch das **Tonquin Valley**. Der Weg überquert nach etwa 300 Metern das Ende des vom Schmelzwasser des Angel Glacier gespeisten Cavell Lake, in dessen grünlichem Wasser sich die von weißen Firnbändern gemusterte Wand des Mount Edith Cavell spiegelt. Ein wunderschönes Fotomotiv, besonders frühmorgens oder abends, wenn die tiefstehende Sonne den Bergen mit langen Schatten Struktur verleiht und ihr weiches Licht die Farben zum Leuchten bringt. Am Ende der Straße führt der kurze Path of the Glacier Trail über den

*Mount Edith Cavell und Cavell Lake*

Hang einer Endmoräne zu einem kleinen, im hellbraunen Moränenkies blau- und türkisschimmernden Schmelzwassersee zu Füßen des in der Wand hängenden **Angel Glacier**. Energiegeladene Wanderer können dem nach links abzweigenden Pfad folgen und, an Murmeltier- und Pika-Kolonien vorbei, etwa drei Kilometer weit hinaufsteigen zu den von Mitte Juli bis Ende August blumenübersäten Bergwiesen direkt gegenüber dem Angel Glacier.

**Jasper**, das kleinere und ruhigere Pendant zum umtriebigen Banff, ist der zentrale Stützpunkt für einen Urlaub im Norden der Parks. Hier trifft der Icefields Parkway auf den **Yellowhead Highway** (Highway 16), der Ost-West-Verbindung zwischen Edmonton und Prince George in British Columbia. Die Gegend um Jasper wurde bereits zu Beginn des 19. Jahrhunderts besiedelt. 1813 baute Jasper

Hawes am Brûlé Lake das Jasper House, einen Pelzhandelsposten für die »Northwest Trading Company«. Die Anfänge des heutigen Jasper fallen in das Jahr 1911, als die Eisenbahnlinie nach Prince Rupert am Pazifik gebaut wurde.

Die Gegend um Jasper und das Athabasca-Tal ist sehr wildreich, da nur die Talsohlen ausreichend Nahrung bieten. Hirschkühe, die zwischen den Stellplätzen der Campgrounds grasen, Bighorn-Schafe am Straßenrand und Wapiti-Hirsche mit kapitalem Geweih, die in Sichtweite der Straße die saftigen Gräser der Talwiesen abweiden, gehören zu den alltäglichen Attraktionen des **Jasper National Park**. Die Tiere haben sich an ihre menschlichen Bewunderer gewöhnt und lassen sich, so man ihnen nicht zu nahe auf den Pelz rückt, problemlos fotografieren. Auch Bären gibt es so oft zu sehen, daß die Verwaltung des Nationalparks

*Athabasca Falls*

mit unübersehbarem *»You are in Bear Country«* auf Schildern und Handzetteln zur Vorsicht mahnt. Bären und Wapiti-Hirsche sollte man während der Brunftzeit im Herbst tunlichst nur aus dem Auto heraus fotografieren.

Wenige Kilometer östlich von Jasper zweigt die Maligne Lake Road nach Süden ab. Gleich nach dem Verlassen des Tals überquert sie den Maligne River, der sich hier in den 11 000 Jahren seit der letzten Eiszeit eine über 50 Meter tiefe und stellenweise nur zwei Meter breite Schlucht in den Kalkstein gegraben hat. Ein Wanderpfad führt vom Teehaus am Rand des **Maligne Canyon** bergab durch den alten Bestand an Douglasfichten zu mehreren Brücken, die in regelmäßigen Abständen die Schlucht überqueren. Unterhalb der vierten Brücke tritt aus der Wand der Klamm das im abflußlosen **Medicine Lake** versickerte Wasser aus, 17 Kilometer legt es durch ein unterirdisches System von Karsthöhlen bis hierher zurück. Am **Ma-**

**ligne Lake** endet die Straße nach weiteren 36 Kilometern entlang der Sägezahnkulisse der Colin- und Queen-Elizabeth-Kette. Der Maligne Lake ist der größte See der kanadischen Rockies. 22 Kilometer sind es bis zu seinem Südende mit dem vom Brazeau Icefield herabfließenden Schmelzwasserzufluß. Am Ufer des Sees leuchtet das rote Dach des Bootshauses mit der Kanuvermietung, und nebenan, am Dock der blau-weißen Ausflugsboote, herrscht reger Betrieb. Sie fahren zur **Spirit Island** an den Samson Narrows, dem nach dem Lake Louise wohl bekanntesten Fotomotiv der Canadian Rockies. Der Aufenthalt dort ist kurz: Ein Blick vom Aussichtspunkt, ein schnelles Foto, und schon tutet das Boot am Steg und mahnt zur Rückfahrt. Wem die zehn, höchstens 15 Minuten nicht genügen, weil er in Ruhe fotografieren oder das Bild des Inselchens im türkisschimmernden Wasser vor dem Bergpanorama in sich aufnehmen will, bleibt keine andere Wahl, als den doppelten (!) Fahrpreis zu zahlen und mit einem späteren Boot zurückzufahren. Eine andere Möglichkeit gibt es nicht: Die Batterien der Miet-Elektrokanus reichen nicht aus für die insgesamt 28 Kilometer lange Wegstrecke, und selbst geübte Paddler benötigen etwa sechs Stunden für die Tour.

Eine interessante Alternative sind die am Ende eines engen Seitentals am Ostrand des Jasper National Park gelegenen **Miette Hot Springs**. Eine knapp 18 Kilometer lange Straße klettert an dem hübschen kleinen **Punchbowl-Wasserfall** vorbei über einen Höhenrücken hinunter in den Canyon des Fiddle River und folgt dann dem Sulphur Creek zu den heißen Quellen. Ihr 54 Grad Celsius heißes Wasser speist, auf angenehme Temperatur abgekühlt, ein großes Badebecken. Gerade richtig für eine entspannende Pause im Angesicht von Wäldern und Felsgipfeln vor der Weiterfahrt nach Edmonton. ∎

**Route 2**    **4. Tag – Programm:** Edmonton, Alberta

**Vormittags**    Von **Downtown Edmonton** mit dem Auto die 109th St. südwärts über die **High Level Bridge** und an der ersten Verzweigung hinter der Brücke links auf den **Saskatchewan Dr.** Kurze Stopps an den Aussichtspunkten mit Blick auf Downtown. Am Ende der Straße links auf die Connors Rd., dann den Wegweisern zur 98th Ave. und zum Muttart Conservatory folgen. Besuch im **Muttart Conservatory**, danach die 98th Ave. bergauf und am ersten Kreisverkehr links auf die 84th St. An deren Ende links auf den Parkplatz des **Forest Heights Park** und kurzer Spaziergang zum Aussichtspunkt mit Blick auf das Flußtal und Downtown. Anschließend links auf die Rowland Rd. abbiegen und über die Dawson Bridge nach Riverdale. Am Ende der Rowland Rd. rechts auf die 95th St. und links auf die Jasper Ave.

Westwärts zur 102nd Ave. und links auf die 149th St. zum Whitemud Dr. Hinter der **Quesnel Bridge** die erste Ausfahrt (Fox Dr.) nehmen und den Wegweisern zum **Fort Edmonton** folgen. Lunch im Fort Edmonton.

Nachmittags  Vom Fort Edmonton auf dem Whitemud Fwy. zurück über die Quesnel Bridge und auf der 148th St. nach Norden. Rechts abbiegen auf die 95th Ave. zum Riverside Dr. mit Aussicht auf den North Saskatchewan River und Downtown. Am Ende des Riverside Dr. auf den Summit Dr., rechts auf die 142nd St. und nordwärts, rechts in den Ravine Dr. mit schönen alten Häusern. Links auf die 102nd Ave. und rechts auf die 142nd St. zum **Edmonton Space & Science Centre**.

**Alternative:** Statt Edmonton Space & Science Centre oder Muttart Conservatory ist auch ein Besuch im sehr schönen **Provincial Museum of Alberta** interessant.

*Freilichtmuseum Fort Edmonton*

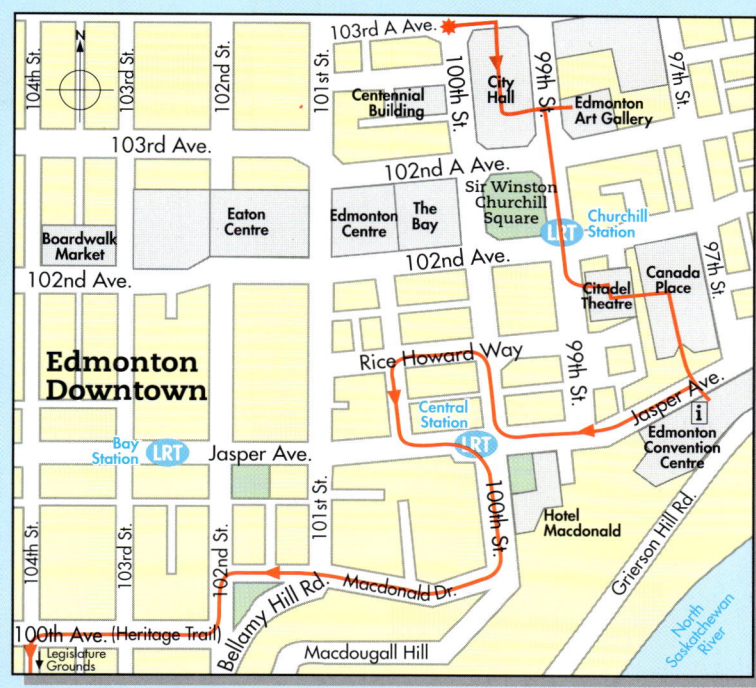

**Vormittags**

Spaziergang durch **Downtown Edmonton:** ab 103rdA Ave./Ecke 100th St. zur **City Hall**, zum Sir Winston Churchill Square und zur **Edmonton Art Gallery**. Weiter auf der 99th St. zum **Citadel Theatre** und via **Canada Place** zum **Edmonton Convention Centre**. Auf der Jasper Ave. westwärts, rechts auf die 100th St. und links auf den Rice Howard Way, links zurück zur Jasper Ave. und via 100th St., am »Hotel Macdonald« vorbei, zum Macdonald Dr. Am Ende des Macdonald Dr. über die 102nd St. zur 100th Ave. und zur 104th St., rechts zur 99th Ave. und links auf die 108th St. zu den **Legislature Grounds** (ab Macdonald Dr. ist die Route als **Heritage Trail** ausgeschildert).

**Nachmittags**

Besuch der **West Edmonton Mall**.

93

## Orientierung in Edmonton:

Numerierte Avenues verlaufen in Ost-West-Richtung mit nach Westen steigenden Hausnummern. Numerierte Straßen (Streets) verlaufen in Nord-Süd-Richtung mit nach Norden steigenden Nummern. Da der Fluß die Stadt in zwei Hälften teilt, empfiehlt es sich, im Zweifelsfall zu fragen, ob die angegebene Adresse nördlich oder südlich des North Saskatchewan River liegt.

**Edmonton Convention and Tourism Authority**
9797 Jasper Ave., Suite No. 104
Edmonton, Alta. T5J 1N9
℡ (403) 426-47 15, Fax 425-52 83
Edmonton Tourism unterhält fünf Besucher-Informationszentren in der Stadt: 9797 Jasper Ave., West Door (Downtown), ℡ (403) 422-55 05; Gateway Park, 2404 Calgary Trail Northbound S.W. (Hwy. 2, am Südrand der Stadt), ℡ (403) 988-54 55; am Hwy. 16 W. am westlichen Stadtrand und am Hwy. 16 E. am östlichen Stadtrand (nur im Sommer); am Edmonton International Airport im Süden der Stadt.

Wettervorhersage: ℡ (403) 468-49 40
Informationen für Besucher (vom Band):
℡ (403) 493-90 00 und dann 43 40

Die U-Bahn – sie heißt in Edmonton LRT (Light Rail Transit) – ist mit dem städtischen Busnetz verküpft und kann Mo–Fr 9–15, Sa 9–18 Uhr in der Innenstadt (zwischen den Stationen Churchill, Central, Bay, Corona und Government Centre) umsonst benutzt werden.

**The Westin Hotel**
10135, 100th St./Ecke 101st Ave.
Edmonton, Alta. T5J 0N7
℡ (403) 426-36 36, Fax 428-14 54
Luxuriöses Prominentendomizil: Die Königin von England wohnte 1978 hier, Charles und Diana 1983. $$$–$$$$

**Fantasyland Hotel & Resort**
17700, 87th Ave.
(in der W. Edmonton Mall)
Edmonton, Alta. T5T 4K8
℡ (403) 444-30 00, Fax 444-32 94
Sehr gut ausgestattetes Hotel mit eigenem Eingang zur W. Edmonton Mall. Große, gut eingerichtete Zimmer (alle mit Whirlpool) mit einer verglasten Wand für den Panoramablick nach draußen. Spezialität sind die *theme rooms*: z.B. Hollywood-Traumsuite, römischer Palast, polynesische Hütte, arabisches Gemach, Eisenbahnabteil usw. Sogar auf der Ladefläche eines Pickup Truck kann man schlafen. Leicht verrückt, aber sehenswert. $$$–$$$$

**Holiday Inn Crowne Plaza Hotel**
101st St. (Bellamy Hill)
Edmonton, Alta. T5J 1N7
℡ (403) 428-66 11, Fax 426-76 25
Ein Kettenhotel der Spitzenklasse mit Drehrestaurant auf dem Dach. $$$

**Palace Inn**
4235 Calgary Trail N.
Edmonton, Alta. T6J 5H2
℡ (403) 438-12 22, Fax 438-09 06
Gut ausgestattetes Hotel im Südosten der Stadt. Mit Shuttle-Service zur W. Edmonton Mall und zu den Flugplätzen. $$–$$$

**Mayfield Inn**
16615, 109th Ave./Ecke Mayfield Rd.
Edmonton, Alta. T5P 4K8
℡ (403) 484-08 21, Fax 486-16 34
Gutes Hotel im Nordwesten der Stadt mit allen Annehmlichkeiten. $$

**Convention Inn**
4404 Calgary Trail N.
Edmonton, Alta. T6H 5C2
℡ (403) 434-64 15, Fax 436-92 47
Gutes, preiswertes Haus im Südosten der Stadt. $$

**Continental Inn**
16625 Story Plain Rd.
Edmonton, Alta. T5P 4A8

🕾 (403) 484-77 51, Fax 484-98 27
Solides, preiswertes Hotel in der Nähe
der W. Edmonton Mall.
$$

### Glowing Embers Travel Centre
26305 Hwy. 16 (ca. 14 km westlich von
Downtown Edmonton)
Spruce Grove, Alta. T7X 3H1
🕾 (403) 962-81 00
Geöffnet 1. April–31. Okt.
Gut ausgestatteter kommerzieller Camp-
ground am Westrand der Stadt.

### Klondike Valley Tent & Trailer Park
1660 Calgary Trail S. (Anfahrt über Hwy. 2
S. zur Ellerslie Rd. W.)
Edmonton, Alta. T6W 1A1
🕾 (403) 988-50 67, Fax 988-84 38
Geöffnet 1. Mai–30. Sept.
Hübsch gelegener Campground am
Blackmud Creek; mit Duschen, Waschma-
schinen; Einkaufsmöglichkeit.

### Shakers Acres
21530, 103rd Ave. (westlich der Stadt am
Hwy. 16, Ausfahrt Winterburn Rd. zur
215th St.)
Winterburn, Alta. T5S 2C4
🕾 (403) 447-35 64, Fax 447-39 24
Kommerzieller Campground mit allen
Einrichtungen. Relativ laut, da nahe am
Hwy. 16.

### The Muttart Conservatory and Horticultural Centre
98th Ave./Ecke 96thA St., im Gallagher
Park
🕾 (403) 469-81 90
So–Mi 11–21, Do–Sa 11–18 Uhr
Eine Gruppe von gläsernen Gewächs-
hauspyramiden, von denen jede eine Kli-
mazone repräsentiert.

### Provincial Museum of Alberta
12845, 102nd Ave.
🕾 (403) 427-17 30
Geöffnet im Sommer tägl. 9–20, im Winter
Di–So 9–17 Uhr

Ausstellung zur Geschichte der Indianer,
Pelzhändler und Siedler plus geologische
und ökologische Zonen der Provinz. Mo-
dernes Gebäude in einem Park über dem
Fluß.

### Fort Edmonton
Fox Dr., am Südufer des North Saskatche-
wan River
🕾 (403) 435-07 55
Mai–Juni 10–16, Juli–Sept. 10–18 Uhr
Authentische Rekonstruktion des Han-
delspostens der »Hudson's Bay Com-
pany« von 1846, aus dem die Stadt hervor-
ging, dazu Straßen aus der Zeit von 1885,
1905 und 1920, belebt mit Darstellern in
historischen Kostümen.

### Edmonton Space & Science Centre
12211, 142nd St./Ecke 111th Ave.
🕾 (403) 452-91 00
Geöffnet Di–So 10–22 Uhr, im Sommer
tägl.
Interaktives Naturwissenschaftsmuseum
»zum Anfassen«; mit Planetarium, Laser-
Licht-Show, IMAX-Kino; futuristische Ar-
chitektur.

### Edmonton Civic Centre
100th St. bis 97th St. und Jasper Ave. bis
103rdA Ave.
Mehrere Häuserblocks großer Vorzeige-
bereich in Downtown Edmonton.

### Edmonton Art Gallery
2 Sir Winston Churchill Square (102ndA
Ave./Ecke 99th St.)
🕾 (403) 422-62 23
Mo–Mi 10.30–17, Do 10.30–20, Sa/So 11–17
Uhr; Do ab 16 Uhr freier Eintritt
Sehenswerte Sammlung kanadischer
Kunst.

### Heritage Trail
Ca. 1/2stündiger Spaziergang durch den
alten Bezirk von Edmonton. Schöner Blick
vom Macdonald Dr. auf das Tal des North
Saskatchewan River.

*Wasserrutschen im World Water Park, West Edmonton Mall*

🎁 Geschäftszeiten: Mo–Fr 10–21, Sa 10–18, So 12–17 Uhr
Das größte Einkaufszentrum der Welt. Restaurants und Attraktionen sind auch abends geöffnet.

🎁 An der Whyte Ave. (82nd Ave.), im Bereich der 100th St. gibt es deutsche Metzger (z. B. Charley Meats) und Bäckereien (z. B. Home Bakery oder Empress Bakery), bei denen man Brot und Wurst in der von zu Haus gewohnten Qualität einkaufen kann.

🎁 **The Grocery People**
145th St./Ecke Yellowhead Trail
Hier gibt es u.a. gefrorene *buffaloburger* für den Grill.

🎁 **Welsh's Saddlery & Western Wear**
11807, 48th St.
℡ (403) 471-53 33
Ein Western-Store, in dem es so ziemlich alles gibt. Er wirbt mit der Zeile: *»Where the cowboys shop.«*

🎁 **Northern Images**
2864 W. Edmonton Mall
℡ (403) 444-19 95
Kunst und Kunsthandwerk der Ureinwohner Kanadas.

🎁 **Downtown Shopping Centres**
Geöffnet Mo–Mi und Sa 10–17.30, Do/Fr 10–21 Uhr

🎁 **Eaton Centre**
102nd Ave./Ecke 101st St. (Downtown)
Mit etwa 100 Geschäften.

🎁 **Edmonton Centre**
102nd Ave./Ecke 101st St.
Downtown-Einkaufszentrum mit 148 Geschäften.

🎁 **Boardwalk Market**
102nd Ave./Ecke 103rd St. (Downtown)
Bunte Ansammlung von Läden in zwei sanierten Lagerhäusern.

👁 **Legislature Grounds**
108th St. und 97th Ave.
Der sehr schöne Park mit Springbrunnen und Teichen umgibt das opulent ausgestattete **Alberta Legislature Building**. Es kann Mo–Fr 9–21 Uhr und Sa/So und feiertags 9–17 Uhr auf geführten ½stündigen Rundgängen besichtigt werden.

👁 **West Edmonton Mall**
Zwischen 87th Ave. und 90th Ave. bzw. 170th St. und 178th St.

**Für den Abend:**

**The Carvery**
10135, 100th St./Ecke 101st Ave.
(im Westin Hotel)
Tägl. 11.30–14 und 17.30–23 Uhr, Sa kein
Lunch
**Die** Adresse für *beef* und Büffel. Man
wirbt mit: *»When only the best will do«* –
entsprechend sind die Preise. $$$$

**Waldens**
10245, 104th St.
✆ (403) 420-63 63
Mit Lunch-Gartenrestaurant; Continen-
tal-Küche, gute Weinkarte. $$$

**Cook County Saloon**
8010, 103rd St.
✆ (403) 432-26 65
Western-Restaurant mit Steaks und *ribs*.
$$

**Claudes on the River**
9797 Jasper Ave.
(neben dem Convention Centre)
✆ (403) 429-29 00
Geöffnet Mo–Fr 11.30–23 Uhr, Sa kein
Lunch
Mit Gartenterrasse und Blick auf den
Fluß. Französisch angehauchte Küche.
 $$

**La Ronde**
101st St., Bellamy Hill
(im Holiday Inn Crowne Plaza Hotel)
✆ (403) 428-66 11
Drehrestaurant im 24. Stock mit beein-
druckendem Blick auf die Wolkenkratzer
von Downtown Edmonton, auf den Park
am North Saskatchewan River und die
Vororte im Süden. Beliebt zum Brunch
am Sonntagmorgen. $$

**The Mill Restaurant**
8109, 101st St.
(südlich des Flusses, Nähe 82nd Ave.)
✆ (403) 432-81 38

Für alle, die nicht ohne Schnitzel, Kote-
lett, Sauerbraten usw. leben können;
deutsches Bier. $$

**Sakura**
101st St./Ecke 7th Ave.
✆ (403) 428-88 83
Geöffnet 11.30–23, Sa ab 17 Uhr
Gutes japanisches Restaurant. $$

**Pepper 'n' Chili**
10406 Mayfield Rd.
✆ (403) 487-66 88
Ausgezeichnete chinesische Küche; es
schmeckt wie in China. $$

**The King and I**
10160, 82nd Ave.
✆ (403) 433-22 22
Authentische Thai-Küche. $$

**Buffet King**
10150, 34th Ave.
✆ (403) 437-76 77
Preiswertes chinesisches Buffet-Restau-
rant. $–$$

**Feste:**

Die letzten zwei Juliwochen stehen in Edmonton ganz im Zeichen der **Klondike
Days**, mit denen Edmontons Boom (1898)
als Ausgangspunkt zu den Goldfeldern
am Yukon River gefeiert wird – mit Kostü-
men aus jener Zeit, mit Straßenfesten,
Umzügen, Pferderennen und sportlichen
Wettkämpfen. Mitte Juli, während des
**Edmonton Street Performer Festival**,
wird in den Straßen der Stadt gezaubert,
musiziert, jongliert und Pantomime vorgeführt. Im August geht's dann gleich
weiter mit dem **Edmonton Folk Music
Festival**, dem einwöchigen **Jazz City
Festival** und dem **Heritage Festival**, mit
dem Edmonton sein multikulturelles Erbe feiert.

# Edmonton: Boomtown und Tor zum Norden

## Pelze, Gold und Öl

Boomtowns haben einen festen Platz in der Geschichte Nordamerikas. Städte, die über Nacht in der Wildnis entstehen, erbaut von Menschen, die – getrieben vom Traum vom Dorado – der weglosen Wildnis trotzen. Boomtowns sind Orte, in denen über Nacht Vermögen gemacht und verloren werden, die heute im Glanz neuen Reichtums strahlen und morgen als *ghost town* dem Vergessen anheimfallen.

**Edmonton**, nördlichste Großstadt Kanadas, ist die Ausnahme dieser Regel, das Stehaufmännchen unter den Boomtowns. Dreimal erlebte die Stadt die hektische Betriebsamkeit, die kritiklose Wachstumseuphorie eines Booms – und überlebte. Jedesmal, wenn der Boom verebbt war, stand Edmonton schöner, reicher und stärker da als zuvor.

1795 gründete William Tomison den neuen Handelsposten Fort Edmonton. Die Lage am North Saskatchewan River war ideal: Die Jäger der Cree-Indianer im Norden brachten Biber-, Fuchs- und Wieselpelze, die Blackfoot kamen aus dem Süden mit Büffelfleisch und Bisamratten-fellen. 1823 wurde John Rowand Chief Factor im Edmonton House und Regent von *Rupert's Land*. Er baute Edmonton zum Macht- und Handelszentrum aus. Sein Erfolg war der Auslöser für einen ersten Bau- und Ansiedelungs-Boom.

1898, als alle Welt zu den Goldfeldern am Yukon River aufbrach, begann der zweite Boom. Die Geschäftsleute des iso-lierten 700-Einwohner-Ortes verstanden es, die großen Entfernungen und die Probleme eines Überlandtrecks in das Yukon Territory zu ignorieren. Mit der Werbung für die (nicht existierende) *»All Canadian Route«* zu den Goldfeldern etablierten sie Edmonton als Ausgangspunkt und Versorgungsstützpunkt für einen Teil des hoffnungsvollen Menschenstroms, und über Nacht stieg die Bevölkerungszahl auf über 4 000 an. Nur die Hälfte der Goldsucher kam durch, und viele von denen, die umkehrten, blieben, um in der Gegend zu siedeln. Trotzdem feiert Edmonton noch heute unverdrossen sich selbst und den unverhofften Boom im Gefolge der Goldfunde. Während der Klondike Days Ende Juli rollen Postkutschen und Planwagen durch die Stadt, Bands spielen, und zehn Tage lang ist ganz Edmonton Schauplatz einer Mammutparty.

1904 erreichte die Eisenbahnstrecke Edmonton, und die in Europa laufende Anwerbung von Siedlern brachte einen großen Bevölkerungszuwachs. Ein Jahr später, als die Stadt Edmonton Hauptstadt der Provinz Alberta wurde, war die Bevölkerung auf fast 10 000 angewachsen und aus dem landwirtschaftlich geprägten Dorf ein urbanes Zentrum geworden.

Die Zeit der Weltwirtschaftskrise überstand Edmonton als *gateway to the north*, als Nachschubzentrum für den Norden. Post, Versorgungsgüter und me-

dizinische Hilfe wurden von den hier konzentriert entstandenen Buschfliegerei-Unternehmen an die neue Grenze transportiert. Der dritte Boom begann 1947 mit der Entdeckung eines äußerst ergiebigen Ölfeldes bei Leduc südlich der Stadt. Geld und Leute strömten nach Edmonton, das Wachstum war unvorstellbar. 1965 gab es viermal so viele Einwohner wie 1939.

Bewundernswert ist, wie umsichtig Edmonton seinen neuen Reichtum eingesetzt hat, um seinen heute 831 000 Bewohnern eine Stadt von hoher Lebensqualität zu schaffen. Das übliche Erscheinungsbild einer unkontrolliert wachsenden Boomtown, das abstoßende Durcheinander gesichtsloser Industriegebiete, Slums und exklusiver Wohnviertel wurde durch intelligente Stadtplanung und -entwicklung vermieden. **Downtown**, auf dem Hochufer über dem Fluß, glänzt mit

beeindruckenden Beispielen moderner Architektur. Alte Stadtteile wurden neu belebt, ihre Gebäude aus der Gründerzeit sachgerecht saniert und originalgetreu restauriert. Das Tal des North Saskatchewan River schlängelt sich als 7400 Hektar großer Park mitten durch die Stadt. Im Sommer, bei bis zu 17 Stunden Tageslicht, heißen Tagen und milden Nächten, ist dieser Park bis in den späten Abend mit Leben erfüllt. Man radelt, spielt Ball oder Golf, geht spazieren oder läßt es sich bei einem Picknick gutgehen. Selbst im Winter, wenn es bis zu minus 30 Grad Celsius kalt werden kann (mittlere Tageshöchsttemperatur minus elf Grad), lassen sich die Ski- und Schlittschuhfahrer Edmontons nicht daran hindern, ihren Park zu nutzen.

Die *pedways* sind Edmontons Pendant zu Calgarys *skywalks*; auf drei Ebenen zwischen Keller und erstem Stock verbin-

*Konsumtempel: Shopping Mall in Downtown Edmonton*

*Nostalgisch: Karussellpferd im Fantasy Land Amusement Park (Edmonton)*

den sie Shopping Centres, Bürohäuser und U-Bahnstationen der Innenstadt miteinander. Kein *shopper* muß hinaus in die winterliche Kälte oder die Sommerhitze.

Die Rundfahrt durch die fünftgrößte Stadt Kanadas beginnt mit einem Blick von den Aussichtspunkten entlang dem **Saskatchewan Drive** am Südrand des Flußtals auf die kupfern-, blau- und goldschimmernde gen Himmel strebende Skyline. Eingebettet in sattes Grün präsentiert sich die City von ihrer Schokoladenseite. Unten im Tal setzen die fotogenen Glaspyramiden des **Muttart Conservatory** einen technischen Akzent im gepflegten Grün des Gallagher Park. Die Pyramiden sind Gewächshäuser, in denen mehr als 700 Pflanzen aus verschiedenen Klima- und Vegetationszonen gedeihen. Je eine der Pyramiden ist der trockenen, der tropischen und der gemäßigten Klimazone gewidmet. In der

vierten Pyramide finden ständig wechselnde Blumenausstellungen statt. Die »tropische Pyramide« beherbergt eine der größten und vielseitigsten Orchideensammlungen Nordamerikas. Beachtenswert sind zudem die abstrakten Wandmalereien des Chipewyan-Indianers Alex Janvier in der zentralen Halle zwischen den Pyramiden. Der Wiesenhang hinter den Muttart Conservatory verwandelt sich jedes Jahr im August für vier Tage in ein natürliches Amphitheater, wenn sich hier während des Edmonton Folk Music Festival die Größen der Folk Music ein Stelldichein geben.

Weiter geht es vom Talgrund wieder hinauf zum Hochufer, zur 84th Street. Für Fotografen ergibt sich kurz vor der Rowland Road im **Forest Heights Park** die Möglichkeit, die Skyline über dem Grün des Tals aus einem neuen Blickwinkel abzulichten.

*Historisch: Pelzhändler im Fort Edmonton*

Am Weg zum Fort Edmonton liegt an der 102nd Avenue das **Provincial Museum of Alberta** in einem schönen Park mit Blick auf das Flußtal. Seine Exponate zur Geschichte und Geologie der Provinz, zur Kultur der Indianer, Pelzhändler und Siedler sind sehenswert. Berühmt sind die 16 Dioramen der Habitat Gallery, in denen die kanadische Tierwelt in ihrem angestammten Lebensraum dargestellt ist. Grizzly, Elch und *Cougar* (Puma), Adler und Trompeter-Schwan sind einige der Attraktionen.

Endgültig historisch wird es im **Fort Edmonton Park**. Herzstück des 64 Hektar großen Freilichtmuseums ist eine originalgetreue Kopie des Fort Edmonton, so wie es 1846 zur Zeit von Chief Factor John Rowand ausgesehen hat. Hauptaufgabe war damals neben der Funktion als Distrikt-Hauptquartier der »Hudson's Bay Company« die Herstellung von Pemmikan und der York-Boote für die jährliche Reise mit Fellen nach York Factory an der Hudson Bay und zurück mit Versor-gungsgütern. In zwölf Blockhäusern demonstrieren die »Bewohner« in historischer Kleidung das Leben in einem isolierten Handelsposten im Indianerland. Vor den Toren des Fort erzählen Indianer vor einem Tipi sitzend von »ihrem Leben« in jener Zeit.

In der Straße von 1885 lebt die Zeit wieder auf, in der Pferd und Wagen das

*Futuristisch: Edmonton Space & Science Centre*

gängige Verkehrsmittel und der *general store* das Kommunikationszentrum für die auf ihrer *homestead* isoliert lebenden Siedler waren. Die Straße von 1905 repräsentiert jene Zeitspanne, in der Edmonton Hauptstadt von Alberta wurde und mit der Ankunft der »Canadian National Railway« der Wandel vom landwirtschaftlich orientierten Pionierort zur Stadt einsetzte. Eine alte Straßenbahn rumpelt die Straße des aufstrebenden Wirtschaftszentrums von 1920 hinunter, und rund um den ganzen Park zieht eine fauchende, dampfspeiende Baldwin-Dampflok von 1919 die antiken, mit Besuchern beladenen Eisenbahnwaggons.

Auf dem Weg zum Space & Science Centre empfiehlt sich ein kleiner Abstecher durch parkartige Villenviertel entlang dem Riverside und Ravine Drive. Stattliche alte Bäume und hübsche alte Häuser säumen den Weg über dem Tal des North Saskatchewan River. Immer wieder ergeben sich neue Ausblicke auf die Skyline der City und den Stadtteil Strathcona.

Die eigenwillig futuristische Architektur des **Edmonton Space & Science Centre** läßt vermuten, um was es im Inneren des schneeweißen Rundbaus geht. Die Ausstellung widmet sich der Geschichte der Astronomie und der Erforschung des Weltraumes, Modelle veranschaulichen die Grundgesetze der Physik. Es gibt ein Planetarium mit über 200 computergesteuerten Projektoren, kombiniert mit einem 2-W-Kryptonlaser und mit einer Lautsprecherleistung von 17 000 Watt. In der »Mission Control« und der Raumstation Alpha 7 nehmen die Besucher aktiv an einer simulierten Raumfahrt teil. Auf der vier Stockwerke hohen Riesenleinwand des IMAX-Kinos werden beeindruckende Filme über das Leben auf der Erde vorgeführt, und im Observatorium nebenan wirft der Besucher einen Blick in die Tiefen des Weltalls.

Ein geeigneter Ausgangspunkt für einen Spaziergang durch den allgemein als **Civic Centre** bezeichneten Bereich von **Downtown Edmonton** ist der Sir Winston Churchill Square. Um ihn herum gruppieren sich die **City Hall** mit imponierender zentraler Halle, einem Turm mit Glockenspiel und einer achtstöckigen Glaspyramide als Dach, die **Edmonton Art Gallery** mit einer ausgezeichneten Sammlung kanadischer Kunst und der drei Bühnen umfassende Komplex des **Citadel Theatre** mit Garten und Wasserfall im Inneren. Der Citadel-Theatre-Komplex gehört zu den wichtigsten Zentren der *performing arts* in Kanada. Direkt dahinter steht der bronzefarbene Klotz des **Canada Place**, Sitz der kanadischen Bundesbehörden. Er besticht

durch die moderne Architektur seines Äußeren, ist im Inneren aber eher langweilig. Seinem Südeingang gegenüber ist das **Convention Centre** als gläserne Kaskade an den Hang des Flußtals gebaut. Von der Terrasse daneben schweift der Blick über den Fluß hinunter ins Tal zum Gallagher Park und zu den Pyramiden des Muttart Conservatory. Nur wenige Schritte nach Westen steht das älteste Hotel der Stadt, das »Hotel Macdonald« – nach einer längeren Verjüngungskur heute wieder eine der ersten Adressen.

Der weitere Spaziergang führt westlich des Macdonald Drive als **Heritage Trail** auf rot gepflasterten Bürgersteigen, vorbei an alten Straßenlaternen und Bänken, via 100th und 99th Avenue zum **Alberta Legislature Building**, dem Parlamentsgebäude der Provinz. Das massive, von einer Kuppel gekrönte Gebäude aus dem Jahr 1912 steht inmitten eines attraktiven Parks auf einer Terrasse über dem Nordufer des Flusses.

Eine der großen, in der ganzen Welt bekannten Attraktionen Edmontons ist das gigantische Shopping- und Entertainment-Zentrum **West Edmonton Mall**. 1,1 Milliarden kanadische Dollar haben die drei Bauabschnitte des Konsumtempels gekostet, dessen letzter 1985 fertiggestellt wurde: 800 Geschäfte, über 100 Restaurants, 19 Kinos, eine Eislaufbahn im Stadionformat, ein Spielkasino und eine Kapelle, drumherum 20 000 Parkplätze, von denen 58 Eingänge in die Mall führen. Für Unterhaltung ist reichlich gesorgt. Im **Fantasy Land Amusement Park** sorgen eine 14 Stockwerke hohe Achterbahn mit dreifachem Looping und eine Kabine, die im freien Fall einige Stockwerke tief herabstürzt, bevor sie gebremst wird, für Nervenkitzel. Ein nostalgisch-schönes Karussell mit geschnitzten, bunt bemalten Holzpferden dreht im Klang seiner Orgelpfeifen die Runden; daneben sorgen Autoskooter, Schießbude, Kettenkarussell und 20 weitere

*In der West Edmonton Mall*

große und kleine Attraktionen für Unterhaltung – für jeden gibt es etwas.

In den Gängen der Mall sprudelt und spritzt es – Springbrunnen, die sich im Takt der Musik verändern, und Wassersäulen, die aus einem Bodenloch schießen und zielgenau in einem anderen verschwinden. Etwas weiter zetern Papageien in einer zweistöckigen Voliere, Fische in allen Farben des Regenbogens bevölkern Aquarien, und eine zimmergroße mechanische Installation, in der Kugeln über Xylophone rollen, einen Gong anschlagen und allerlei Hebel betätigen, entpuppt sich als Uhr.

Im **World Water Park**, mit über 20 000 Quadratmetern Gesamtfläche das größte Hallenbad der Welt, rauschen unter der 17 Stockwerke hohen Glaskuppel anderthalb Meter hohe Wellen durchs Becken, und 22 Rutschen befördern – entweder gemütlich in weiten Bögen oder aus mehr

als 20 Meter Höhe im anfangs fast freien Fall – die Badegäste ins nasse Element. In der Lagune gegenüber schwimmt eine Kopie der Kolumbus-Karavelle »Santa Maria«, Delphine führen Kunststücke vor, und unter Wasser drehen Mini-U-Boote ihre Runden in einer Art Unterwasser-Geisterbahn mit echten Fischen und simulierten Gefahren der Tiefe.

Bei soviel *fantasy* kann natürlich auch das Hotel nebenan nicht zurückstehen. Im »**Fantasyland Hotel**« hat der Gast die Wahl zwischen 200 sehr schönen, normal ausgestatteten Zimmern und 125 *theme rooms*. Hier kann man je nach Geschmack und persönlicher Neigung sein Haupt in einer Hollywood-Traumsuite, auf der Ladefläche eines Pick-up Truck, in einem Eisenbahnabteil, im arabischen Gemach, in einer polynesischen Hütte oder einem römischen Palast zur Ruhe betten. ■

## Extratour: Elk Island National Park

**Extratour   Route:** Edmonton – Elk Island National Park – Ukrainian Cultural Heritage Village – Edmonton (197 km)

| km | Zeit | Route (Karte siehe Seite 55) |
|---|---|---|
| 0 | 9.00 Uhr | Abfahrt in **Edmonton** auf dem **Yellowhead Highway** (Hwy. 16) nach Osten, |
| 50 | | rechts abbiegen zum **Ukrainian Cultural Heritage Village**. Nach dem Besuch weiter auf dem Hwy. 16 W. zur Abzweigung der |
| 62 | | Rt. 834, links ab und nach Norden zum |
| 76 | 13.00 Uhr | »Taste of Ukraine Restaurant«. Nach dem Lunch zurück zum Hwy. 16 und westwärts Richtung Edmonton bis zur Einfahrt in den |
| 105 | | **Elk Island National Park**. |
| 108 | | Rechts abbiegen zum **Bison Paddock**, danach |
| 119 | | links zum **Point of Good Hope/Living Waters Boardwalk**. |
| 121 | | Rechts Beginn des **Beaver Pond Trail**. |
| 132 | | Weiter nach **Lamont** und auf dem Hwy. 15 W. zurück nach |
| 197 | 18.00 Uhr | **Edmonton**. |

**Übernachtungsalternative:** Eine schöne Übernachtungsalternative zum Hotel in Edmonton ist das Farmhaus **»Inn at the Ranch«** in der Nähe von **Smoky Lake**. Statt von Lamont zurück nach Edmonton zu fahren, nimmt man die Rt. 831 nach Norden bis zum Hwy. 45, fährt diesen ostwärts bis zur Rt. 855, auf dieser nach Norden Richtung Smoky Lake. Jenseits der Kreuzung mit dem Hwy. 28 auf die Schilder zum »Inn at the Ranch« achten (von Lamont nochmals 103 km).

## Routenalternative für Vogelliebhaber:
Edmonton – Tofield – Beaverhill Lake Natural Area (78 km)

| km | Zeit | Route |
|---|---|---|
| 0 | 9.00 Uhr | Abfahrt in **Edmonton** auf dem Hwy. 14 nach |
| 68 | | **Tofield:** Besuch des **Beaverhill Lake Nature Centre**. Anschließend Weiterfahrt zum |
| 78 | | Francis Access in der **Beaverhill Lake Natural Area** und Wanderung auf dem Pfad zum Lister Lake mit dem Beaverhill Bird Observatory (genaue Wegbeschreibung im Beaverhill Lake Nature Centre). Anschließend von **Tofield** Rt. 834 nach Norden zum Hwy. 16 W. und Anschluß an das oben stehende Programm. |

*Die Zeit steht still . . .*

*. . . im Ukrainian Cultural Heritage Village*

# Extratour – Informationen

**Ukrainian Cultural Heritage Village**
Am Hwy. 16, 50 km östlich von Edmonton
℗ (403) 662-36 40
Geöffnet 3. Mo im Mai–3. Sept. 10–18 Uhr
In diesem sehr schönen Museumsdorf voller Originalgebäude aus der Zeit der Besiedelung erzählen »Bewohner« in historischen Kostümen vom Leben der ukrainischen Einwanderer und von der Entwicklung ihrer Siedlungen im östlichen Zentral-Alberta.

**Taste of Ukraine Restaurant**
℗ (403) 363-39 83
Tägl. 12–20 Uhr
Das Restaurant wurde um ein restauriertes ukrainisches Siedlerhaus herumgebaut. Ukrainische Spezialitäten und einige kanadische Standardgerichte. $$

**Elk Island National Park**
Am Hwy. 16, etwa 40 km östlich von Edmonton (Site 4, RR1)
Fort Saskatchewan, Alta. T8L 2N7
℗ (403) 998-37 81

*Ein Bison im Elk Island National Park*

Die Wald- und Graslandschaft, bevölkert von Biberkolonien, Büffel- und Wapiti-Herden, ist ein Abbild der Landschaft Albertas vor der Besiedelung und Kultivierung des Landes. Im **Bison Paddock** führt eine kurze Straßenschleife durch ein Gehege mit einer kleinen Herde Prärie-Büffel. Der kurze **Point of Good Hope/ Living Waters Boardwalk** beginnt am Parkplatz vor dem Picknickplatz am Strand (nach der Abzweigung immer rechts halten), führt über einen kleinen Hügel mit schöner Aussicht zu einem schwimmenden Steg im See und endet am Astotin Interpretive Centre. Vom **Beaver Pond Trail**, einem 3,5 km langen Rundweg durch ein Wald- und Wiesengelände, kann man oft Elche, Büffel und Biber beobachten.

**Inn at the Ranch**
P.O. Box 562, Smoky Lake, Alta. T0A 3C0
℗ (403) 656-24 74 und 656-21 89
Fax 656-30 94
Unbedingt telefonisch reservieren!
Enid und Bob Plumb halten in ihrem Farmhaus im Hinterland, 20 km nördlich von Smoky Lake entfernt, vier luxuriöse Gästezimmer bereit. Auf der 2 500 ha großen B&B-Ranch züchten sie Büffel und Wapiti-Hirsche, die der Gast tagsüber aus nächster Nähe in ihrer natürlichen Umgebung erleben kann. Abends beim Dinner gibt es, wie könnte es anders sein, einen *buffalo roast*. $$

**Beaverhill Lake Natural Area**
Nordöstlich von Tofield, nördlich des Hwy. 14
Der Beaverhill Lake ist von Ende April bis etwa zur dritten Maiwoche ein bevorzugter Rastplatz von Myriaden von Zugvögeln (darunter Tundra-Schwäne, Schneegänse, Zwerg- und Wanderfalken) auf dem Weg zu ihren Nistplätzen in der kanadischen Arktis. Auch im Sommer leben in diesem Schutzgebiet viele seltene Spezies. Auf den Dekker-Inseln nisten Pelikane und Kormorane.

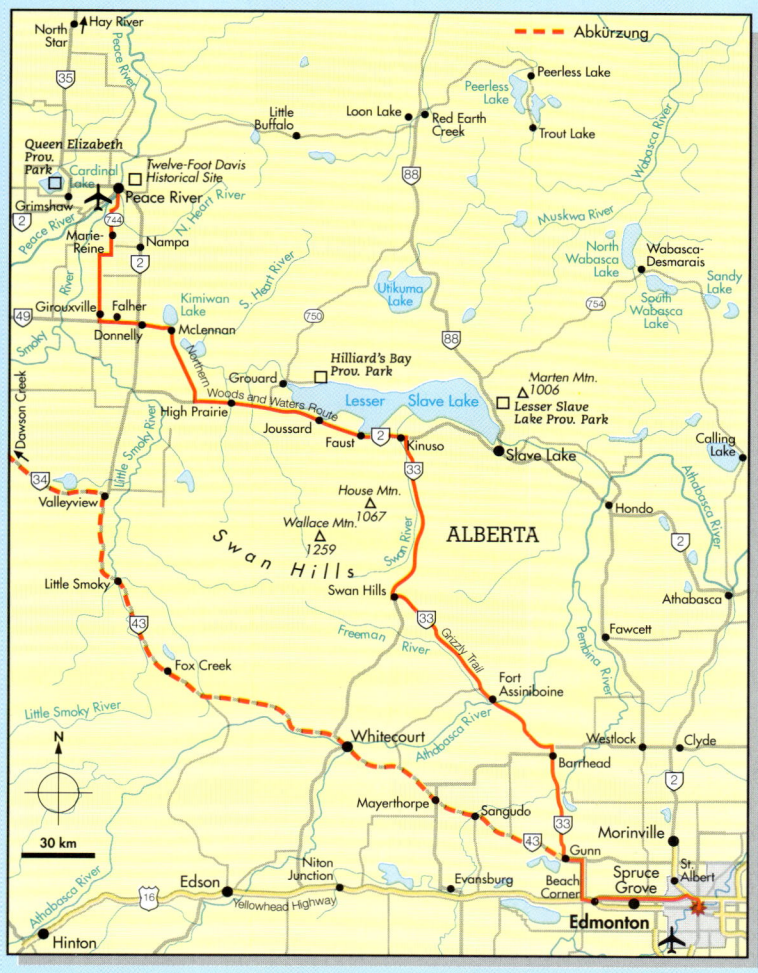

| km | Zeit | Route |
|----|------|-------|
| 0 | 9.00 Uhr | Ab **Edmonton** auf dem **Yellowhead Highway** (Hwy. 16) nach Westen. |
| 49 | | In **Beach Corner** nach rechts auf den Hwy. 43 N. abzweigen. |
| 73 | | In **Gunn** rechts abbiegen auf den Hwy. 33 (Hinweisschild: **»The Grizzly Trail«**), nach |
| 157 | 12.00 Uhr | **Fort Assiniboine,** |

**6. Tag – Route:** Edmonton – Peace River (520 km)

| km | Zeit | Route |
|---|---|---|
| 219 | | **Swan Hills** und |
| 293 | | **Kinuso.** Auf der **Northern Woods and Waters Route** (hier Hwy. 2 W.) nach **High Prairie** und |
| 431 | | **Donnelly**. Von hier 13 km auf dem Hwy. 49 nach Westen und dann rechts abbiegen auf die Rt. 744 N. nach |
| 451 | | **Girouxville**. Weiter auf der Rt. 744 nach Norden. Kurz vor Peace River Blick vom **Sagitawah Viewpoint** auf |
| 520 | 18.00 Uhr | **Peace River**. |

**Hinweis:** Wem der Tag zu lang ist oder wer unterwegs eine Pause (zum Baden oder Bummeln) am Lesser Slave Lake einlegen will, folgt der Variante zu Route 2 (s. S. 122 ff.) und verbringt die Nacht in Slave Lake oder im Lesser Slave Lake Provincial Park.

**Abkürzung:** Wer es ganz eilig hat, zum Alaska Highway zu kommen, fährt ab Edmonton auf dem Hwy. 43 und dem Hwy. 34 über Whitecourt nach Grande Prairie und ab hier auf dem Hwy. 2 nach Dawson Creek (560 km, 1 Tag.).

**Übernachtungsalternative:** 75 km nördlich von Peace River liegt am Hwy. 35 North Star, von dort sind es noch 22 km zur »**Sunny Valley Lodge**« am Peace River.

## 6. Tag – Informationen

 **Fort Assiniboine**
Am Hwy. 33, Fort Assiniboine
 ✆ (403) 584-38 25
Juni, Juli, Aug. 13–17 Uhr, sonst nach telefonischer Vereinbarung
  Kleines Dorf mit dem rekonstruierten Fort der »Hudson's Bay Company« von 1823; mit Museum.

---

 **Peace River, Alberta**

---

 **Sagitawah Viewpoint**
An der Rt. 744, an der Gefällestrecke südlich von Peace River (nicht ausgeschildert) Schöner Aussichtspunkt auf Peace River.

 **T.J.'s Restaurant**
An der River Rd.
Chinesische und Western-Küche.
$$

 **Silver Spur Saloon**
An der 100th Ave.
 Western-Bar und -Restaurant ($–$$). Live-Musik.

 **Travellers Motor Hotel**
P.O. Box 7290, 9510, 100th St.
 Peace River, Alta. T8S 1S9
✆ (403) 624-36 21, Fax 624-48 55
Gutes Hotel mit Pub und Sauna; Alexanders Restaurant ($$). $$

### Peace Valley Inn
9609, 101th St.
Peace River, Alta. T8S 1S3
℡ (403) 624-20 20, Fax 624-20 99
Dem Hotel angeschlossen ist ein Restaurant mit gutem Frühstück; Pub. $$

### The Crescent Motel
9810, 98th St.
Peace River, Alta. T8S 1J3
℡ (403) 624-25 86, Fax 624-18 88
Motel nahe der Ortsmitte. $–$$

### Sunny Valley Lodge
Sunny Valley Rd., 22 km östlich von North Star, Alta. T0H 2T0
℡ (403) 836-26 03, Fax 836-28 98
Komfortable Lodge mit vielfältigem Angebot für einen Tag oder eine Woche; deutschsprachige Inhaber. $$

### Lions Campground
P.O. Box 5187, Peace River, Alta. T8S 1S3
℡ (403) 624-21 20
Geöffnet 1. Mai–31. Okt.
Campground mit Münzwaschmaschinen und Duschen; Telefonzelle.

### Queen Elizabeth Provincial Park
Am Cardinal Lake, nordwestlich von Peace River
Einfacher Campground (Feuerholz, Wasser) mit Bademöglichkeit. Zufahrt über Hwy. 2 Richtung Grimshaw, 1 km hinter der Abzweigung zum Hwy. 35 rechts abbiegen und 5 km nach Westen.

*Highway 33 – der Grizzly Trail*

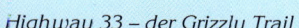

# Route 2    7. Tag – Route: Peace River – Fort St. John (328 km)

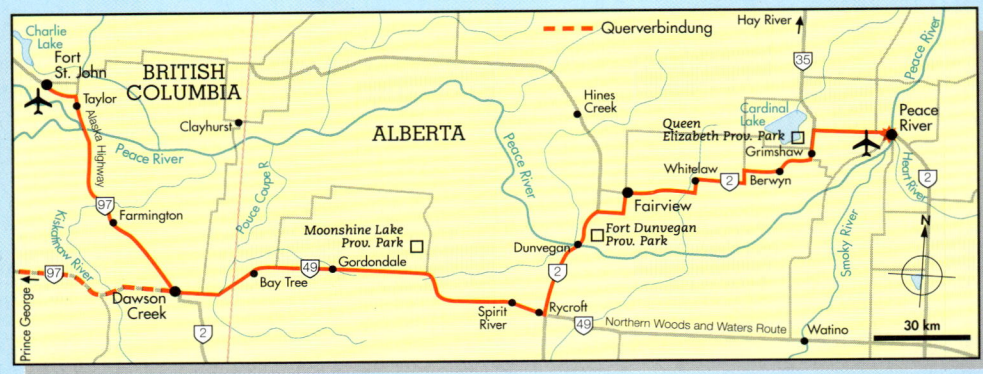

| km | Zeit | Route |
|---|---|---|
| 0 | 9.00 Uhr | In **Peace River** auf der 100th Ave. nach Osten zum **Twelve-Foot Davis Historical Site**. |
| 6 | 10.00 Uhr | Abfahrt auf dem Hwy. 2, |
| 25 | | über **Grimshaw** und |
| 83 | | **Fairview** nach |
| 118 | | **Dunvegan** (Picknick). Weiter nach |
| 139 | | **Rycroft**. Rechts abbiegen und auf dem Hwy. 49 nach |
| 253 | 14.00 Uhr | **Dawson Creek**. In Dawson Creek Halt am **Dawson Creek Tourist Information Bureau** im **Northern Alberta Railway Park**. Spaziergang zur **Meile 0** des **Alaska Highway**. Bei Interesse außerdem Besuch des **Walter Wright Pioneer Village**. |
| | 17.00 Uhr | Weiterfahrt auf dem Alaska Highway (Hwy. 97 N.) nach |
| 328 | 18.00 Uhr | **Fort St. John**. |

**Querverbindung:** Anschluß an die westliche Route nach Alaska: von Dawson Creek auf dem Hwy. 97 S. nach Prince George und dann entweder auf dem Cariboo Highway (Hwy. 97) südwärts nach Vancouver oder auf dem Yellowhead Highway (Hwy. 16) nach Westen bis Kitwanga und auf dem Cassiar Highway (Hwy. 37) nach Watson Lake (s. Übersichtskarte in der vorderen Umschlagklappe).

## Peace River, Alberta

### Twelve-Foot Davis Historical Site
Am Nordende der 100th Ave. (Hinweis-schild) rechts abbiegen auf den Grouard Hill
Schöner Blick auf das Peace-River-Tal und den Zusammenfluß von Peace, Smoky und Heart River.

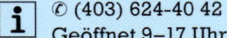
### Visitor Information Centre
Am Nordende der Main St.
✆ (403) 624-40 42
Geöffnet 9–17 Uhr
Info-Centre und kleines Museum im restaurierten Bahnhof (von 1916) der »Northern Alberta Railway«.

### Fort Dunvegan Provincial Park
Am Hwy. 2, am Nordende der Brücke über den Peace River
✆ (403) 835-52 44
Geöffnet Mitte Mai–Anfang Sept. 10–18 Uhr
Restaurierte Kirche und Pfarrhaus mit Einrichtung aus dem 19. Jh.; Picknick-platz, Visitors Centre, schöner Kinder-spielplatz.

*Um die Ecke beginnt der Alaska Highway: »The Alaska Cafe & Pub«*

## Dawson Creek, British Columbia

### Dawson Creek Tourist Information Bureau
900 Alaska Ave.
Dawson Creek, B.C. V1G 4T6
✆ (604) 782-95 95, Fax 782-95 38
Geöffnet Mai–Aug. 8–20, Sept.–April Mo–Fr 9–17 Uhr
Am Ortseingang; im selben Gebäude be-findet sich das **Dawson Creek Station Museum** mit dem renovierten Bahnhof der »Northern Alberta Railway«.

### Milepost 0
102nd Ave./Ecke 10th St.
Beflaggte Säule – angeblich der Beginn des Alaska Highway.

### Walter Wright Pioneer Village
✆ (604) 782-95 95 oder 782-71 44

Geöffnet Ende Mai–Ende Aug. 10–20 Uhr
Ansammlung alter Gebäude aus der Pio-nierzeit. Von Juni bis Ende Aug. gibt es hier jeden Fr und Sa 18–20 Uhr ein *buffalo barbecue* am *chuck waggon*. Das »Mile One Cafe« serviert Mahlzeiten im Stil der Pionierzeit.

### The Alaska Cafe & Pub
Am Milepost 0, 102nd Ave./Ecke 10th St.

✆ (604) 782-70 40
Restaurant und B&B-Hotel in einem auf-wendig bunt bemalten Haus. $$

### Fort St. John, British Columbia

**ⓘ Visitor Information**
9323, 100th St., Fort St. John, B.C. V1J 4N4
✆ (604) 785-30 33
Hinter dem *oil derrick* im Museum.

**Forty Niner Restaurant**
10120, 100th St.
✆ (604) 787-22 73
Steaks und *pasta*. $$

**Northern Lights Restaurant**
9823, 100th St.
✆ (604) 787-90 85
Steaks, *seafood* und Pizza. $$

**Busters**
9720, 100th St.
✆ (604) 785-07 70
Steaks und *ribs*. $–$$

**Pioneer Inn**
9830, 100th St.
Fort St. John, B.C. V1J 1Y5

✆ (604) 787-05 21, Fax 787-26 48
Mit Schwimmbad, Whirlpool, Sauna usw. – das am besten ausgestattete Hotel in Fort St. John. Im Hotel gibt es auch ein gutes Restaurant: Peppercorn Duck Club, ✆ (604) 787-05 21 ($$–$$$). $$$–$$$$

**Fort St. John Motor Inn**
10707, 102nd St./Ecke 100th Ave.
Fort St. John, B.C. V1J 2E8
✆ (604) 787-04 11, Fax 787-73 96
Von Geschäftsreisenden frequentiertes Downtown-Hotel. $$$

**Fort St. John Centennial RV Park**
100th St./Ecke 93rd Ave.
✆ (604) 785-60 37 oder 787-99 80
Voll ausgestatteter Campground.

**Rotary RV Park**
Alaska Highway, am Charlie Lake, 10 km nördlich von Fort St. John
✆ (604) 785-17 00
Geöffnet 1. Mai–15. Sept.
Neuer Campground mit allen Annehmlichkeiten.

*»The Adventure Begins Here«: der Northern Alberta Railway Park in Dawson Creek*

# *The Milepost 0*
## Der Alaska Highway beginnt

Das Schild ist nicht zu übersehen: **The Grizzly Trail** – der neue Highway 33 zweigt bei Gunn vom Highway 43, der kürzesten Verbindung zwischen Edmonton und dem Alaska Highway, nach Norden zum Lesser Slave Lake ab. Die Route überquert den Athabasca River in **Fort Assiniboine**. Das 1823 gegründete Fort war ein Glied in der Kette der »Hudson's Bay Company«, Pelzhandelsposten und Raststation auf der 1825 eingerichteten Route durch West-Kanada. Für den 113 Kilometer langen Weg über Land wurde damals zwischen Edmonton am North Saskatchewan River und Fort Assiniboine am Athabasca River die erste Straße Albertas durch den Busch geschlagen. In dem rekonstruierten »alten« Fort befindet sich heute ein Museum. Es erzählt die Geschichte des Fort und

*Natur pur – am Grizzly Trail*

*Der Peace River zu Füßen des Grouard Hill . . .*

schildert das Leben der Straßenbauer und Holzfäller, die um die Jahrhundertwende die Gegend zu erschließen begannen. Normalerweise ist das Fort erst ab 13 Uhr geöffnet, wer aber im Sommer vorher anruft oder im Friseurladen nebenan nachfragt, mobilisiert in der Regel einen der enthusiastischen Senioren aus Fort Assiniboine, die das Museum betreuen.

Fort Assiniboine liegt am Übergang zwischen weitgehend landwirtschaftlich genutzten Regionen und den großen nördlichen Wäldern der Swan Hills, deren Grizzly-Population dem Highway seinen Namen gab. Der Grizzly Trail taucht für über 130 einsame Kilometer ein in die dichten Wälder, die als wildreiches Dorado für Jäger und Fischer bekannt sind, bevor er den Lesser Slave Lake erreicht. Wie groß Alberta wirklich ist, wird unterwegs unvermittelt klar, wenn ein Schild den Reisenden, der sich bereits der Provinzgrenze nahe wähnt, auf einen drei Kilometer langen Pfad zum geographischen Mittelpunkt Albertas hinweist. Nur ein verschwindend geringer Anteil der Bevölkerung lebt in der nördlichen Hälfte von Alberta, hauptsächlich konzentriert entlang der Straßen durch die landwirtschaftlich nutzbaren Korridore der nördlichen Prärie.

Die Stadt **Swan Hills**, einzige Siedlung entlang der Strecke nach Kinuso, schmückt sich mit dem Beinamen *»The*

*…und am Zusammenfluß mit Smoky und Heart River*

*Unterwegs: die Peace-River-Brücke von Dunvegan . . .*

*Wilderness Playground*«; nicht verwunderlich, denn die dichten, unzugänglichen Wälder im Osten sind die Heimat der Swan Hills Grizzlies, und nach Westen hin liegt die Goose Mountain Ecological Reserve mit ihrer speziellen Mischung aus Regenwald, Berg- und subarktischer Vegetation. Ihren Lebensunterhalt verdient sich die Bevölkerung allerdings meist bei den fünf von hier operierenden Ölfirmen und bei Nordamerikas erster Anlage zur Beseitigung von Sondermüll, die inzwischen zu einer von Fachleuten rege besuchten Attraktion geworden ist.

Die **Northern Woods and Waters Route** (Highway 2) verläuft ab **Kinuso** parallel zum Südufer des Lesser Slave Lake durch einen schmalen Streifen mehr oder weniger kultivierten Landes, bis er das Weizenanbaugebiet der nördlichen Prärie Albertas erreicht. Die Namen der Orte am Weg sind eng mit der frühen Präsenz der Europäer in Alberta verknüpft. **Joussard** trägt den Namen eines Missionarbischofs aus dem 19. Jahrhundert und **Grouard** nordwestlich des Sees den Namen eines anderen Missionars. Der Pelzhandelsposten Grouard entwickelte sich dank einer großen Métis-Bevölkerung und des regionalen Hauptquartiers der »Hudson's Bay Company« in der zweiten Hälfte des 19. Jahrhunderts für eine Weile zu einer geschäftigen Stadt, bevor er, weil es keinen Eisenbahnanschluß gab, wieder in die Bedeutungslosigkeit versank. **McLennan** am Kimiwan Lake dagegen verdankt seine Existenz der Eisenbahn und dem »Einfallsreichtum« eines Eisenbahnangestellten. Der war zum Kimiwan-See geschickt worden, um Wasserproben zu entnehmen, weil man feststellen wollte, ob das Wasser für die Verwendung in den Lokomotiven der »Edmonton, Dunvegan and British Columbia Railway« tauge. Als er auf dem Rückweg am Lesser Slave Lake ankam und bemerkte, daß sein Behälter mit der Wasserprobe ausgelaufen war, füllte er ihn einfach dort nach. Die Labortests fielen sehr gut aus, und McLennan wurde als Eisenbahnposten am Kimiwan Lake gegründet. Nachdem sich herausgestellt hatte, daß dessen Wasser für die Lokomotiven ungeeignet war, mußte die Eisenbahngesellschaft jahrelang das Wasser vom Lesser Slave Lake nach McLennan transportieren lassen.

Auf der Route 744 nordwärts nach **Peace River** weichen auf der Höhe von **Marie-Reine** abrupt die Getreidefelder, und das tief eingeschnittene Tal des Peace River tut sich auf, an dessen Flanke sich die Straße hinabwindet. Von einem kleinen Parkplatz auf halber Höhe des Hügels hat man vom **Sagitawah Viewpoint** einen beeindruckenden Blick auf den Peace River, die Stadt und den Zusammenfluß von Peace, Smoky und Heart River. Der Fluß fächert sich im Mündungsbereich der Zuflüsse zu einem Gewirr von Sandbänken und grünen Inseln auf, bevor sich das Wasser in einem gemeinsamen Flußbett sammelt und an der Stadt vorbei nach Norden fließt. Ein zweiter schöner Aussichtspunkt liegt am Ostrand der Stadt auf dem Grouard Hill, wo die Lokalgröße »Twelve-Foot« Davis begraben liegt. Henry Fuller Davis arbeitete Anfang der 1860er Jahre auf den Cariboo-Goldfeldern in British Columbia, als er bemerkte, daß zwei nebeneinanderliegende *claims* größer waren als erlaubt. Er vermaß sie neu, steckte den übriggebliebenen zwölf Fuß breiten Streifen für sich ab, holte über 1000 Unzen Gold aus dem Boden und erwarb sich so seinen neuen Namen. Mit seinem Reichtum zog er nach Osten über die Rockies,

*. . . und eine Farm in der Prärie von Nord-Alberta*

etablierte eine Kette von Handelsposten entlang dem Peace River und machte sich in der ganzen Gegend einen Namen als fairer, großzügiger und ehrlicher Händler. Nur mit der Konkurrenz der »Hudson's Bay Company« hatte er seine Schwierigkeiten, und so war es dann auch sein Wunsch, am Hang auf einem Hügel über der Stadt begraben zu werden; mit den Beinen nach unten – »so that I can piss on the Hudson's Bay Company«.

Unchaga, der Friedensfluß, erhielt seinen Namen, nachdem an seinen Ufern ein Territorialstreit zwischen Beaver- und Cree-Indianern beigelegt worden war. Nachdem ihn Alexander Mackenzie 1793 auf dem Weg zur Westküste befahren hatte, war der Peace River für weit über 100 Jahre die Hauptverkehrsader des Landes. Auf der 880 Kilometer langen schiffbaren Strecke von Fort Vermilion im Norden von Alberta bis Hudson's Hope in British Columbia reisten Händler und Goldsucher, Missionare und Siedler. Flußdampfer verkehrten regelmäßig und stellten die Verbindung zwischen den isolierten Siedlungen und dem Eisenbahnanschluß in Peace River her. Mit dem Straßenbau kam das Ende für die Flußschiffahrt und den Personenverkehr mit der Eisenbahn. Der restaurierte Bahnhof der »Northern Alberta Railway« beherbergt heute das Visitor Information Centre der Mighty Peace Tourist Association.

Auf dem Weg nach Westen überquert der Highway 2 südlich von **Fairview** noch einmal den Peace River. Vom Plateau der Prärie schwingt sich die Straße in Bögen hinab ins Tal zur Hängebrücke über den Fluß. In der letzten Kurve vor der Brücke zweigt links ein Weg ab zum **Fort Dunvegan Provincial Park** mit einem nagelneuen Visitors Centre, Kinderspielplatz und Campground am Ufer des Peace River – genau richtig für ein Picknick vor der Weiterfahrt.

Der Peace River war im 19. Jahrhundert der Transportweg für den Pelzhandel im heutigen Nord-Alberta, und Fort Dun-

vegan stellte ab 1805 das Hauptquartier in den Bemühungen der »Northwest Trading Company« dar, den Handel über die Rocky Mountains nach Westen auszudehnen. Etwa 50 Jahre später etablierte sich hier die St. Charles Mission, eine katholische Missionsstation, von der Kirche und Pfarrhaus erhalten blieben. Das renovierte Pfarrhaus ist mit Möbeln aus der Zeit um 1890 ausgestattet und vermittelt einen Eindruck von der spartanischen Lebensweise der Missionare. Im auffälligen Kontrast dazu steht die schön geschmückte Kirche. Das einzige Relikt aus der Zeit des Pelzhandels ist das Haus des *chief factor*, des Leiters der Handelsstation. Es liegt etwas flußaufwärts am Schotterweg, der die Brücke unterquert, zwischen den Bäumen neben dem *market garden*, einem Gartenbaubetrieb, in dem es Obst und Gemüse zu kaufen gibt.

In **Dawson Creek** beginnt der legendäre **Alaska Highway**. Das Riesenschild am Ortseingang ist nicht zu übersehen, und die unscheinbare kleine Säule in der Mitte des Kreisverkehrs markiert die **Meile 0**, den Beginn des Alaska Highway. Der **Northern Alberta Railway Park** nebenan beherbergt im Annex des roten historischen Getreidespeichers eine Galerie, in der wechselnde Ausstellungen die Werke einheimischer Künstler und Kunsthandwerker präsentieren. Das **Tourist Information Bureau** im Gebäude hinter dem Eisenbahnwagen hält für Besucher die Broschüre »The Adventure Begins Here« mit Wissenswertem über Dawson Creek und der Beschreibung eines Rundgangs zu den Sehenswürdigkeiten des Ortes bereit. Es teilt sich mit dem **Dawson Creek Station Museum** die Nutzung des auf dem Stand von 1930 restaurierten und möblierten Bahnhofs der »Northern Alberta Railway« von 1916. Innen wird ein Film aus dem Jahr 1942 über den Bau des Alaska Highway gezeigt. Der Film ist trotz seiner Kriegspropaganda sehenswert. Auch andere Aspekte der

Geschichte und Entwicklung von Dawson Creek und des Peace-River-Tals wie die Kultur der Indianer, der Pelzhandel, Landwirtschaft und Eisenbahnbau werden durch Exponate veranschaulicht.

Das meistfotografierte Objekt Dawson Creeks, die beflaggte Säule, die »Mile 0«-Marke, an der Kreuzung von 10th Street und 102nd Avenue, ist nur einen Häuserblock weit vom Parkplatz des Tourist Information Bureau entfernt. Am Weg liegt der »Paradiesvogel« von Dawson Creek, das bunt bemalte »**Alaska Cafe & Pub**«. Einen Besuch wert, zumindest für alle, die Fort Edmonton (siehe Seite 95) und Calgarys Heritage Park Historical Village (siehe Seite 45) versäumt haben, ist auch das **Walter Wright Pioneer Village** mit einer Ansammlung von Gebäuden aus der Pionierzeit, darunter Fotostudio, *general store*, Schmiede, Kirche und Trapperhütte – alle authentisch eingerichtet.

Die Weiterfahrt auf dem berühmten Alaska Highway nach Norden ist zunächst ein Anti-Erlebnis: von der ursprünglichen Wildnis des Nordens keine Spur. Statt dessen begleiten leuchtendgelb blühende Rapsfelder und Rinderweiden den Weg. Das Landschaftsbild erinnert eher an Alberta. Sanft gewelltes Hügelland unter einem endlosen Himmel, ab und zu öffnet sich der Blick auf einen weiten Horizont, und die Straße zieht sich als breites Asphaltband eher langweilig durchs Land. Lediglich bei der Kilometermarke 28 des Alaska Highway findet man noch ein kurzes Stück der alten Straßentrasse: Man folgt dazu dem Wegweiser in Richtung Kiskatinaw Provincial Park, überquert die Kiskatinaw Bridge, die letzte noch im Original erhaltene Holzbrücke der alten Straße, und trifft nach knapp sieben Kilometern wieder auf den neuen Alaska Highway.

Interessant wird es dann noch einmal bei Kilometer 50. Zu Beginn des steilen, kurvigen Abstiegs zur Brücke über den Peace River gibt es einen kleinen *turnout*

*Hier beginnt der Alaska Highway*

mit guter Aussicht auf das Flußtal und die Industriesiedlung Taylor am anderen Ufer. Der Brückenschlag über den Peace River war eines der großen Probleme beim Highway-Bau. Die erste Holzbrücke wurde im Oktober 1942 fertiggestellt – und im November mit dem nächsten Hochwasser den Fluß hinabgeschwemmt. Im April 1943 wurde die zweite Brücke aus Stahl vollendet, sie hielt dann schon etwas länger, bis 1957 der Brückenkopf in den Fluß rutschte. Die dritte, heutige Brücke steht seit 1960. **Taylor** am gegenüberliegenden Flußufer entstand 1955 infolge der Entdeckung der hiesigen Erdöl- und Erdgasvorkommen. Mit Sägewerk, Raffinerie, Zellulosewerk und chemischer Industrie ist es eine Art industrieller Vorort des 20 Kilometer entfernten Fort St. John, Zentrum der Region und »*Energy Capital of British Columbia*«. ∎

# Variante zu Route 2: Von Edmonton über Mackenzie und Liard Highway nach Fort Nelson (2 098 km)

**Variante zu Route 2**  **1. Tag – Route:** Edmonton – Lesser Slave Lake – Peace River (558 km)

| km | Zeit | Route |
|---|---|---|
| 0 | 9.00 Uhr | Ab **Edmonton** auf dem Hwy. 2 nach Norden, |
| 75 | | bei **Clyde** auf den Hwy. 18 nach Westen abbiegen und weiter bis |
| 86 | | **Westlock**, dort auf dem Hwy. 44 nordwärts zum |
| 192 | | Hwy. 2, auf diesem bis |
| 250 | | **Slave Lake**, rechts abbiegen auf den Hwy. 88 zu einem Abstecher zum |

**1. Tag – Route:** Edmonton – Lesser Slave Lake – Peace River (558 km)

| km | Zeit | Route |
|---|---|---|
| 303 | | **Lesser Slave Lake Provincial Park:** Picknick am Strand und eventuell Badepause oder wilde Beeren pflücken, anschließend Fahrt zum Aussichtspunkt auf dem **Marten Mountain**. Danach |
| | 16.00 Uhr | zurück nach Slave Lake und weiter auf dem Hwy. 2 nach |
| 432 | | **High Prairie** und |
| 558 | 19.00 Uhr | **Peace River**. |

**Empfehlenswerter Zusatztag:** Übernachten Sie heute in **Slave Lake** oder auf einem der Campingplätze am Ufer des Lesser Slave Lake. Morgen geht es dann nach einem kurzen Abstecher zum **Native Arts and Crafts Museum** in **Grouard** mit einer ganz hervorragenden Sammlung von traditioneller Indianerkleidung, Birkenrindenkanus und Kunsthandwerk gemütlich weiter nach Peace River. Danach fahren Sie eventuell noch ein Stück der Route des kommenden Tages, z. B. bis zur »**Sunny Valley Lodge**« nahe North Star (s. S. 124) oder bis **High Level**. Die Strecke nach Hay River ist dann kürzer, und es bleibt mehr Zeit für den Besuch der Alexandra und Louise Falls.

**1. Tag – Informationen**

**Lesser Slave Lake Provincial Park**
Am Hwy. 88, nördlich von Slave Lake
Wildnispark am See mit Badestrand, Picknickplatz, Wanderpfaden. Angeln erlaubt. In der Saison wachsen hier wilde Erdbeeren, Himbeeren und *Saskatoon Berries*.

**Spruce Point Park**
Bei Kinuso, 9 km nördlich des Hwy. 2
© (403) 775-21 17
Einfacher, schön gelegener Campground am Ufer des Lesser Slave Lake. Der Anfahrtsweg ist ausgeschildert; Duschen, Münztelefone.

**Joussard Campground**
Am Hwy. 2, 35 km östlich von High Prairie
Geöffnet Mai–Sept.
Landschaftlich sehr schön gelegener Campground am Ufer des Sees; Duschen, Strom.

**Shaws Point Lakeside Resort**
An der Rt. 750, 43 km nordöstlich von High Prairie
© (403) 523-55 70
Campground mit Wasser, Telefon, Münzwaschmaschinen, Geschäft und Bootsverleih.

**Hilliard's Bay Provincial Park**
Vom Hwy. 2 auf die Rt. 750, 13 km nach Norden, bei Grouard 10 km nach Osten
© (403) 751-37 89 (Reservierungen)
Am Westufer des Lesser Slave Lake; mit Sandstrand.

Restaurants, Hotels und Campgrounds in **Peace River**, s. S. 110 f.

| km | Zeit | Route |
|---|---|---|
| 0 | 8.00 Uhr | In **Peace River** zum **Twelve-Foot Davis Historical Site** (s. Infos, S. 113). |
| | 9.00 Uhr | Abfahrt in Peace River auf dem **Mackenzie Highway** (Hwy. 35) nach Norden, |
| 294 | 11.30 Uhr | in **High Level** volltanken. |
| 486 | 16.00 Uhr | 60° N verläuft die Grenze zu den Northwest Territories, Besuch im **60th Parallel Visitors Centre** (Welcome Centre); nördlich der Grenze von Alberta firmiert der Mackenzie Highway als Hwy. 1. |
| 559 | | Weiter zu den **Alexandra Falls** und |
| 561 | | den **Louise Falls**. |
| 570 | | In **Enterprise** rechts abbiegen auf den Hwy. 2 nach |
| 608 | 19.00 Uhr | **Hay River**. |

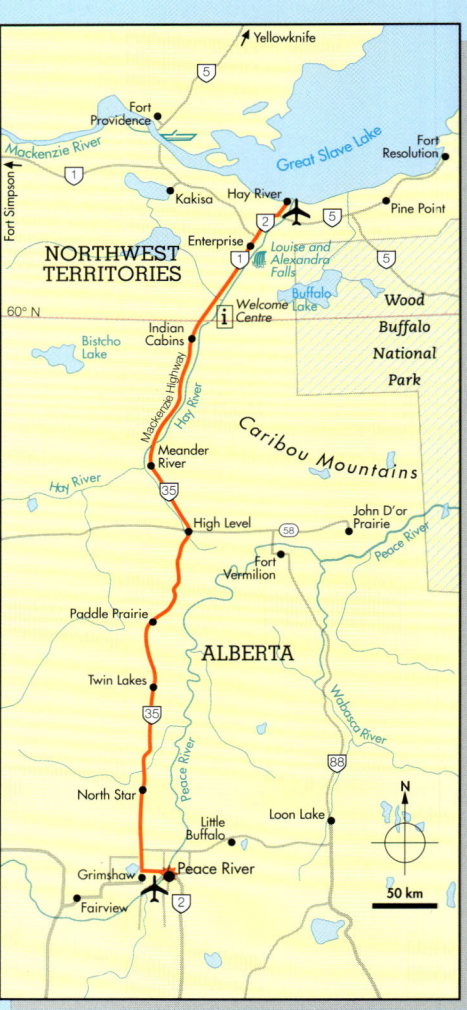

 **Sunny Valley Lodge**
Sunny Valley Rd., 22 km östlich von North Star, Alta. T0H 2T0
✆ (403) 836-26 03, Fax 836-28 98

Sehr schöne Lodge am Peace River mit vielfältigem Angebot für einen Tag oder eine Woche; deutschsprachige Inhaber. $$

**Mackenzie Highway**

Der nach Sir Alexander Mackenzie benannte, 1948 fertiggestellte Highway führt von Alberta durch die Wälder der Northwest Territories zu den einsamen Siedlungen am Great Slave Lake und am Mackenzie River. Im Bereich der Northwest Territories ist der Mackenzie Highway größtenteils nicht asphaltiert, aber problemlos zu befahren.

**Mackenzie Crossroads Museum and Visitors Centre**

Am Hwy. 35, High Level
℡ (403) 926-48 11
Im Sommer tägl. 9–21 Uhr
Sehenswerte Relikte aus den Tagen der Pioniere.

**60th Parallel Visitors Centre**

℡ (403) 920-10 21
Geöffnet 15. Mai–15. Sept. 8–24 Uhr
Hier gibt es Informationen und den »Explorer's Guide« und eine Straßenkarte der Northwest Territories, auf der die Campgrounds eingezeichnet sind.

**Alexandra Falls**

Am Hwy. 1, 11 km südlich von Enterprise
Fotogener, 33 m hoher Wasserfall des Hay River.

**Louise Falls**

Am Hwy. 1, 9 km südlich von Enterprise
Wasserfall, Picknickplatz und Campground.

---

**Hay River, Northwest Territories**

---

**The Back Eddy Restaurant**

Im Shopping-Komplex über dem *drugstore*
℡ (403) 874-66 80
Geöffnet Mo–Sa 11–14 und 17–22 Uhr
Steakhouse. $$

**Ptarmigan Inn**

P.O. Box 1000, Hay River, N.W.T. X0E 0R0
℡ (403) 874-67 81, Fax 874-33 92
Hotel mit Restaurant und Bar; einige Tage vorher reservieren. $$$–$$$$

**Hay River Campground**

Auf Vale Island am Ende des Mackenzie Dr., ca. 10 km hinter dem Information Centre am Ortseingang

**Paradise Gardens Campground**

Am Hwy 2, 14 km südlich von Hay River
℡ (403) 874-64 14
Geöffnet Mitte Mai–Ende Sept.
Privat betriebener, einfacher Campground.

**Twin Falls Gorge Campground**

Nahe den Louise Falls
Einfacher Campground.

*Die Louise Falls am Mackenzie Highway*

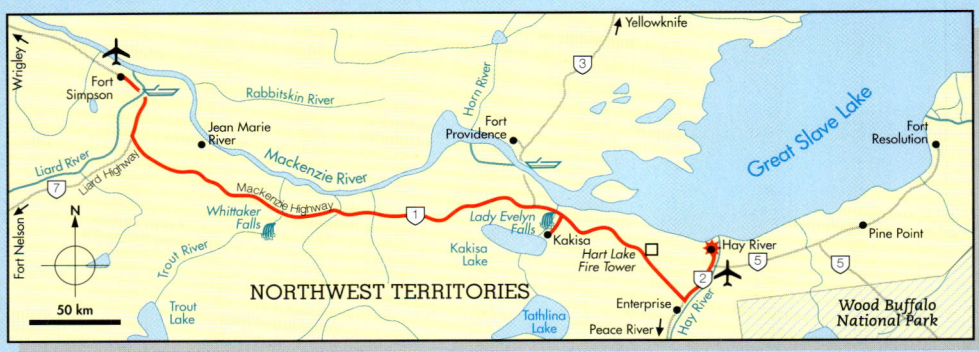

| km | Zeit | Route |
|---|---|---|
| 0 | 9.00 Uhr | In **Hay River** volltanken und auf dem Hwy. 2 südwärts zum |
| 38 | | **Mackenzie Highway** (Hwy. 1). |
| 84 | | Rechts abbiegen zum Picknickplatz am **Hart Lake Fire Tower:** kurzer Spaziergang zum *escarpment* (Steilhang). |
| 123 | | Links Abzweigung zu den |
| 130 | | **Lady Evelyn Falls**; zurück zum Hwy. 1. |
| 157 | | Abzweigung der Straße nach Yellowknife (s. Extratour, S. 146 ff.). |
| 293 | | **Whittaker Falls** (hier Picknick). |
| 381 | | Tankstelle, rechts abbiegen Richtung Fort Simpson. |
| 426 | | **Fähre über den Liard River**, weiter nach |
| 446 | 18.00 Uhr | **Fort Simpson**. |

**Zusatztage ab Fort Simpson:** Flug zu den **Virginia Falls** im **Nahanni National Park** (s. Karte, S. 128). Ted Grant von »**Simpson Air**« (P.O. Box 260, ℆ (403) 695-25 05, Fax 695-29 25) in Fort Simpson organisiert Charterflüge mit dem Wasserflugzeug in den Nahanni National Park. »**Great Slave Helicopters**« (℆ (403) 695-23 26, Fax 695-26 69), ebenfalls in Fort Simpson, fliegt zum Nahanni National Park und zum Ram Plateau. Jim Broadbent hat viele Jahre Erfahrung in der Buschfliegerei und kennt die schönsten, auch Einheimischen z.T. nicht bekannten Plätze. – Neil Hartling von »**Nahanni River Adventures**« (P.O. Box 4869, Whitehorse, Y.T. Y1A 4N6, ℆ (403) 668-31 80, Fax 668-30 56) veranstaltet seit mehr als zehn Jahren Trips in kleinen Gruppen mit Kanu, Voyageur-Kanu und Schlauchboot durch den Nahanni National Park. – Fahrt ins Indianerdorf **Wrigley** am Mackenzie River, ans Ende der erst 1994 eröffneten Straße. In Wrigley gibt es sehr schöne indianische Handarbeiten zu kaufen, die von den Frauen des Dorfes angefertigt werden.

**Hart Lake Fire Tower Escarpment**
76 m hoher Steilhang mit Panoramablick.

 **Lady Evelyn Falls**
 Leicht zugänglicher Wasserfall an der Straße zum Kakisa Lake. Einfacher Campground.

 **Whittaker Falls**
Wasserfall in einer Schlucht mit Schiefer- und Kalksteinwänden. Einfacher Campground »Saamba Deh«.

**Liard-River-Fähre**
In Betrieb Ende Mai–Ende Okt. 8–23.45 Uhr
Ab November verläuft der Verkehr über eine Eisbrücke. Während der Zeit des Zufrierens des Flusses im Herbst und des Aufbrechens des Eises im Frühling kann der Liard River während einiger Wochen nicht überquert werden. Informationen zum Fährbetrieb: ✆ (403) 873-77 99 oder 1-800-661-07 51.

---

**Fort Simpson, Northwest Territories**

---

 **Nahanni Inn**
P.O. Box 248
Fort Simpson, N.W.T. X0E 0N0
✆ (403) 695-22 01, Fax 695-30 00
Hotel mit Restaurant. $$$$

**The Maroda Motel**
P.O. Box 67, Main St., am Ortseingang
Fort Simpson, N.W.T. X0E 0N0
✆ (403) 695-26 02, Fax 695-22 73
Kleines, sauberes Motel. Zimmer mit Einbauküche und Mikrowellenherd. $$$

**Fort Simpson Campground**
Sehr einfacher Campground am Ortseingang.

*Eigenheim: Slavey-Dorf Fort Liard*

<table>
<tr><td>**Variante zu Route 2**</td><td>**4. Tag – Route:** Fort Simpson – Fort Nelson (486 km)</td></tr>
</table>

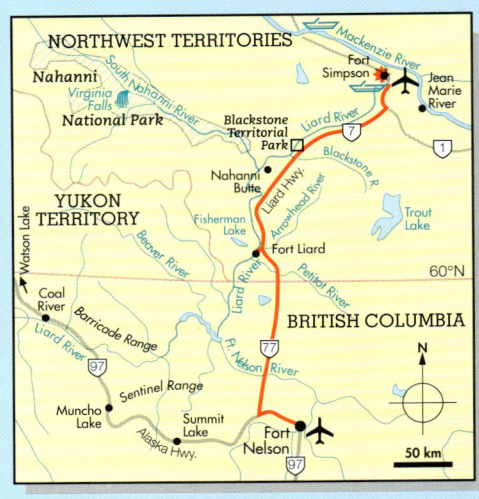

| km | Zeit | Route |
|---|---|---|
| 0 | 9.00 Uhr | Besuch im Visitors Centre von **Fort Simpson**, danach volltanken und Abfahrt nach Süden. |
| 64 | | Rechts abbiegen auf den **Liard Highway** (Hwy. 7; der Liard Highway ist nicht asphaltiert, aber problemlos zu befahren). |
| 163 | | Cadillac Landing |
| 166 | | Lindberg Landing |
| 169 | | Blackstone Territorial Park. |
| 282 | | Rechts Abzweigung nach Fort Liard, |
| 289 | | Besuch in **Fort Liard**. |
| 296 | | Zurück zum Hwy. 7 (volltanken!) und weiter zur |
| 321 | | Grenze nach British Columbia. **Zeitzonenwechsel: Stellen Sie Ihre Uhr 1 Stunde zurück!** Weiter auf dem Liard Highway (jetzt Hwy. 77) bis zur |
| 458 | | Einmündung in den **Alaska Highway** (Hwy. 97), links abbiegen nach |
| 486 | 18.00 Uhr | **Fort Nelson**. |

**Zusatztage**: Flug im Buschflugzeug von **Fort Liard** zu den **Virginia Falls** im **Nahanni National Park** (s. auch S. 126). Von Fort Liard ist die Entfernung zu den Wasserfällen und damit der Preis des Sightseeing-Fluges am geringsten. Rob Borelli von »**Deh Cho Air**« (General Delivery, Fort Liard, N.W.T. X0G 0A0, ✆ (403) 770-41 03, Fax 770-35 55) bietet Sightseeing-Flüge zu den Virginia Falls im Nahanni National Park und in die spektakuläre Bergwelt am Cirque of the Unclimbables an. – Einen oder mehrere Tage auf einer *homestead* in der Wildnis (s. »Lindberg Landing«, S. 129).

# Variante zu Route 2    4. Tag – Informationen

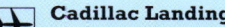

**Fort Simpson Visitors Centre und Nahanni National Park Information Centre**
Main St., Fort Simpson, N.W.T. X0E 0N0
℡ (403) 695-33 07
Tägl. 9–20 Uhr
Fotos, Filme und andere Exponate zur Geschichte und Kultur der Indianer sowie die Rekonstruktion eines alten Ladens der »Hudson's Bay Company«.

**Liard Highway**
Nach längeren Regenfällen kann der Liard Highway schlammig sein. Aktuelle Informationen zum Straßenzustand gibt es unter ℡ 1-800-661-07 50 oder ℡ (403) 837-01 57 oder im Fort Simpson Visitors Centre.

**Cadillac Landing**
Zugang zum Fluß. Zeitweilig ist hier im Sommer die Basis eines Charterflugunternehmens, das Flüge in den Nahanni National Park anbietet.

**Lindberg Landing**
P.O. Box 28
Fort Simpson, N.W.T. X0E 0N0
Radiotelefon: Mobile JR3-66 44 (Pointed Mountain Channel)
Sue und Edwin Lindberg nehmen (nach Voranmeldung!) Gäste auf, die das Leben auf einer *homestead* im Busch kennenlernen wollen. $$

**Blackstone Territorial Park**
Schön gelegener Campground mit von Sonnenkollektoren beheizten Duschen an der Mündung des Blackstone in den Liard River. Kleines Visitors Information Centre mit schöner Aussicht auf den Fluß.

Informationen zu **Fort Nelson**, s. S. 153 ff.

*Pionierwohnung: Edwin Lindberg in seinem Haus am Liard River*

# »Über den Fluß und in die Wälder«

## Durch die Northwest Territories zum Alaska Highway

Schnurgerade verläuft der Highway nach Norden. Von **St. Albert** an der Stadtgrenze von Edmonton folgt er im wesentlichen dem alten St. Albert Trail, auf dem seit Beginn des 19. Jahrhunderts die Reisenden nach Athabasca am südlichsten Punkt des Athabasca River zogen, um von dort die Reise nach Westen oder Norden an Bord eines Raddampfers oder mit dem Kanu fortzusetzen. Der Ur-sprung von St. Albert liegt in der Missionsstation von Father Albert Lacombe, der als unermüdlicher Friedensstifter zwischen Blackfoot- und Cree-Indianern und als Begründer der Landwirtschaft in dieser Gegend in die Geschichte Albertas eingegangen ist. Lacombe unterstützte die Métis, die indianisch-europäischen Mischlinge, bei der Einrichtung der ersten Farmen der Region. Die französischen

*Am Lesser Slave Lake*

*Der Liard River an der Mündung des Blackstone River*

Namen ihrer Siedlungen haben sich bis heute erhalten.

Bei **Clyde** und **Westlock** wechseln wir hinüber auf den gut ausgebauten Highway 44, den für einige Zeit noch das kultivierte Land der immer selteneren, einsam liegenden Farmen begleitet, bevor er den Rand der nördlichen Wälder erreicht.

**Slave Lake** am gleichnamigen See – zur Unterscheidung von seinem großen Namensvetter in den Northwest Territories der **Lesser Slave Lake** genannt – ist Ausgangspunkt und Versorgungsbasis für die Jäger, Fischer und Urlauber, die es im Sommer an den See und in die unberührten Wälder zieht. Der über 60 Kilometer lange Lesser Slave Lake erwärmt sich während der langen, warmen Sommertage, so daß die Temperatur des flachen Wassers recht angenehm zum Schwimmen wird. Am Ostufer des Sees,

am Highway 88, liegt der über 7 000 Hektar große **Lesser Slave Lake Provincial Park** mit Picknickplätzen, einem Badestrand, Sanddünen, Wanderpfaden und einem Aussichtspunkt beim *fire tower* auf dem **Marten Mountain**, von dem der Blick ungehindert über den See nach Westen und über die nahezu unberührte Wildnis der Swan Hills im Süden schweift.

Ein interessanter Abstecher für Wildnisfans und Angler führt auf der nördlich des Wildnisparks abzweigenden Route 754 tief hinein in die Wälder zu den beiden zwischen **North** und **South Wabasca Lake** gelegenen Dörfchen **Webasca** und **Desmarais**. Noch abgeschiedener ist die 432 Kilometer lange Tour auf dem größtenteils nicht asphaltierten Highway 88 von Slave Lake nach **Fort Vermilion** am Peace River. Sie führt durch absolut einsame und unerschlossene Wildnis.

*Abenteuerlich: Abstieg zum Ufer des Hay River*

Den Abschluß des Tages bildet die Fahrt auf dem Highway 2, mit einem kleinen Umweg über Marie-Reine, nach **Peace River** (Routenbeschreibung siehe Seite 118 ff.).

Wenige Kilometer westlich von Peace River stößt der Highway 2 auf den **Mackenzie Highway**, der wichtigsten Straßenverbindung nach Norden in die Northwest Territories. Ende der 30er Jahre des 20. Jahrhunderts, nach den Pechblendefunden im Gebiet des Great Slave Lake und den Goldfunden im Bereich des heutigen Yellowknife, wurden Versorgungsgüter für den Norden per Schiff über Athabasca River, Great Slave Lake und Mackenzie River transportiert. Der niedrige Wasserstand des Athabasca River bedrohte im Sommer 1938 die Versorgung des Goldfeldes bei Yellowknife. Im darauffolgenden Winter wurde eine Cat-Train-Route von der Eisenbahn in Grimshaw nach Hay River am Great Slave Lake durch den Busch geschlagen. Auf der Trasse, über die im Winter von Raupenschleppern gezogene Riesenschlitten Versorgungsgüter und Ausrüstung nach Norden brachten, entstand nach Ende des Zweiten Weltkrieges der Mackenzie Highway. Aus der staubigen Schotterstraße, für die dem Reisenden

*Die Alexandra Falls des Hay River*

noch zu Beginn der 80er Jahre die Ausrüstung mit Reservekanistern und Schutzgittern für Scheinwerfer und Windschutzscheibe empfohlen wurde, ist inzwischen ein asphaltierter Highway geworden. Bis High Level führt er durch fruchtbares, landwirtschaftlich genutztes Land, bevor er endgültig eintaucht in die dichten Nadelwälder des Nordens.

Vor **North Star** weist ein Schild an einer Schotterstraße den Weg nach Osten zur 22 Kilometer entfernten »**Sunny Valley Lodge**« am tief eingeschnittenen Peace-River-Tal. Die Deutsch-Kanadier Joe und Elisabeth Fuchs haben mit Whirlpool, Sauna und Dusche am Rand der Wildnis ein kleines komfortables Paradies geschaffen, in dem auch Wohnmobilfahrer einen netten Platz finden. Joes *trap line* beginnt auf der anderen Seite des Flusses, und wer die nötige Zeit mitbringt, kann sich in eine der Hütten an der *trap line* zurückziehen und das einsame Leben im Busch ausprobieren; risikobegrenzt mit Funkgerät für Notfälle, versteht sich. Wenn Joe abends beim selbstgemachten Bier oder Apfelwein zu erzählen beginnt, gerät unweigerlich der weitere Reiseplan in Gefahr: Man könnte ja eigentlich noch einen Tag blei-

*Schön farbig: die Schule von Hay River*

ben – zum Goldwaschen am Fluß, um Wild zu beobachten, für eine Bootstour, zum Fischen oder auch einfach nur für einen faulen Tag mit Picknick und Spaziergang durch den Wald zu einer natürlichen Aussichtsplattform auf dem Hochufer über dem Peace River.

Der letzte größere Ort auf dem Weg nach Norden ist **High Level**. Ursprünglich Versorgungszentrum für Kanadas nördlichstes Agrargebiet am neuen Highway und an der wenig später gebauten Eisenbahnlinie, lebt die Stadt heute hauptsächlich von der Erdöl- und Erdgasindustrie, die hier neue Fördergebiete erschlossen hat, sowie von dem riesigen Sägewerk, in dem über 100 Lkw-Ladungen Baumstämme pro Tag verarbeitet werden. Die hervorragende Weizenqualität aus dem fruchtbaren Peace-River-Gebiet war 1905 der ausschlaggebende Grund, den 60. Breitengrad als Nordgrenze der Provinz Alberta festzulegen. Ein Stopp am **Mackenzie Crossroads Museum and Visitors Centre** direkt am Highway in High Level ermöglicht es, einen Blick in eine für den Norden in jener Zeit typische Kombination aus *trading post, general store* und *post office* zu werfen. Das hübsche kleine Museum zeigt Überbleibsel der Pioniertage und eine

Sammlung mit Fotos von den ersten Siedlern der Region. Von High Level stellt der Highway 58 die Verbindung zur ältesten europäischen Siedlung Albertas, Fort Vermilion am Peace River, und zum Highway 88, der eingangs erwähnten Wildnisstraße nach Slave Lake, her.

Knapp 200 Kilometer weiter nördlich verkündet dann ein monumentales Schild den 60. Breitengrad und die Grenze zu den Northwest Territories. Hier beginnt der offizielle Norden, auch wenn die Übergangszone von Taiga zu Tundra und die Permafrostzone weiter östlich weiter nach Süden vordringen. Hier fängt das Land jener Menschen an, die alles, was südlich ihres Lebensraumes liegt, in entwaffnender Selbstzentrierung *outside*, draußen, nennen. Die netten Ladies im **60th Parallel Visitors Centre** lassen davon natürlich nichts erkennen und versorgen jeden Besucher mit Kaffee, *»Explorer's Guide«*, Straßenkarten und Informationen. Mit großer Beredsamkeit wachen sie darüber, daß sich auch jeder ins Besucherbuch einträgt – ein guter *count* sichert schließlich ihren Arbeitsplatz.

Waterfalls Route heißt der Mackenzie Highway nördlich der Grenze, und nach 73 Kilometern kommt dann auch gleich zu Beginn des **Twin Falls Gorge Territorial Park** eines jener namensgebenden Prachtexemplare in Sicht: die **Alexandra Falls**. 33 Meter tief stürzt der Hay River als brauner Vorhang in einen vom Donnern des Wasserfalls erfüllten Canyon. Ein kurzer Pfad führt vom Parkplatz zum Aussichtspunkt am Canyon-Rand und hinunter zur Steilkante am Wasserfall. Sehr empfehlenswert ist der etwa zwei Kilometer lange Spaziergang auf dem Pfad am Canyon entlang zu den Louise Falls. Nach wenigen hundert Metern erreicht man eine Stelle, an der sich eine große Felsplatte von der Canyon-Wand gelöst hat. Aufmerksame Wanderer finden hier eine Möglichkeit, in die Schlucht hinabzusteigen und an deren Ende über einen steilen Geröllhang hinunter zum Flußufer und zum Fuß des Wasserfalls zu gelangen (siehe Foto Seite 132). Die Stelle ist nicht markiert, und wahrscheinlich wird jeder befragte Tourismus-Offizielle eindringlich vor diesem Unterfangen warnen, aber für trittsichere und schwindelfreie Wanderer mit Erfahrung bietet der Weg keine nennenswerten Schwierigkeiten.

Die **Louise Falls** und den benachbarten Campground erreicht man natürlich auch über den Highway. Ein kurzer Pfad führt zur Aussichtsplattform hoch über dem Fluß. Der von drei Seiten einer Felsplatte herabstürzende Wasserfall ist nur 15 Meter hoch, bietet aber einen imposanten Anblick. Anders als an den Alexandra Falls ist der Weg hinunter zum Fluß und zur Abbruchkante nicht zu empfehlen. Die unbefestigte Pfadspur im Wald endet an einem gefährlichen, schwer zu bewältigenden Steilhang, und unten hat man weder einen besseren Blick noch ergeben sich interessante Fotoperspektiven.

Markantes Wahrzeichen der New Town von **Hay River** ist ein sich wenig der Umgebung anpassendes, 14stöckiges Apartmenthaus und der in knalligem Lila prunkende Schulkomplex gegenüber. Die Wahl der Farbe war beim Bau der Schule den Schülern überlassen worden. Der Rest der Gemeinde hat sich inzwischen von seinem Schock erholt und betrachtet die Schule als eine Art Markenzeichen von Hay River.

Fahren Sie auf der Hauptstraße weiter, am Airport vorbei, zur Old Town auf Vale Island. Hier werden die Schlepper und Lastkähne beladen, die während der fünfmonatigen Schiffahrtssaison über die mehr als 2 000 Kilometer lange Route Great Slave Lake – Mackenzie River Versorgungsgüter zu entlegenen Orten wie Fort Good Hope, Holman Island oder

*Abseits der Straße – die Lady Evelyn Falls*

*Ein Buschpilot in Fort Simpson . . .*

Tuktoyaktuk im hohen Norden verfrachten. Die Old Town ist auch der Stützpunkt einer kleinen Fischereiflotte, die Seeforellen, Weißfische und Hechte für die Märkte im Süden fängt. Obwohl es in Hay River schon seit 1858 einen Handelsposten der »Hudson's Bay Company« gab, begann der Aufschwung und die Entwicklung zum Frachtzentrum für den westlichen Norden erst mit der Fertigstellung des Mackenzie Highway 1948 und ganz besonders mit dem Anschluß an die zum Abtransport des Blei- und Zinkerzes der Pine Point Mine gebauten Eisenbahnlinie im Jahr 1964. Die Mine ist inzwischen geschlossen und der kleine Bergbauort geschleift; die Eisenbahn transportiert heute Baumaterialien, Brennstoffe und Fracht zur Versorgung der Arktis ans Ufer des Great Slave Lake. Davor waren alle Transporte den mühseligen Weg von Nord-Alberta auf dem Athabasca River zur 37 Kilometer langen Portage zwischen Fitzgerald und Fort Smith gegangen, an deren Ende sie dann zum Weitertransport wieder auf Schiffe verladen wurden.

Am Mackenzie Drive, direkt neben der Mündung des Hay River, liegen stets eine Anzahl von Schleppern und Frachtkähnen zur Wartung auf dem Trockenen. Der Sandstrand direkt beim Campground am Ufer des **Great Slave Lake** ist ein beliebter Picknickplatz; es soll sogar abgehärtete Zeitgenossen geben, die es gewagt haben, hier im recht kalten Wasser des Sees zu baden.

Drei Möglichkeiten stehen in Hay River für die nächsten Tage zur Wahl: ein Besuch des Wood Buffalo National Park (siehe Seite 141 ff.), ein Abstecher nach Yellowknife (siehe Seite 146 ff.) oder die Weiterfahrt nach Fort Nelson am Alaska Highway.

*. . . und sein Revier: Camsell River und die Mackenzie-Berge*

Erster Stopp auf dem Weg nach Westen ist der **Hart Lake Fire Tower**. Nach 46 Kilometern auf dem Highway 1 (84 Kilometer ab Hay River) biegt rechts eine leicht zu verpassende, kurze Stichstraße zum Parkplatz am *fire tower* ab. Ein kurzer Pfad führt zum *escarpment*, der Abbruchkante eines versteinerten Korallenriffs, von dem der Blick über mehrere hundert Quadratkilometer scheinbar endloser dunkelgrüner Wälder bis zum schimmernden Wasser des Great Slave Lake am Horizont reicht. Der 76 Meter hohe Abbruch ist die Kante des einige hundert Millionen Jahre alten Alberta Plateau.

37 Kilometer weiter westlich zweigt links eine Straße zum Indianerdorf **Kakisa** und zum Campground an den **Lady Evelyn Falls** ab. 15 Meter tief fällt das Wasser des Kakisa River über eine im weiten Bogen gekrümmte Kalksteinstufe.

Es zieht sich: Auf den letzten 290 Kilometern Schotterstraße bis Fort Simpson

*Gärtnerstolz: Kohlköpfe in der Subarktis*

begegnet man nur wenigen Fahrzeugen, der Hauptstrom biegt vorher auf den Highway 3 ab, der zur neuen Boomtown und Noch-Hauptstadt der Northwest Territories, Yellowknife, führt. Abwechslung bringen die **Whittaker Falls** des Trout River, der direkt unter der Brücke und rechts davon in eine Schlucht mit Schiefer- und Kalksteinwänden donnert. In der Nähe bietet der **Saamba Deh Territorial Park** einen Rastplatz und einen einfachen Campground. Vom Parkplatz an der Brücke erreicht man nach etwa einem Kilometer Fußweg flußaufwärts die hübschen **Coral Falls** – gerade richtig für einen Spaziergang nach dem Picknick.

Der Wegweiser nach **Jean Marie River** am Ufer des Mackenzie River weist auf eine Besonderheit des Nordens hin. Die *winter road* ist eine Schneise im Wald,

die nach Einsetzen der starken Winterfröste als Straße genutzt wird. Im Sommer ist das Land zu sumpfig, und der Bau einer Allwetterstraße wäre zu aufwendig. Die Slavey-Indianer von Jean Marie River benutzen im Sommer statt dessen den Mackenzie River als Verkehrsweg nach Fort Simpson. Eine Tankstelle signalisiert kurz darauf die Abzweigung nach Fort Simpson und zur Fähre über den Liard River. Der Liard, einer der großen Flüsse Kanadas und früher einer der wichtigen Verkehrswege im Norden, blockiert jedes Jahr die Zufahrt nach Fort Simpson. Im Frühling, wenn die Schmelzwasser den Fluß anschwellen lassen, das Eis anheben und die Eisbrücke über den Fluß zerbrechen, verhindert ein Mahlstrom aus Eisschollen jeden Verkehr über den Fluß. Fort Simpson bleibt dann solange abgeschnitten, bis das Eis flußabwärts verschwunden ist.

**Fort Simpson** ging aus dem 1804 gegründeten Fort on the Forks der »Northwest Trading Company« hervor. Nach der Fusion der beiden großen Handelsgesellschaften 1821 benannte die »Hudson's Bay Company« die hiesige Niederlassung nach ihrem ersten Gouverneur Sir George Simpson. Durch seine verkehrsgünstige Lage am Zusammenfluß von Mackenzie und Liard River entwickelte sich der Ort zu einem bedeutenden Versorgungszentrum für die Region sowie zur Basis für die Aktivitäten der anglikanischen und katholischen Missionare. Fort Simpson ist heute der wichtigste Ausgangsort für Flüge in den Nahanni National Park und zum spektakulären Ram Plateau. Das Fort Simpson Visitors Centre bietet neben allgemeinen Informationen zu Ort und Umgebung – insbesondere auch zum Nahanni National Park – sehenswerte Exponate zum Leben der Slavey-Indianer und Teile eines alten Ladens der »Hudson's Bay Company«.

Der **Nahanni National Park** ist ein beeindruckendes, wildreiches Reservat mit

Canyons, hohen Bergen, Höhlen, Wildwassern, heißen Quellen und anderen einzigartigen geologischen Besonderheiten. Der auf der Liste der *UNESCO World Heritage Sites* geführte, rund 5 000 Quadratkilometer große Nationalpark ist nur auf dem Luftweg oder zu Wasser zu erreichen. Am beliebtesten ist die etwa 300 Kilometer lange Bootstour auf dem South Nahanni River vom Rabbitkettle Lake und den nahegelegenen Tufa-Hügeln der Rabbitkettle Hot Springs zu den spektakulären **Virginia Falls**, weiter durch tief ins Gebirge eingeschnittene Schluchten zu den Kraus Hot Springs und bis ins abgelegene kleine Indianerdorf **Nahanni Butte** knapp außerhalb der östlichen Parkgrenze. Eine andere Route führt über etwa 130 Kilometer vom Seaplane Lake den Flat River flußabwärts bis zum Zusammenfluß von Flat und South Nahanni River. Eine Tour auf eigene Faust ist nur etwas für wildniserprobte und wildwassererfahrene Kanuten, für alle anderen bieten Outfitter empfehlenswerte, geführte Schlauchboottrips in kleinen Gruppen an. Tagestouren mit dem Flugzeug ab Fort Simpson besuchen die beinahe 90 Meter hohen Virginia Falls; dabei wird auch die spektakuläre Ram-Plateau-Region mit Seen, Tafelbergen und Karsthöhlen überflogen.

*Wintervorräte aus dem See: geräucherter Fisch*

Ein Abstecher für Wildnisfans: 220 Kilometer durch unberührte und unbesiedelte Wildnis, *up north*, geht es auf der 1994 eröffneten Straße nach **Wrigley**. Das traditionelle Dorf der Slavey-Dene-Indianer am Mackenzie River ist bekannt für seine Handarbeiten. Stickereien mit eingefärbten Stacheln des Stachelschweins und Glasperlen, Mokassins, Parkas, Behälter aus Birkenrinde sind schöne Souvenirs.

Noch fast 500 Kilometer sind es bis Fort Nelson. Der 1984 eröffnete **Liard Highway** verläuft zunächst durch dicht bewaldetes Hügelland parallel zum Liard River, folgt dann dem Petitot River und führt schließlich zum Schluß kerzengerade nach Süden, wo er 28 Kilometer nordwestlich von Fort Nelson auf den Alaska Highway trifft. Am Weg liegt die einsame *homestead* der Liard-River-Pioniere Sue und Edwin Lindberg, mit Blockhäusern, Sauna, Gemüsegarten und Aussichtsterrasse über dem Flußufer. Der **Blackstone Territorial Park** am Zusammenfluß von Blackstone und Liard River ist eine der wenigen Stellen mit Zugang zum Liard River. Es gibt einen schönen Campground mit von Sonnenkollektoren geheizten Duschen, einen Pfad am Flußufer entlang mit Blick über den Liard, auf die Ausläufer der Berge des Nahanni-Nationalparks und eine restaurierte Trapperhütte. Das aus Baumstämmen errichtete kleine Visitors Centre führt ein in den traditionellen Lebensstil der örtlichen Dene-

Indianer und in die Geschichte der Suche nach Gold und anderen Bodenschätzen in den Nahanni-Bergen. Seine Terrasse auf der Flußseite bietet einen ausgezeichneten Blick auf die Landschaft.

**Fort Liard** ist eine der ältesten, kontinuierlich bewohnten Siedlungen in den Northwest Territories. Die Indianer aus der Gegend unterhielten über die Jahrhunderte mit anderen Stämmen – bis hin zur Westküste von British Columbia – Handelsbeziehungen. Die Einwohner des traditionellen kleinen Dorfes, die der Gruppe der Slavey-Dene-Indianer angehören, leben auch heute noch vom Jagen, Fischen und Fallenstellen sowie von der Anfertigung überlieferter Handarbeiten. In Fort Liard gibt es keinen Permafrost. Gute Erde, ausreichend Wasser und die langen Tage des Sommers gestatten eine vergleichsweise üppige Vegetation und den Anbau von Gemüse. Das Dorf

wirbt denn auch damit, in den »Tropen des Nordens« zu liegen. Bekannter ist es für die hier angefertigten Schachteln aus Birkenrinde und Stickereien mit eingefärbten Stachelschweinstacheln und als Ausgangsbasis für Charterflüge in den Nahanni-Nationalpark.

Auf dem Weg nach Süden kreuzt der Liard Highway kurz hinter der Grenze nach British Columbia den Petitot River, der dank einiger heißer Quellen die für den Norden sehr warme Wassertemperatur von 21 Grad Celsius hat und bei den *locals* entsprechend beliebt als Badegewässer ist. Noch einmal klettert die Straße hinauf auf eine Höhe mit Blick auf die Kotaneelee-Berge und den Mount Martin, dann geht's durch dichten Wald zum Asphaltband des Alaska Highway, raus aus der Wildnis zur »Zivilisationsinsel« **Fort Nelson** mit Supermarkt, Motel und Tankstellen für Autos und Menschen. ∎

*Der Liard River beim Blackstone Territorial Park*

## Extratour    **1. Tag – Route:** Hay River – Fort Smith (293 km)

| km | Zeit | Route |
|---|---|---|
| 0 | 9.00 Uhr | In **Hay River** volltanken, danach Abfahrt auf dem Hwy. 2. |
| 4 | | Links abbiegen auf den Hwy. 5 Richtung Fort Smith. |
| 64 | | An der Straßengabelung rechts halten, Richtung Fort Smith. |
| 100 | | Eingang zum **Wood Buffalo National Park**. |
| 110 | | **Angus Fire Tower** und **Doline**, |
| 243 | | rechts abzweigen auf die Parsons Lake Rd., den Wegweisern folgen zum |
| 256 | | **Salt Plains Overlook**, kurzer Spaziergang bergab zu den Salzquellen im Tal. Zurück zum Hwy. 5 und weiter nach |
| 293 | 15.00 Uhr | **Fort Smith:** Stopp im Visitors Centre. Besuch im **Wood Buffalo National Park Headquarter**, im **Northern Life Museum** und im **Fort Smith Mission Historic Park**. Spaziergang zu den **Rapids of the Drowned**. |

## Extratour    **1. Tag – Informationen**

 **Wood Buffalo National Park**
Mit fast 45 000 km² der zweitgrößte Nationalpark der Welt, Heimat der größten frei lebenden Bisonherde und letztes natürliches Brutgebiet der vom Aussterben bedrohten Schreikraniche (*Whopping Crane*). Im Park befinden sich viele Karstseen, Salzwasserquellen und das Binnendelta von Peace River und Athabasca River.

 **Salt Plains Overlook**
Aussichtspunkt mit Fernrohr und Blick auf das Tal des Salt River mit einem einzigartigen Salzbiotop. Ein Pfad führt hinunter zu Solequellen und dem streckenweise

*Vogelbeobachtung und . . .*

*. . . Salzbiotop im Wood Buffalo National Park*

*Slave River: Sportlich in den Rapids of the Drowned . . .*

*. . . und besinnlich an den Pelican Rapids*

mit blendendweißem Salz überzogenen Talboden.

**Fort Smith, Northwest Territories**

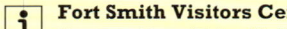 **Fort Smith Visitors Centre**
Portage Ave./Ecke McDougal Rd.
✆ (403) 872-25 15
Geöffnet Mitte Mai–Mitte Sept. 10–19 Uhr

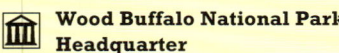 **Wood Buffalo National Park Headquarter**
126 McDougal Rd.
✆ (403) 872-23 49, Fax 872-39 10
Geöffnet Mitte Mai–Anfang Sept. 10–20 Uhr
Parkinformationen, Ausstellung und eine sehr gute, interessante Dia-Show.

**Northern Life Museum**
110 King St.
✆ (403) 872-28 59
Geöffnet Mo–Fr 9–12 und 13–17, Sa/So 13–17, Di/Do auch 19–21 Uhr
Darstellung der indianischen Kultur der Gegend, des Lebens der weißen Siedler seit der Mitte des 19. Jh. und der lokalen Fauna.

**Fort Smith Mission Historic Park**
Brennet Ave./Ecke Mercredi Ave.

Die alte Bischofsresidenz, eine alte Farm und andere Gebäude der katholischen Missionsstation erzählen von der Anfangszeit der Missionierung im Norden.

**Rapids of the Drowned**
Die letzten der vier unpassierbaren Stromschnellen des Slave River zwischen Fort Smith und Fitzgerald. Weiße Pelikane aus der weiter flußaufwärts, an den Pelican Rapids, lebenden Kolonie sind oft hier zu sehen. Zugang über den Pfad am Ende des Pickerel Crescent (Seitenstraße der McDougal Rd.), bergab, unten rechts durch den Wald.

**Pelican Rapids Inn**
P.O. Box 52, Fort Smith, N.W.T. X0E 0P0
✆ (403) 872-27 89, Fax 872-47 27
Passable Übernachtungsmöglichkeit. $$$

**Queen Elizabeth Park Campground**
Teepee Trail (an der McDougal Rd. Richtung Flugplatz), Abzweigung vom Hwy. 5, ca. 4 km vor Fort Smith
Einfacher Campground.

**Pine Lake Campground**
Am Pine Lake im Wood Buffalo National Park, an der Parkstraße (Pine Lake Rd.), 60 km nördlich von Fort Smith
Einfacher Campground.

*Einzigartiges Biotop: Das Binnendelta von Peace und Athabasca River*

| km | Route |
|---|---|
| 0 | Abfahrt in **Fort Smith**. An einem **»Buffalo Creep«** teilnehmen, anschließend Fahrt auf der Pine Lake Rd. zum **Salt River Trail**, Wanderung auf der **South Loop** oder der **North Loop**, danach Weiterfahrt zum Baden und/oder Picknick am |
| 65 | **Pine Lake**. |
| 124 | Fahrt nach **Peace Point** am Peace River und Rückfahrt nach |
| 248 | **Fort Smith**. |

---

**Extratour/3. Tag**: Von **Fort Smith** fahren Sie über den Hwy. 5 zurück nach **Hay River** (270 km) und schließen an die Route **Hay River – Fort Simpson** (s. S. 126 ff.) an.

---

**Zusatztag in Fort Smith:** Sehr empfehlenswert ist eine ein- oder mehrtägige Schlauchbootfahrt mit **»Subarctic Wilderness Expeditions«** auf dem Slave River (Jacques van Pelt, ✆ (403) 872-24 67). – Interessant ist auch ein Rundflug über dem Wood Buffalo National Park mit Wäldern, Büffelherden, den Stromschnellen des Slave River und der amphibischen Landschaft des Peace-River-Delta (Northwestern Air, ✆ (403) 872-22 16).

---

# Extratour   2. Tag – Informationen

**Buffalo Creep**
Von Rangern geführte, kurze Buschwanderung, bei der man Büffel aus nächster Nähe beobachten kann.

**Salt River Trail**
An der Pine Lake Rd. (Straße durch den Nationalpark), 24 km von Fort Smith entfernt
Links (von Fort Smith kommend) geht es zur knapp 10 km langen **South Loop**. Der Pfad folgt einem Salzwasserbach, führt zu einem Salzsee und einer Verdunstungspfanne mit Granitbrocken, die von Salz und Frost zu seltsamen Formen erodiert

wurden. Der 7 km lange **North-Loop-Pfad** führt an Dolinen vorbei und entlang der Kante eines Steilabbruchs mit Blick auf den Salt Pan Lake.

**Pine Lake**
An der Pine Lake Rd., 60 km nördlich von Fort Smith

Blaugrüner Karstsee im Wald mit Campingplatz und großem, knietiefem Badebereich.

**Peace Point**
Kleines, traditionelles Dorf der Cree-Indianer am Ufer des Peace River.

**Extratour** **1. Tag – Route:** Hay River – Yellowknife (502 km)

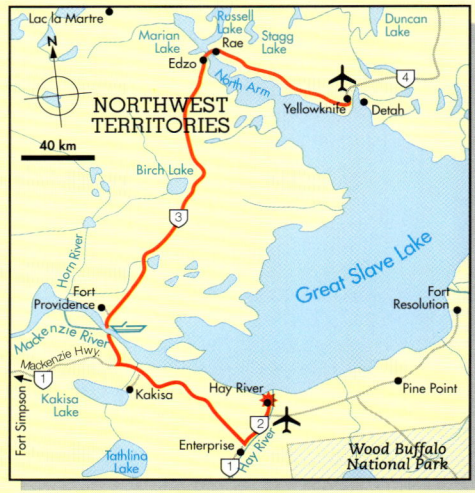

| km | Route |
|---|---|
| 0 | Abfahrt von **Hay River** auf dem Hwy. 2 südwärts zum |
| 38 | **Mackenzie Highway** (Hwy. 1). Auf dem Hwy. 1 Richtung Fort Simpson bis zur |
| 140 | Abzweigung des Hwy. 3 nach Yellowknife. |
| 151 | **Fähre über den Mackenzie River**. |
| 159 | Links Abzweigung nach |
| 164 | **Fort Providence**. Kurze Rundfahrt und Lunch, anschließend zurück zum Hwy. 3. |
| 389 | Abzweigung nach **Edzo**. |
| 395 | Links abbiegen zum Indianerdorf **Rae**. |
| 405 | Zurück zum Hwy. 3 und Weiterfahrt nach |
| 502 | **Yellowknife**. |

**Extratour** **1. Tag – Informationen**

 **Mackenzie-River-Fähre**
In Betrieb Mai–Nov. 6–24 Uhr
Ab November läuft der Verkehr über eine Eisbrücke. Während des Aufbrechens des Eises im Frühling ist eine Überquerung des Flusses nicht möglich. Informationen zum Fährbetrieb: ✆ (403) 873-77 99 oder 1-800-661-07 51.

 **Fort Providence**
Dorf der Slavey-Indianer mit einer hübschen kleinen Kirche am Ufer des Mackenzie River. Es gibt ein Restaurant, ein Motel und ein Geschäft mit interessanten Indianer-Handarbeiten, besonders Elchhaar-Stickereien und Besatz aus Stachelschweinborsten.

**Edzo**
»Moderner« Teil der Doppelgemeinde Rae/Edzo. Mit Polizeistation, Geschäften und Tankstelle.

 **Rae**
Malerisch gelegenes Dorf der Dogrib-Indianer am Nordarm des Great Slave Lake. Interessanter Indianerfriedhof mit Geisterhäuschen.

**Yellowknife, Northwest Territories**

 **The Office Lounge**
4915, 50th St.
© (403) 873-35 70
Restaurant ohne Alkoholausschank. $$$

 **Explorer Hotel**
P.O. Box 7000, 48th St.
 Yellowknife, N.W.T. X1A 2R3
© (403) 873-35 31, Fax 873-27 89
Hotel mit allem Komfort. Im »Factors Club Restaurant« des Hotels gibt es Nordland-Spezialitäten: Karibu, *Musk Ox* und *Arctic Char* (Saibling). (Reservierungen: © (403) 873-35 31; $$$$). $$$$

 **Yellowknife Inn**
P.O. Box 490, Franklin Ave.
Yellowknife, N.W.T. X1A 2N4

 © (403) 873-26 00, Fax 873-26 03
Downtown-Hotel mit allem Komfort. Die »Mackenzie Lounge« des Hotels ist ein gutes Restaurant ($$$). $$$$

 **Northern Lites Motel**
P.O. Box 2532, Franklin Ave.
Yellowknife, N.W.T. X1A 2P8
© (403) 873-60 23, Fax 873-47 13
Downtown-Hotel. $$$

 **Blue Raven Bed & Breakfast**
37 B Otto Dr.
Yellowknife, N.W.T. X1A 2T9
© (403) 873-63 28, Fax 873-40 13
Direkt am Seeufer im alten Teil der Stadt. Schöner Blick. Tessa Macintosh, die Inhaberin, ist eine im ganzen Norden bekannte Journalistin. $$

 **Captain Ron's Bed & Breakfast**
8 Lessard Dr.
Yellowknife, N.W.T. X1A 2G5
© (403) 873-37 46
Am Seeufer im alten Teil der Stadt, in der Nähe des »Wildcat Cafe«. $$

 **Fred Henne Park Campground**
Am Hwy. 3, Nähe Airport
© (403) 920-92 72
Einfacher Campground am Long Lake; mit Sandstrand.

*Der Indianerfriedhof von Rae*

**2. Tag – Programm:** Yellowknife

| | |
|---|---|
| Vormittags | Vom Ende der 51st St. über die Fußgängerbrücke hinter der City Hall zum **Prince of Wales Northern Heritage Centre**, von dort zum **Northern Frontier Regional Visitors Centre** an der 49th St. |
| Nachmittags | Fahrt zur **Old Town** und nach **Latham Island**, anschließend Spaziergang am Ufer des Great Slave Lake entlang (Wiley Rd.) und vom Ingraham Dr. die Stufen zum **Bush Pilot's Monument** hinaufsteigen. |
| Abends | **Bootsfahrt** auf dem **Great Slave Lake**. |

**Extratour/3. Tag:** Von **Yellowknife** fahren Sie entweder zurück nach **Hay River** (482 km), oder Sie schließen an die Route **Hay River – Fort Simpson** an (s. S. 126 ff.). Bis zur Abzweigung des Hwy. 3 auf den Mackenzie Highway (Hwy. 1) sind es 342 km ab Yellowknife.

**Extratouren und Zusatztage ab Yellowknife:** Eine Fahrt auf dem **Ingraham Trail** (Hwy. 4), einer 71 km langen Straße in den Busch, entlang einer nahezu ununterbrochenen Kette von Seen und Bächen, vermittelt ein eindrucksvolles Bild der subarktischen Wälder. Mit Angeln, Schwimmen, Bootfahren und einem Spaziergang zu den Wasserfällen des Cameron River läßt sich ein schöner Tag verbringen. – Entlang dem Ingraham Trail liegen die Ausgangspunkte für längere Kanutouren. Wer eine Woche Zeit hat, kann ein Segelboot für einen Törn, z.B. im landschaftlich sehr schönen East Arm des Great Slave Lake, mieten (Mike Stilwell, Sail North, ℂ (403) 873-80 19, Fax 873-66 30). – Sehr empfehlenswert ist auch ein Trip zur Tierbeobachtung in der Tundra mit Aufenthalt in der »**Bathurst Inlet Lodge**« an der arktischen Küste (Bathurst Inlet Lodge, Boyd Warner, ℂ (403) 873-25 95, Fax 920-42 63). – Angler finden in den Lodges am See ideale Bedingungen und kapitale Fische. Schön sind »**Plummers Great Slave Lodge**« an den Talthelei Narrows des Great Slave Lake (ℂ (204) 774-57 75, Fax 783-23 20) und die »**Frontier Fishing Lodge**« am Ostarm des Great Slave Lake (ℂ (403) 465-68 43, Fax 466-38 74). – Wer gern auf eigene Faust mit dem Kanu die Gegend erkunden möchte oder einige Tage in einer einsamen Blockhütte an einem See irgendwo im Busch verbringen will, findet bei »Bathurst Arctic Services« einen kompetenten Partner für Mietausrüstung und Flüge in den Busch (Teri oder Peter, ℂ (403) 873-25 95, Fax 920-42 63). – Zweimal in der Woche gibt es einen Linienflug mit »Canadian North« nach **Resolute** auf Cornwallis Island in der Arktis. Resolute (75° N) ist der nördlichste Flughafen Kanadas, Stützpunkt und Ausgangsort für Expeditionen. Es existiert eine regelmäßige Flugverbindung in das malerische Eskimodorf **Grise Fiord** auf Ellesmere Island. Empfehlenswert ist das »**High Arctic International Explorer's Home**«, die Pension von Bezal und Teri Jesudason, die auch kürzere oder längere Unternehmungen für ihre Gäste organisieren (P.O. Box 200, Resolute Bay, N.W.T. X0A 0V0, ℂ (819) 252-38 75, Fax 252-37 66).

## Yellowknife, Northwest Territories

**Prince of Wales Northern Heritage Centre**

Am Frame Lake
✆ (403) 873-75 51
Dieses gelungene Museum dokumentiert die Geschichte des Nordens, seiner Menschen und ihrer Kulturen, seiner Erforschung und seiner Erschließung durch die Buschpiloten.

**Northern Frontier Regional Visitors Centre**

4807, 49th St.
Yellowknife, N.W.T. X1A 2G5
✆ (403) 873-42 62, Fax 920-75 11
Ganzjährig geöffnet; im Sommer 8–20 Uhr
Hier gibt es Informationen und Stadtpläne; auch Touren in die Umgebung können hier gebucht werden.

**Old Town und Latham Island**

Am Ende der 50th Ave.
Überreste des alten Yellowknife, Wasserflugzeugbasen, ein Indianerdorf, moderne Wohnhäuser auf Stelzen im Wasser oder gewagt auf die Felsen gebaut. In einem Indianer-Camp mit Tipis auf Latham Island wird die Bearbeitung von Elchfellen, die Herstellung von Trommeln, Bögen, Pfeilen usw. demonstriert. Öffnungszeiten telefonisch vom Northern Frontier Regional Visitors Centre erfragen, ✆ 873-42 62.

**Bush Pilot's Monument**

Old Town, Zugang über die Treppe vom Ingraham Dr.
Denkmal für die Buschpiloten. Ausgezeichnete Aussicht auf den See, die Old Town und den Verkehr der Wasserflugzeuge.

**Bootsfahrt auf dem Great Slave Lake**

Mit der »M.V. Norweta«, Reservierun-

*Flugzeug vor der Hintertür: In der Old Town von Yellowknife*

gen ✆ (403) 873-80 19, oder der »**M.V. Nachoa**«, Reservierungen ✆ (403) 873-24 89.

**The Trappers Cabin**
4 Lessard Dr., Old Town
Kunsthandwerk aus dem Norden.

**Northern Images**
4910, 50th St.; ✆ (403) 873-59 44
Steinskulpturen der Eskimos, Drucke, Stickereien und anderes Kunsthandwerk aus der Arktis.

**North West Company**
5500 Bryan Dr.
✆ (403) 873-80 64
Authentisches Indianer-Kunsthandwerk.

**Northern Fancy Meats**
314 Woolgar Ave.
✆ (403) 873-87 67

Nordland-Spezialitäten: Musk-Ox-Fleisch, -Wurst und -Schinken, Karibu-Fleisch und *Arctic Char*.

**The Book Cellar**
Centre Square Mall und Panda II Mall, Downtown; ✆ (403) 920-22 20
Interessante Auswahl an Büchern zu allen Aspekten des Nordens und topographische Karten.

**Our Place**
50th Ave./Ecke 50th St.
✆ (403) 920-22 65
Geöffnet Mo–Fr 10–23, Sa 18–24 Uhr
Serviert Nordland-Spezialitäten, *prime ribs, crabs.* $$$–$$$$

**Bistrot on Franklin**
4910, 50th St./Ecke Franklin Ave.
✆ (403) 873-39 91
Geöffnet Mo–Fr 11.30–14 und 17–22 Uhr

*Am Ufer des Great Slave Lake*

Lamm, Shrimps, *pasta*, *Arctic Char*. Sehr
gutes Restaurant; vorher reservieren! $$$

**Parachute Restaurant & Lounge**
5014, 49th St. (Centre Square Mall)
✆ (403) 873-68 42
Geöffnet Mo–Fr 11–24, Sa/So 9–23 Uhr
*Seafood*, Steaks, *pasta*; am Wochenende
Brunch und Dinner-Buffet. $$–$$$

**Wildcat Cafe**
Old Town
Geöffnet Mai–Sept. Mo–Sa 7–23, So 9–22 Uhr
Restaurant in urigem altem Blockhaus.
Nordland-Spezialitäten. $$

**Bullocks Bistro**
4 Lessard Dr., Old Town; ✆ (403) 873-34 74
Geöffnet Mo–Sa 10–21, So 12–21 Uhr
Restaurant in einem alten Blockhaus am
See. Serviert wird frischer Fisch aus dem
Great Slave Lake. $$

**Giorgios**
522, 47th St.
✆ (403) 920-27 54
Tägl. 12–15 und 17–22 Uhr
Die kanadische Version italienischer Kü-
che. $$

**Bush Pilot Brew Pub**
3502 Wiley Rd. (Old Town, nahe Wildcat
Cafe); Mo–Sa 11.30–24 Uhr
Bekannt für das Biersortiment. Sonntags
wird kein Alkohol, aber von 11.30–17.30
Uhr Tee und Kaffee serviert.

**Gold Range Lounge/Bar**
5010, 50th St.
Geöffnet Mo–Sa 10–2 Uhr
Auch bekannt als »The Strange Range«
oder »The Zoo«. Ziemlich wilde Kneipe.
Manche Einheimischen sagen, hier könne
man alle seine Bekannten treffen, wenn
man sich nur lange genug hier aufhält.

**Route 3**    **8.–9. Tag – Route:** Fort St. John – Watson Lake (945 km)

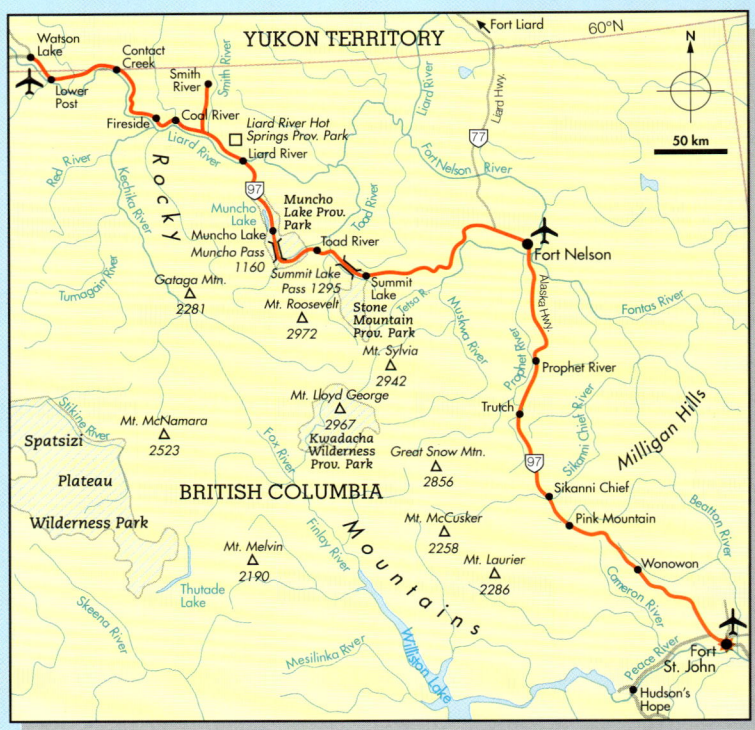

| km | Route |
|---|---|
| 0 | In **Fort St. John** Einkäufe für den Weg nach Norden erledigen (letzte Möglichkeit vor Watson Lake) und Abfahrt auf dem **Alaska Highway** (Hwy. 97). |
| 207 | Abzweigung der alten Trasse des Alaska Highway zum **Trutch Mountain Summit**. Weiter über **Prophet River** nach |
| 379 | **Fort Nelson:** Besuch des **Fort Nelson Heritage Museum**. |
| 408 | Abzweigung des **Liard Highway** (Hwy. 77). |
| 517 | Beginn des **Stone Mountain Provincial Park**, |
| 526 | Pfad zu den Erosionssäulen 1 km nördlich der Straße, |
| 572 | **Toad River** |
| 579 | Einfahrt in den **Muncho Lake Provincial Park**. |
| 623 | **Muncho Lake** |

**8.–9. Tag – Route:** Fort St. John – Watson Lake (945 km)

| km | Route |
|---|---|
| 633 | Abzweigung zum MacDonald Campground, |
| 651 | Abzweigung zum *mineral lick*, |
| 689 | rechts Abzweigung zum **Liard River Hot Springs Provincial Park**, |
| 700 | rechts Abzweigung zu den **Smith River Falls**, |
| 755 | links Abzweigung zu einem Campground und Aussichtspunkt mit schönem Blick auf die **Whirlpool-Canyon-Stromschnellen** des Liard River. |
| 806 | Aussichtspunkt »Allens Lookout« mit Blick auf den Liard River. |
| 835 | **60. Breitengrad; Zeitzonenwechsel: Stellen Sie Ihre Uhr 1 Stunde vor!** |
| 945 | **Watson Lake** mit dem **Signpost Forest**. |

Abends   Besuch der »**Canteen Show**«.

---

**Hinweis:** Für diesen Teil der Strecke wurde bewußt auf Zeitangaben verzichtet. Wer unbedingt will, kann, wenn zum Beispiel bei schlechtem Wetter keine Zeit für die Sehenswürdigkeiten entlang der Tagesroute benötigt wird, die Strecke nach Watson Lake an einem langen Tag bewältigen. Als Übernachtungsstationen bieten sich neben Fort Nelson hauptsächlich der Muncho Lake Provincial Park oder der Liard River Hot Springs Provincial Park an. Es gibt jedoch in regelmäßigen Abständen entlang der Straße noch weitere Lodges und Campgrounds.

---

**8.–9. Tag – Informationen**

 **Travel Infocentre**
9323, 100th St., Fort St. John, B.C. V1J 4M4
℅ (604) 785-30 33
Geöffnet im Sommer 8–20, sonst 8.30–17 Uhr

 **Totem Mall**
9600, 93th Ave., Fort St. John
35 Geschäfte, Restaurant, Post.

---

**Fort Nelson, British Columbia**

 **Travel Infocentre**
Am Hwy. 97, am Westende der Stadt (in der Community Hall)
Geöffnet 8–20 Uhr
℅ (604) 774-64 00

 **Fort Nelson Heritage Museum**
Am Hwy. 97, am Westende der Stadt
℅ (604) 774-35 36
Geöffnet 21. Mai–15. Sept. 8.30–19.30 Uhr
Ein richtig schönes (und interessantes) Sammelsurium an Sehenswertem.

 **Northern Lights Deli**
Liard St./Ecke 51st Ave. (in der Landmark Plaza)
Tägl. 6–23 Uhr
Einkaufsquelle fürs Picknick. Auswahl an Wurst und Käse.

 **Overwaitea Foods**
Airport Rd./Ecke 51st Ave.
Lebensmittel-Supermarkt.

**Fort Nelson Hotel**
P.O. Box 240, am Hwy. 97
Fort Nelson, B.C. V0C 1R0
✆ (604) 774-69 71, Fax 774-67 11
Mit Hallenbad, Sauna, Restaurant, Bar.
$$–$$$

 **Blue Bell Motel**
P.O. Box 873, am Hwy. 97, am Südende
von Fort Nelson
Fort Nelson, B.C. V0C 1R0
✆ (604) 774-69 61, Fax 774-69 83
Neues Motel mit Tankstelle. $$

 **Coach House Inn**
P.O. Box 27, 4711, 50th Ave. S.
Fort Nelson, B.C. V0C 1R0
✆ (604) 774-39 11, Fax 774-37 30
72-Betten-Hotel mit Restaurant, Sauna,
Whirlpool.
$$

 **Mini-Price Inn**
P.O. Box 1813, 5036, 51st Ave. W.
Fort Nelson, B.C. V0C 1R0
✆ (604) 774-21 36, Fax 774-21 56
Preiswerter, ruhiger Familienbetrieb, z.T.
mit Kitchenettes. $–$$

 **Husky 5th Wheel RV Park**
Am Hwy. 97, 8 km südlich von Fort Nelson
Fort Nelson, B.C. V0C 1R0
✆ (604) 774-72 70, Fax 774-78 00
Geöffnet Mai–Okt.
Voll ausgestatteter Campingplatz mit al-
len Annehmlichkeiten.

 **Westend RV Campground**
P.O. Box 398, am Hwy. 97, am Stadtrand
Nähe Travel Infocentre
Fort Nelson, B.C. V0C 1R0
✆ (604) 774-23 40, Fax 774-31 04
Geöffnet 1. April–Ende Okt.

*Seltenes Ereignis: Stau auf dem Alaska Highway*

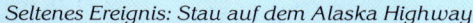

Voll ausgestatteter Campground mit allen Annehmlichkeiten; mit Minigolfanlage.

**Liard Highway**
1984 fertiggestellte Straßenverbindung durch unberührte Wildnis zum Mackenzie Highway in den Northwest Territories. Am Liard Highway liegt Fort Liard (2¹/₂ Std. von Fort Nelson), Ausgangspunkt für Touren in den Nahanni National Park (s. S. 128). Der Liard Highway ist nicht asphaltiert, aber problemlos zu befahren.

**Stone Mountain Provincial Park**
Karge, felsige Landschaft. Von der kurvigen Straße am Seeufer schöne Ausblicke auf den Summit Lake. Bei km 598 (Mile 373 Alaska Highway) am Ostende des Summit Lake einfacher Campground.

**Toad River Lodge**
Mile 422 Alaska Highway (bei km 675), B.C. V0C 2X0
✆ (604) 232-54 01
Motel und Blockhütten; Restaurant. $

**The Poplars Campground**
P.O. Box 30, Mile 426 Alaska Highway (bei km 681), B.C. V0C 2X0
✆ (604) 232-54 65
Mit Duschen und einem Café.

**Muncho Lake Provincial Park**
Landschaftlicher Höhepunkt – eine der schönsten Strecken der südlichen Hälfte des Alaska Highway; im Park befinden sich Lodges und ein Campground.

**Strawberry Flats Campground**
Mile 437 Alaska Highway (bei km 700)
Einfacher Campground in sehr schöner Lage am Muncho Lake.

**Highland Glen Lodge**
Mile 462 Alaska Highway (bei km 739) Muncho Lake, B.C. V0C 1Z0
✆ (604) 776-34 81
Geöffnet Mai–Sept.
Motel, Châlets und Restaurant; ange-

*Ein Gray Jay*

schlossener Campground mit Duschen und Münzwaschmaschinen. $$

**MacDonald Campground**
Abzweigung (links) bei Mile 443 Alaska Highway (bei km 709)
Einfacher Campground am Muncho Lake, 800 m von der Straße entfernt.

**Muncho Lake Lodge**
P.O. Box 10, Mile 463 Alaska Highway (bei km 740), Muncho Lake, B.C. V0C 1Z0
✆ (604) 776-34 56
Geöffnet Mai–Sept.
Motel und Restaurant; Campground mit Duschen und Münzwaschmaschinen. $$

**J & H Wilderness Resort**
P.O. Box 38, Mile 463 Alaska Highway (bei km 740), Muncho Lake, B.C. V0C 1Z0
✆ (604) 776-34 53, Fax 776-34 54
Ganzjährig geöffnet
Motel, Restaurant und Wohnmobil-Stellplätze am Muncho Lake; Campground mit Duschen und Münzwaschmaschinen. $$

**Mineral Lick**
Ein Pfad führt zu einem Aussichtspunkt mit Blick auf das Trout-River-Tal und zu einer Salzlecke, an der man besonders am frühen Morgen oft Bergschafe, Elche und Karibus beobachten kann.

### Liard River Hot Springs Provincial Park

Naturpools mit heißen Quellen. Der zum Park gehörende Campground ist während der Sommersaison oft schon am Morgen belegt.

### Liard River Lodge

Mile 496 Alaska Highway (bei km 793), B.C. V1G 4J8
℡ (604) 776-73 41, Fax 776-73 40

Motel mit Campground und Restaurant in der Nähe der *hot springs*. $$

### Smith River Falls

Ein kurzer Pfad führt vom Ende der Stichstraße durch ursprünglichen Wald zu diesem schönen Wasserfall.

---

### Watson Lake, Yukon Territory

### The Alaska Highway Interpretive Centre

Am Alaska Highway (Hwy. 1), an der Abzweigung des Campbell Highway (Hwy. 4)
℡ (403) 536-74 69
Geöffnet Mitte Mai–Mitte Sept. 8–20 Uhr
Hier erhält man Informationen und eine Straßenkarte des Yukon Territory. Ein Film und Fotografien aus der Zeit des Straßenbaus werden gezeigt.

### Watson Lake Signpost Forest

Am Alaska Highway (Hwy. 1), an der Abzweigung des Campbell Highway (Hwy. 4)
Über 25 000 Schilder aus aller Welt, vom Autokennzeichen bis zum »requirierten« Ortsschild, wurden hier von Reisenden auf dem Alaska Highway hinterlassen.

### Canteen Show

Im Armeezelt neben dem Signpost Forest
℡ (403) 536-77 82
Vorstellung Ende Mai–Ende Aug. tägl. 20 Uhr, Kartenverkauf ab 19.30 Uhr
Die Show läßt 70 Minuten lang die Zeit des Straßenbaus in den 40er Jahren wiederauferstehen. Reservierungen sind

nicht möglich, und wer unbedingt dabei sein möchte, sollte sich mindestens eine halbe Stunde vorher einen Platz sichern.

### Belvedere Motor Hotel

P.O. Box 288, am Alaska Highway

Watson Lake, Y.T. Y0A 1C0
℡ (403) 536-77 12, Fax 536-75 63
Hotel und Motel z.T. mit Wasserbetten und *jacuzzi*; Sauna, Restaurant.
$$$–$$$$

### The Watson Lake Hotel

P.O. Box 370, neben dem Signpost Forest
Watson Lake, Y.T. Y0A 1C0
℡ (403) 536-77 81, Fax 536-27 24
Hotel mit nettem Restaurant und einer Bar. $$$

### Gateway Motor Inn

P.O. Box 560, am Alaska Highway

Watson Lake, Y.T. Y0A 1C0
℡ (403) 536-77 44, Fax 536-77 40
Zimmer z.T. mit Kitchenettes; mit Restaurant. $$$

### Downtown RV Park

Am Alaska Highway (Hwy. 1), im Zentrum von Watson Lake
Lake View Ave./Ecke 8th St. N.
Watson Lake, Y.T. Y0A 1C0
℡ (403) 536-26 46
Campingplatz in zentraler Lage mit Duschen, Münzwaschmaschinen und *hook ups*.

### Gateway to the Yukon RV Park/ Campground Services

Mile 632 Alaska Highway (bei km 1011)
Watson Lake, Y.T. Y0A 1C0
℡ (403) 536-74 48, Fax 536-79 71
Campground mit sämtlichen Einrichtungen; Supermarkt.

### Watson Lake Campground

Mile 640 Alaska Highway (bei km 1025), 4 km westlich des Signpost Forest links abbiegen, 3 km weiter bis zum Watson Lake Recreation Park. Einfacher Campground.

# *The Trail of '42*
## Auf dem Alaska Highway nach Norden

**Fort St. John** ist das wirtschaftliche Zentrum im »Land der neuen Totems«. Seit der Entdeckung eines riesigen Erdöl- und Erdgasfeldes im Jahr 1955 hat sich die Stadt zur »Ölhauptstadt« von British Columbia entwickelt. Die Mehrzahl der 15 000 Bewohner lebt heute nicht mehr von Ackerbau, Viehzucht und Holzverarbeitung, sondern direkt oder indirekt von der Erdöl- und Erdgasexploration und -produktion. So ist dann auch der 45 Meter hohe *oil derrick*, das Gerüst eines Bohrturms, vor dem Travel Infocentre an der 100th Street zum neuen Wahrzeichen von Fort St. John geworden.

Die Geschichte von Fort St. John begann mit Sir Alexander Mackenzie, der 1793 auf seiner Reise zum Pazifik hier Station machte. Ein Jahr danach entstand der erste einer Reihe von Pelzhandelsposten in diesem Gebiet, die allerdings zunächst nur vorübergehend Bestand hatten. 1942 wurde das Dorf, an der rauhen Winterstraße von Dawson Creek nach Fort Nelson gelegen, zum südlichen Hauptquartier der Highway-Bauer. Über

*Auf der Höhe: Summit Lake*

*Hoodoo im Stone Mountain Provincial Park*

hier entspricht die Route schon eher den mitgebrachten Vorstellungen vom Weg durch die Weite und Abgeschiedenheit des Nordens, auch wenn in mehr oder minder regelmäßigen Abständen ein kleiner Flecken »Zivilisation« mit Tankstelle, Kneipe und Motel auftaucht.

Die Orte tragen merkwürdige Namen wie Wonowon (Meile 101), Pink Mountain, Sikanni Chief oder Prophet River. Beeindruckend sind die Ensembles aus Wellblechschuppen und Blockhäusern allesamt nicht. Selbst die größeren Orte, vor 20 oder 30 Jahren wenig mehr als ein bewohnter Streifen entlang der Straße, haben mit Ausnahme einiger versteckt liegender Wohnbezirke ein etwas temporäres, behelfsmäßiges Aussehen, so als ob die Erbauer, vom nahen Wintereinbruch bedroht, alles darangesetzt hätten, auf jeden Fall noch rechtzeitig fertig zu werden. *Jerry built* nennt man das in Nordamerika, hastig zusammengestoppelt aus billigem Baumaterial der unterschiedlichsten Herkunft. Die Einstellung ist pragmatisch entlang der Straße; man bietet Dienstleistungen an, und damit hat es sich. Ein geteerter *driveway* zur Tankstelle, unter Umständen gesäumt von Gras statt Schlamm und Steinen, ein adrettes Haus hinter den Zapfsäulen und keine abenteuerliche Sammlung von Schrottautos, Öltanks, halbverfallenen Schuppen und Stapeln alter Reifen drumherum sind die auffallende, mit »*nice place*« kommentierte Ausnahme.

Mit dem Trutch Mountain Bypass im Tal des Minaker River umgeht der Alaska Highway seit 1987 den steilen und kurvenreichen Abschnitt der ursprünglichen Straße. Die Fahrt auf diesem 1992 zum 50jährigen Jubiläum des Highway wiederhergerichteten Stück der alten Straße zum 1260 Meter hohen **Trutch Mountain Summit** bietet schöne Ausblicke und vermittelt einen Eindruck, wie der »alte« Alaska Highway direkt nach seinem Bau aussah. Die alte Trasse führt gut erkennbar am

Nacht wurde aus dem verschlafenen Nest eine respektable Siedlung mit 2 000 Einwohnern. Der fertiggestellte **Alaska Highway** brachte Siedler in die Region und öffnete Absatzwege für die land- und forstwirtschaftliche Produktion. Die Öl- und Gasfunde und 1958 die Fertigstellung der Eisenbahnlinie von Fort St. John nach Prince George brachten dann endgültig den Aufschwung.

Vor der Abfahrt nach Watson Lake sollten die Lebensmittelvorräte aufgestockt werden, denn in Fort St. John bietet sich die letzte Gelegenheit, zu vernünftigen Preisen aus einem wirklich großen Angebot auszuwählen. Erst Whitehorse im Yukon Territory hat wieder eine derart »städtische« Auswahl.

Nördlich von Fort St. John wird die Landschaft einsam. Farmland und Prärie gehen über in die endlosen Wälder des Nordens, und ab und zu öffnet sich von der Höhe eines Hügels der Blick auf die fernen Kämme der Rocky Mountains. Ab

*»Logging Truck« am Summit Lake Pass*

Ende des Parkplatzes nach rechts in den Wald. Das Hinweisschild an der Abzweigung sagt zwar unmißverständlich *»No Through Road«*, aber wer trotzdem auf eigene Gefahr weiterfährt, erreicht nach etwa 40 Kilometern beim Kilometerpfosten 328 wieder den Highway. (Wichtig: Kurz vorher, an der Gabelung der Straße, links an einem Blockhaus vorbei weiterfahren und nicht der deutlich erkennbaren ursprünglichen Trasse geradeaus folgen!) Vom Trutch Mountain an beginnt der Abstieg hinab zum tiefsten Punkt der Straße am Muskwa River drei Kilometer vor Fort Nelson. Dieses Straßenstück war vor der Begradigung bekannt für die unzähligen Kurven, mit denen sich der Highway durch den dichten Wald schlängelte – Zeugnis des Zeitdrucks, unter dem 1942/43 gebaut wurde. Man folgte einfach dem festen Untergrund um die zahllosen Muskeg-Gebiete herum, in deren bodenlosem Schlamm die Planierraupen versanken.

Die Geschichte von **Fort Nelson** begann mit der Gründung eines kurzlebigen Pelzhandelspostens der »Northwest Trading Company«. 1813 töteten Slavey-Indianer die Händler und ihre Familien und brannten die Station nieder. 1865 machte die »Hudson's Bay Company« einen zweiten Anlauf mit der Gründung eines neuen Handelspostens, dessen Aufgabe es war, die damals sehr erfolgreichen unabhängigen Händler fernzuhalten, die – weil sie höhere Preise zahlten – das seit der Verschmelzung der Firma mit der »Northwest Trading Company« im Jahr 1821 bestehende Pelzhandelsmonopol der »Hudson's Bay Company« bedrohten.

Bis 1922, als Phillip Godsells Pack Trail – eine Art holpriger Feldweg, der nur im Winter bei steinhart gefrorenem Boden befahren werden konnte – Fort Nelson von Fort St. John aus erreichte, war der kleine Ort einer der isoliertesten Handelsposten im Norden. Alle Frachttransporte wurden über den Fort Nelson River und

*Abendstimmung am Highway*

den Liard River abgewickelt. Erst der Bau eines Flugplatzes für die »Northwest Staging Route« und unmittelbar darauf der Anschluß an den Alaska Highway brachte Fort Nelson, wie so vielen anderen Orten des Nordens, den Boom. Reiche Erdgasfunde führten zum Bau der größten Erdgas-Reinigungsanlage Nordamerikas sowie zum Bau der 800 Meilen langen Pipeline in den Süden von British Columbia. Seit 1971 existiert die Eisenbahnstrecke nach Fort St. John. Eine industrielle Attraktion der Stadt ist die größte Eßstäbchenfabrik der Welt, deren Endprodukte in ganz Asien verkauft werden.

Sehr schön, weil ursprünglich und von der Begeisterung einiger Einheimischer getragen, ist das **Fort Nelson Heritage Museum**: Trapperhütte und Fichtenrinden-Kanu teilen sich den Platz mit Oldtimern, einem Albino-Elch und allerlei Sammelsurium aus den Pioniertagen. Strenggenommen beginnt der Alaska Highway erst hier, denn Fort Nelson war zu Beginn

des Straßenbaus schon durch die erwähnte Winterstraße mit Fort St. John verbunden. Auf dieser Winterstraße transportierten von Planierraupen gezogene Schlitten schwere Ausrüstung zum Bau der Trasse durch die Berge nach Fort Nelson.

Von Fort Nelson schwenkt die Straße nach Westen in Richtung der Rocky Mountains. Von allen Abschnitten des Alaska Highway kommen die nun folgenden 500 Kilometer dem Mythos »Alaska Highway«, den romantischen Vorstellungen von einer Straße durch grandiose Wildnis, am nächsten. Nur selten trifft man auf menschliche Ansiedelungen, die Straße schlängelt sich in stetem Auf und Ab durch die Rockies, folgt grünschäumenden Flüssen und bahnt sich ihren Weg zwischen schneebestäubten Bergrücken hindurch. Von der Höhe der Berge sieht man den Highway als graues Band, das sich über die Hügel schlängelt, in ein dunkelgrünes Waldmeer eintaucht und sich als Strich am Horizont verliert. Der Übergang

in die Berge ist abrupt. Statt langsam an-
steigender Vorberge stehen eine Art Tafel-
berge vor den hohen Gipfeln der Haupt-
kette. Die Straße folgt dem Tetsa River
hinauf zum 1295 Meter hoch gelegenen
**Summit Lake Pass,** dem höchsten Punkt
des Alaska Highway. Gleich zu Beginn
des **Summit Lake** zweigt vor dem Campground links eine primitive Schotterstraße
ab. Wer mit *pick up* oder *four wheel drive*
unterwegs ist, kann versuchen, die sieben
Kilometer bis zum Aussichtspunkt am
Microwave Tower am Ende des Weges zu
fahren, wo sich eine großartige Aussicht
auf das alpine Panorama der Berge des
**Stone Mountain Provincial Park** auftut.
Am Westende des Sees führt rechts ein
kurzer Pfad durch den Wald zu den *hoodoos,* den bis zu 30 Meter hohen Erosions-
säulen am Berghang. Das Schwemmland
zu ihren Füßen ist ein *mineral lick,* beliebter Aufenthaltsort für Bergschafe, die hier
den Boden ablecken, um ihren Bedarf an
Mineralien zu decken. Auch die Wände der
Schlucht, durch die sich der Highway kurz
darauf hinunter ins imposante Tal des
MacDonald River schlängelt, sind ein beliebter Aufenthaltsort der Bergschafe.

Der nächste landschaftliche Höhepunkt
läßt nicht lange auf sich warten: **Muncho
Lake,** einer der schönsten Seen am Highway, mit unergründlich blaugrünschim-
merndem Wasser, umstanden von steilen, bewaldeten Berghängen, über denen
schneebedeckte Gipfel leuchten. Elf Kilometer folgt die Straße dem See, dessen
Färbung von aus dem Gestein der Berge
herausgelöstem Kupferoxyd stammt.
Weiter geht es am Trout River entlang,
vorbei an Felswänden, die gezeichnet
sind von den Spuren tektonischer Ver-
werfung, zur Brücke über den Liard River
und zum **Liard River Hot Springs Provincial Park,** einem der beliebtesten Halte-
punkte am Alaska Highway.

Die *hot springs* waren schon den Indianern, frühen Trappern und Prospektoren
bekannt, und zum Teil abenteuerliche Ge-

*Badevergnügen: Liard River Hot Springs*

schichten kursierten über ein »tropisches
Gebiet« in den Wäldern des Nordens.
Trotz alledem wurde die Gegend nur spo-
radisch besucht. Eine Änderung brachte,
wie überall entlang der Alaska-Highway-
Route, der Straßenbau. Vom Parkplatz
führt ein hölzerner Gehsteig durch ein
ungewöhnlich vielfältiges Warmwasser-
Feuchtbiotop, in dem unter anderem
14 Orchideenarten und eine Vielzahl an
Vögeln gedeihen. Zwei Naturpools, gespeist von heißen Quellen, die große
Mengen heißes Wasser liefern, sind zum
Baden hergerichtet. Gänse und Enten lieben den warmen Sumpf beidseits des
*boardwalk,* und oft äsen Elche in Sichtweite des Pfades. In seinem weiteren Ver-
lauf folgt der Alaska Highway dem Liard
River nach Watson Lake.

Auch **Watson Lake,** Versorgungszentrum für das südliche Yukon Territory, ist
ein typischer junger Ort des Nordens, die
Geschäfte und Hotels kleben am Highway
wie Schwalbennester an einem Dachbal-

ken. Ein Handelsposten bestand hier seit den 1930er Jahren, aber eine richtige Ortschaft entwickelte sich erst mit dem Bau eines Militärflugplatzes für die »Northwest Staging Route« 1941 und dem Bau des Alaska Highway 1942. Berühmt ist der Schilderwald von Watson Lake. Über 25 000 Schilder aus aller Welt, vom Autokennzeichen bis zum »requirierten« Ortsschild, wurden im **Signpost Forest** von Reisenden auf dem Alaska Highway zurückgelassen. Da findet sich Augsburg neben Oakville, Ontario und Krefeld hängen über Port Angeles. Angefangen hat alles im Jahr 1942, als der heimwehkranke G. I. Carl K. Lindley ein Schild mit der Entfernung zu seinem Heimatort in Illinois an einen Baum nagelte. Das Schild blieb nicht lange allein an seinem Pfosten, und seit der Highway befahren wird, wächst die Sammlung unaufhörlich. Heute muß man schon suchen, bis man in der dritten oder vierten Pfahlreihe noch ein Plätzchen für das eigene bis hierher mitgeschleppte Schild finden kann. Im Visitors Informa-

tion Centre hinter dem Schilderwald gibt es neben den üblichen Informationen Fotos vom Straßenbau und den auch in Dawson Creek gezeigten Film aus dem Jahr 1942 über den Bau des Alaska Highway zu sehen. Trotz der reichlich eingearbeiteten Kriegspropaganda ist der Film sehenswert. Er führt sehr anschaulich vor, mit welchen Problemen die Bautrupps konfrontiert wurden und welch enorme Leistung es war, in so kurzer Zeit einen Fahrweg – mehr war die »Straße« in der Anfangszeit nicht – über Tausende Kilometer durch zum Teil nicht kartographiertes Gelände zu bauen. Gleich nebenan, ebenfalls hinter dem 100 Meter langen und sechs Meter hohen Wall aus Schildern, steht das große Armeezelt, in dem während der sommerlichen Reisesaison eine Schauspielertruppe mit viel Elan und nostalgischer Musik jeden Abend eine »**Canteen Show**« der Armee aus den 40er Jahren veranstaltet, in der sich natürlich alles – wie könnte es anders sein – um den Bau des Alaska Highway dreht. ∎

*Spurensuche im Schilderwald: Watson Lake*

## Route 4     10. Tag – Route: Watson Lake – Whitehorse (483 km)

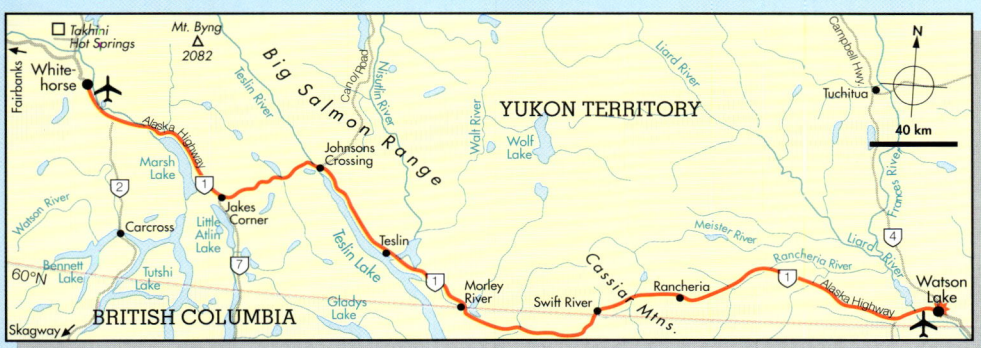

| km | Zeit | Route |
|---|---|---|
| 0 | 9.00 Uhr | Abfahrt von **Watson Lake** auf dem **Alaska Highway** (Hwy. 1). |
| 136 | | Halt und kurzer Spaziergang zu den **Rancheria Falls**, weiter nach |
| 276 | 13.00 Uhr | **Teslin**. |
| 464 | | Bei dem Schild mit dem Kamerasymbol südlich von Whitehorse Abzweigung nach rechts zum **Miles Canyon**, an der Gabelung rechts zum Parkplatz an der Miles Canyon Bridge: kurzer Spaziergang und wieder zurück zum Alaska Highway und auf diesem zum |
| 480 | | **Tourism Yukon Visitor Reception Centre** und zum **Yukon Transportation Museum** am Flughafen von Whitehorse. 2 km nördlich des Flughafens rechts abbiegen nach |
| 483 | 18.00 Uhr | **Whitehorse**. |
| | Abends | Besuch der »**Frantic Follies**« Vaudeville Revue. |

**Zusatztage ab Whitehorse:** Ein Besuch in **Skagway**, der Stadt des *gold rush* an der U.S.-Pazifikküste (über den Hwy. 2 nach Süden; hin und zurück 350 km), oder im malerischen Dorf **Atlin** (über den Hwy. 7 nach Süden; hin und zurück 264 km) am gleichnamigen See sind lohnende Unternehmungen (s. Vista Point Reiseführer »Alaska und Kanadas Yukon«). – Schlauchbootfahrten auf dem spektakulären **Tatseshini River** und durch den **Northern Yukon National Park** auf dem **Firth River** organisiert Neil Hartling von »Nahanni River Adventures« (P.O. Box 4869, Whitehorse, Y.T. Y1A 4N6, ℂ (403) 668-31 80, Fax 668-30 56).

### Miles Canyon

6 km südlich von Whitehorse vom Alaska Highway rechts abbiegen

Ort der berüchtigten Whitehorse-Stromschnellen des Yukon River. Hängebrücke über den Canyon. Die Stromschnellen sind heute im Wasser des flußabwärts gelegenen Schwatka-Stausees verschwunden.

---

### Whitehorse, Yukon Territory

---

### Tourism Yukon Visitor Reception Centre

Mile 917 Alaska Highway (bei km 1473), am Flughafen von Whitehorse

✆ (403) 667-29 15

Geöffnet Mitte Mai–Mitte Sept. 8–20 Uhr Informationen und Straßenkarten; 20minütige Dia-Ton-Show über die Attraktionen des Yukon.

### The Yukon Transportation Museum

Mile 917 Alaska Highway (bei km 1473), am Flughafen von Whitehorse

✆ (403) 667-47 92

Geöffnet Ende Mai–Anfang Sept. 10–18 Uhr Ausstellung zur Transportgeschichte des Yukon: vom Kanu bis zum Raddampfer und vom Hundeschlitten bis zum Buschflugzeug.

---

### Für den Abend:

---

### »Frantic Follies« Vaudeville Revue

2nd Ave./Ecke Wood St. (im Westmark Whitehorse Hotel)

✆ (403) 668-20 42

Geöffnet Ende Mai–Mitte Sept. tägl. Musik, Lieder, Cancan und Gedichte von Robert Service aus der Zeit des Goldrausches.

*Strahlt im alten Glanz: Raddampfer »S.S. Klondike« (Whitehorse)*

**Pandas Fine Dining**
212 Main St.
✆ (403) 667-26 32
Nur abends geöffnet, Reservierung emp-
fohlen; französische Küche. $$$

 **The Cellar Dining Room**
101 Main St., im Edgewater Hotel
✆ (403) 667-25 72
Tägl. 6.30–22 Uhr
*Prime ribs*, Steaks, *king crabs*, Hummer.
$$–$$$

 **Angelo's**
202 Strickland St. (2nd Ave., drei Blocks
stadtauswärts ab Westmark Whitehorse
Hotel)
✆ (403) 668-62 66
Tägl. 17–21.30 Uhr
Steaks, *seafood*, Pizza, Souvlaki.
$$–$$$

 **Rudy's Dining Room**
Im Airline Inn Hotel am Alaska Highway,
gegenüber dem Flughafen
✆ 668-43 30
Deutsche Hausmannskost.
$–$$$

 **Westmark Whitehorse Hotel**
P.O. Box 4250, 2nd Ave./Ecke Wood St.
Whitehorse, Y.T. Y1A 3T3
✆ (403) 668-47 00, Fax 668-27 89
Komfortables Downtown-Hotel mit Re-
staurant, Bar, Läden und einem Friseur.
$$$$

 **Edgewater Hotel**
101 Main St.
Whitehorse, Y.T. Y1A 2A7
✆ (403) 667-25 72, Fax 668-30 14
Kleineres Hotel mit passablen Preisen
und gutem Restaurant. $$$

 **Pioneer Inn**
2141, 2nd Ave.
Whitehorse, Y.T. Y1A 1C5
✆ (403) 668-28 28
$$

 **High Country Inn**
4051, 4th Ave.
Whitehorse, Y.T. Y1A 1H1
✆ (403) 667-44 71, Fax 667-64 57
1994 renoviertes Hotel mit einem sehr gutem Preis-Leistungs-Verhältnis. Restaurant, Pool, Sauna, Whirlpool. Viele Zimmer mit Einbauküche und Mikrowelle.
Auf jedem Stockwerk gibt es Münzwasch-
maschinen. $$

 **Northern Network of Bed & Breakfast**
451 Craig St.
✆ (403) 993-56 44, Fax 993-56 48
Vermittelt preiswerte Bed & Breakfast-
Unterkünfte im Yukon.

 **Trail of '98 RV Park**
Jasper Rd., am Two Mile Hill
Whitehorse, Y.T. Y1A 3Y9
✆ (403) 668-37 68, Fax 667-75 53
Campground nördlich von Downtown
Whitehorse mit Duschen und Münzwasch-
maschinen.

 **MacKenzie's RV Park**
Mile 922 Alaska Highway (bei km 1484),
ca. 10 km nördlich von Whitehorse
Whitehorse, Y.T. Y1A 3Y9
✆ (403) 633-23 37
Campground mit Duschen und Waschma-
schinen; Busverbindung nach Downtown
Whitehorse.

 **Takhini Hot Springs Campground**
Takhini Hot Springs
27 km außerhalb von Whitehorse am
Klondike Highway (Hwy. 2) Richtung
Dawson City
Whitehorse, Y.T. Y1A 5A5
✆ (403) 633-27 06
Ganzjährig geöffnet
Ruhiger Campingplatz mit Thermalfrei-
bad, Duschen, Café.

 **Wolf Creek Campground**
Km 1459 Alaska Highway (11 km südlich
von Whitehorse)
Einfacher Campground.

## Route 4    11.–12. Tag – Route: Whitehorse – Fairbanks (1019 km)

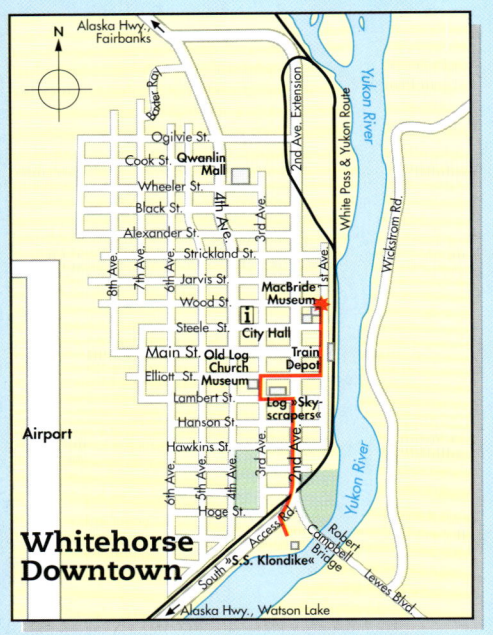

Whitehorse Downtown

Vormittags

Sightseeing in **Whitehorse:** vom **MacBride Museum** (1st Ave./Ecke Wood St.) auf der 1st Ave. und dem *boardwalk* am Ufer des Yukon River südwärts. Am Bahnhof der »White Pass & Yukon Railway« vorbei zur Elliott St. Diese zwei Blocks stadteinwärts zum **Old Log Church Museum** (links an der Ecke zur 3rd Ave.). Die 3rd Ave. einen Block nach Süden, links in die Lambert St. und an dreistöckigen Blockhäusern (Log »Skyscrapers«) vorbei zur 2nd Ave. Auf dieser stadtauswärts zum Besuch des Fluß-dampfers »S.S. Klondike«. Zurück in die Stadt und Proviant für die Weiterfahrt einkaufen.

*Downtown Whitehorse und der Bahnhof der »White Pass & Yukon Railway«*

# Route 4    11.–12. Tag – Route: Whitehorse – Fairbanks (1019 km)

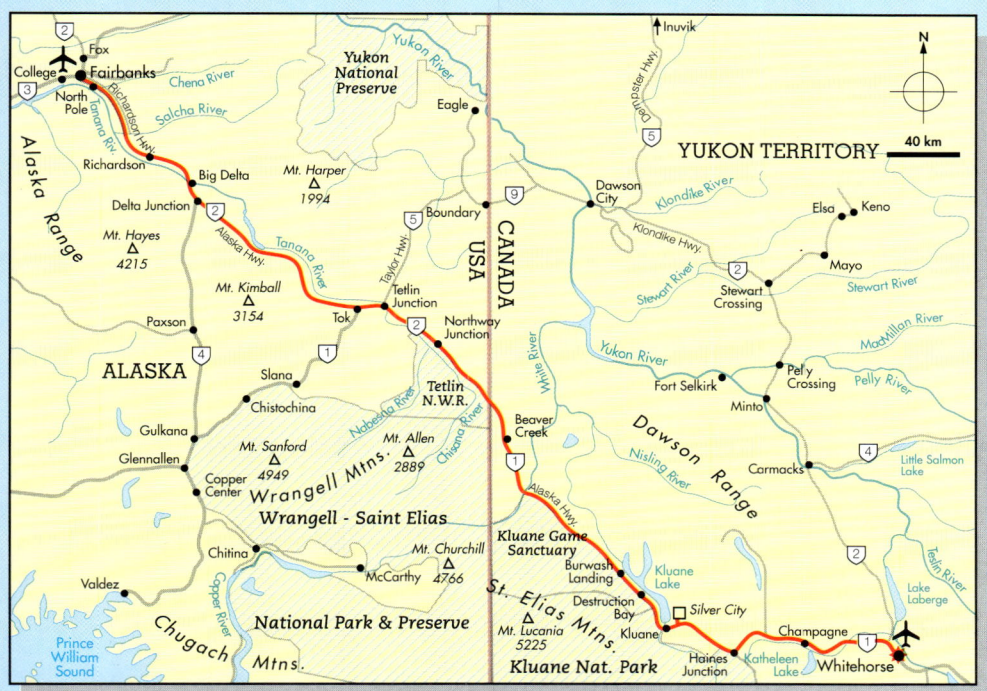

| km | Zeit | Route |
|---|---|---|
| 0 | 13.00 Uhr | Abfahrt auf dem **Alaska Highway** (Hwy. 1) nach Nordwesten bis |
| 210 | | **Haines Junction**. Hier rechts abbiegen auf die Kluane St., weiter zur Logan St.: Besuch im **Kluane National Park Reserve Headquarters Visitor Centre**. Dia-Show ansehen, anschließend zurück zum Alaska Highway. |
| 266 | | Abstecher nach rechts zu den Ruinen von **Silver City**. |
| 280 | | Stopp am **Sheep Mountain Visitor Information Centre** des **Kluane National Park Reserve**. |
| 298 | | Congdon Creek Campground* |
| 317 | | **Destruction Bay*** |
| 333 | | **Burwash Landing*** mit dem **Kluane Museum of Natural History**. |
| 426 | | Kluane Wilderness Village* |
| 427 | | Lake Creek Campground* |
| 446 | | Bear Flats Lodge & Campground* |
| 455 | | White River Motor Inn* |
| 517 | | **Beaver Creek** |

## Route 4    11.–12. Tag – Route: Whitehorse – Fairbanks (1019 km)

| km | Zeit | Route |
|---|---|---|
| 523 | | **Kanadische Grenzstation** |
| 548 | | **U.S.-amerikanische Grenzstation**, weiter auf dem Alaska Highway (jetzt Hwy. 2). **Zeitzonenwechsel: Stellen Sie Ihre Uhr 1 Stunde zurück!** |
| 549 | | Besuch im **Visitor Center des Tetlin National Wildlife Refuge**. |
| 688 | | **Tok** |
| 862 | | **Delta Junction** (letzter Meilenstein des Alaska Highway; Besuch im Visitor Center gleich nebenan). Weiter auf dem **Richardson Highway** (Hwy. 2) zur |
| 877 | | Brücke über den Tanana River und Blick auf die **Trans-Alaska Pipeline**. |
| 996 | | Weiter auf dem Hwy. 2 zum **Santa Claus House** in **North Pole**, anschließend nach |
| 1019 | 19.00 Uhr | **Fairbanks**. |

\* **Übernachtungsmöglichkeit:** Für diesen Teil der Strecke wurde eine Zeiteinteilung bewußt vermieden. Fahren Sie am ersten Tag so weit Sie Lust haben. Wer sichergehen will, reserviert die Übernachtung während der Hauptsaison im Sommer von Whitehorse aus telefonisch.

## Route 4    11.–12. Tag – Informationen

### Whitehorse, Yukon Territory

**MacBride Museum**
1st Ave./Ecke Wood St.
© (403) 667-27 09
Geöffnet 15. Mai–15. Sept. tägl.
Chronik der Geschichte und der Einwohner des Yukon; außerdem Tier-Displays und Wohn-Szenarien aus verschiedenen Zeiten.

**Old Log Church Museum**
3rd Ave./Ecke Elliott St.
© (403) 668-25 55
Geöffnet Juni–Ende Aug. 9–18, So 12.30–16 Uhr; Eintritt frei
Ausstellung zur Geschichte der Missionierung im Norden.

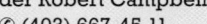

**»S.S. Klondike« National Historic Site**
South Access Rd./Ecke 2nd Ave. (nahe der Robert Campbell Bridge)
© (403) 667-45 11
Mai–Sept. tägl. 9–18 Uhr
Einst der größte Flußdampfer auf dem Yukon River und wichtiges Verkehrsmittel. Vollkommen restauriert und im Stil der späten 1930er Jahre eingerichtet.

**Super-Valu**
In der Qwanlin Mall
4th Ave./Ecke Ogilvie St.
Lebensmittel-Supermarkt am Nordende der 4th Ave.; hier kann man seine Vorräte für die weitere Reise auffüllen.

**Sausage Factory**
203 Hanson St.

Tägl. außer So 9–18 Uhr
Wurst, Käse und andere europäische Lebensmittel.

**Alpine Bakery**
411 Alexander St.
☎ (403) 668-68 71
Geöffnet Juni–Aug. Di–Sa 10–17.30, sonst Do–Sa 10–17.30 Uhr
Die wahrscheinlich beste Bäckerei im Norden. Roggenbrot wird donnerstags frisch gebacken; Joghurt, europäischer Käse.

**Kluane National Park Reserve**
Der weitgehend unzugängliche, rund 22 000 km² große Nationalpark ist ein *World Heritage Site* der *UNESCO*. Hier in den St.-Elias-Bergen befindet sich die größte Ansammlung von Gletschern außerhalb der Polarregion. Im Kluane National Park ist die Tierwelt Nord-Kanadas noch ungestört erhalten. Ein Rundflug, z. B. ab Burwash Landing, ist ein einmaliges Erlebnis.

**Kluane National Park Reserve Headquarters Visitor Centre**

Logan St., Haines Junction, Y.T. Y0B 1L0
☎ (403) 634-23 45
Mai–Sept. tägl. 9–21 Uhr
Die ½stündige Dia-Show im Visitor Centre sollte man nicht versäumen.

**Sheep Mountain Visitor Information Centre**
Geöffnet Mitte Mai–Mitte Sept. 9–19, im Frühling und Herbst 10–18 Uhr
Informationen zu Flora und Fauna des Kluane National Park; mit dem Fernrohr kann man die Bergschafe beobachten.

**Congdon Creek Campground**
Km 1725 Alaska Highway
Einfacher Campground.

**Talbot Arm Motel**
Destruction Bay, Y.T. Y0B 1H0
☎ (403) 841-44 61

Geräumige Zimmer; mit angeschlossenem Campingplatz für Camper und Motorhomes.
$$$

**Kluane Museum of Natural History**
Km 1759 Alaska Highway

Burwash Landing
☎ (403) 841-55 61
Geöffnet Mitte Mai–Mitte Sept. 9–21 Uhr
Wildlife-Displays mit Tieren in ihrer natürlichen Umgebung, außerdem Mineralien und Fossilien; auch indianisches Kunsthandwerk kann hier besichtigt werden. Interessant für Kinder.

**Burwash Landing Resort & RV Park**
Km 1759 Alaska Highway

Burwash Landing, Y.T. Y1A 3V4
☎ (403) 841-44 41, Fax 841-40 40

Hotel und Campground; hübsches Restaurant mit Aussicht auf den Kluane Lake; außerdem Organisation von Rundflügen in die Gletscherwelt der St. Elias Mountains.
$$

**Kluane Wilderness Village**
Km 1797 Alaska Highway, Y.T. Y1A 3V4

☎ (403) 841-41 41
Restaurant, Bar, Motel und Campground.
$$

**Lake Creek Campground**
Km 1853 Alaska Highway
Einfacher Campground.

**Bear Flats Lodge & Campground**
Km 1 878 Alaska Highway, Y.T. Y1A 3V4

☎ (403) 862-74 01
Restaurant, Motel und Campground.
$$

**White River Motor Inn**
Km 1 880 Alaska Highway, Y.T. Y1A 3V4
☎ (403) 862-74 08
Ganzjährig geöffnet
Typische alte Alaska-Lodge. Zimmer in der Lodge und einfache, kleine Blockhäu-

ser; im Restaurant gibt es nette Leute und riesige Pfannkuchen. $$

**Tetlin National Wildlife Refuge**
Visitor Center mit Aussichtsplattform; Informationstafeln zur Fauna des Gebietes und eine Sammlung ausgestopfter Tiere.

**Tok Lodge**
P.O. Box 135, am Glenn Highway (Hwy. 1), nahe der Einmündung in den Alaska Highway
Tok, AK 99780
℡ (907) 883-28 51
Gemütliches Blockhaus-Hotel im Alaska-Stil; Restaurant mit guter Hausmannskost. $$

**Rika's Roadhouse & Landing**
P.O. Box 1229, Mile 275 Richardson/Alaska Highway (nahe Trans-Alaska Pipeline)
Delta Junction, AK 99737
℡ (907) 895-42 01
Historische Übernachtungs- und Raststation von 1910. Restaurant geöffnet tägl. 9–17 Uhr. $$

**Santa Claus House**
Mile 349 Richardson/Alaska Highway
North Pole
℡ (907) 488-22 00
Hier erhält man allen erdenklichen Weihnachtskitsch; mit Café.

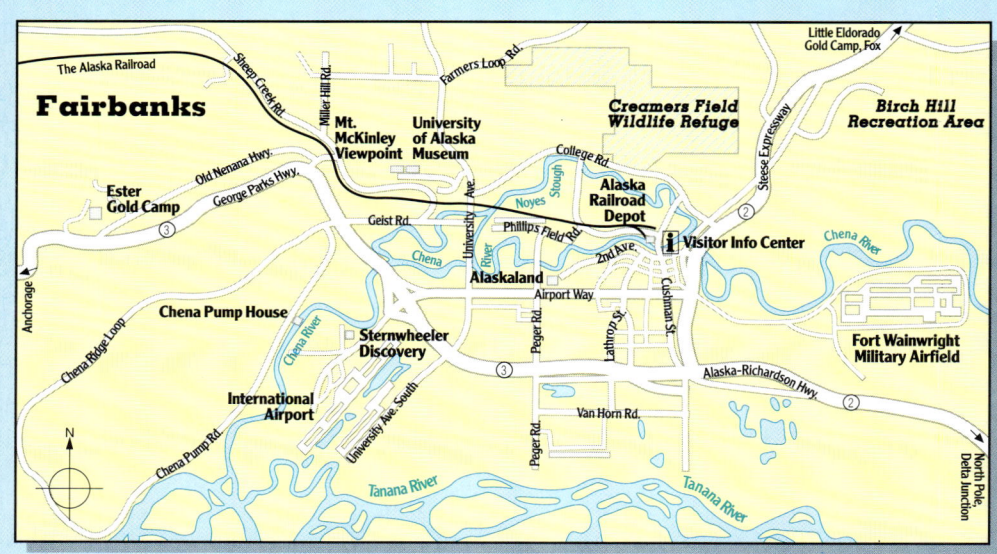

---

**Fairbanks, Alaska**

---

**Fairbanks Convention & Visitors Bureau**
550, 1st Ave./Ecke Cushman St.
Fairbanks, AK 99701
℡ (907) 456-57 74

Im Sommer tägl. 8–20 Uhr
Hier erhält man neben Stadtplan, den Broschüren »Fairbanks Driving Tour« und »Fairbanks Walking Tour« u.a. auch eine Liste aller B&B-Häuser.

**The Pump House Restaurant**
Chena Pump Rd.

✆ (907) 479-84 52
Steaks, *ribs*, Meeresfrüchte. Mit einer Terrasse am Flußufer: Der richtige Ort, einen warmen Sommerabend zu verbringen. $$–$$$

 **Flannigans Restaurant**
North Gate Sq., 354 Old Steese Highway
✆ (907) 451-61 00
Trotz des Namens ein mexikanisches Restaurant und dazu ein ziemlich gutes. $$

 **Turtle Club**
Old Steese Highway, Fox, AK 99707
✆ (907) 457-38 83
Mo–Sa 18–22, So 17–21 Uhr
Sehr gute *prime ribs*, außerdem *lobster* und Krebse. $$–$$$

 **Sophie Station Hotel**
1717 University Ave., Fairbanks, AK 99709
✆ (907) 479-36 50, Fax 479-79 51
Angenehmes Hotel mit jeder Art von Service; gutes Restaurant. $$$$

 **The Regency Fairbanks Hotel**
95, 10th Ave., Fairbanks, AK 99701
✆ (907) 452-32 00, Fax 452-45 05
Komfortabel; mit gutem Restaurant. $$$$

 **Captain Bartlett Inn**
1411 Airport Way
 Fairbanks, AK 99701
✆ (907) 452-18 88, Fax 452-76 74
Hotel mit interessanter Bar. $$$$

 **Wedgewood Manor**
212 Wedgewood Dr.
Fairbanks, AK 99701
✆ (907) 452-14 42, Fax 452-81 84
Hotel mit großen Zimmern, Pool, *hot tub*, Sauna und Waschmaschinen. $$$

 **River's Edge RV Park & Campground**
4140 Boat St., am Airport Way
Fairbanks, AK 99708
✆ (907) 474-02 86
Schöner Campground am Ufer des Chena River.

*Herbst in Haines Junction*

 **Tanana Valley Campground**
1800 College Rd.
Fairbanks, AK 99709
✆ (907) 456-79 56
Privat betriebener Campground in zentraler Lage.

 **Norlite Campground**
1660 Peger Rd.
Fairbanks, AK 99709
✆ (907) 474-02 06, Fax 474-09 92
Geöffnet Mitte Mai–Mitte Sept.
Zentral gelegen, mit Duschen, Waschmaschinen; deutschsprachiges Personal.

 **Chena River State Recreation Site**
An der University Ave., nahe der Chena-River-Brücke
Einfacher Campground mit Wasserversorgung.

 Wenn wirklich **alle Campgrounds ausgebucht** sind, versuchen Sie es auf dem Gelände der Universität von Fairbanks. Dort gibt's Stellplätze für $ 1 pro Nacht, natürlich ohne *hook ups* oder sonstigen Service.

171

# *Through the Trials and Tribulations*

## Willkommen in Alaska!

*In den Wäldern des Yukon: Buschpilot . . .*

Ein letzter Blick auf den Signpost Forest, die Abzweigungen von Campbell Highway nach Norden und Cassiar Highway nach Süden, und der **Alaska Highway** taucht ein in die einsamen Wälder des Yukon. Die Strecke von Watson Lake über die Cassiar Mountains konfrontierte die Straßenbauer 1942 mit einem großen Problem: Keiner wußte so richtig, wo genau man denn jetzt die Straße bauen sollte. Es gab keine verläßlichen Landkarten der Gegend, und die als Scouts angeheuerten Indianer führten die den

Straßenbauern vorausarbeitenden Vermessungstrupps immer wieder in eine Sackgasse. Die Lösung brachten schließlich die Buschpiloten. In Hunderten von Flugstunden erkundeten sie eine realisierbare Straßenführung durch das bis dahin weitgehend unerforschte Land. In den Anfangsjahren galt dieses

Straßenstück als extrem schwierig befahrbar und war maßgeblich an der Begründung des schlechten Rufs des Alaska Highway beteiligt. Wahre Horrorgeschichten von unübersichtlichen, engen Kurven, nahezu unüberwindlichen Steigungen und knietiefen Schlammstücken wurden erzählt. Heute führt ein breites

*. . . und Waldsee*

*Nostalgisch: Die Überreste von Silver City*

Asphaltband hügelauf, hügelab in weiten Kurven durch das immer noch weitgehend unbewohnte Land nach Teslin am Ufer des **Teslin Lake**. Es sind heute eher die nahen Cassiar Mountains und die wunderschöne Landschaft des Rancheria-Tals, die mit diesem Abschnitt des Alaska Highway in Verbindung gebracht werden.

**Teslin** ist ein kleines Dorf der Tlingit-Indianer am Ostufer des Teslin Lake. Im kleinen **George Johnston Museum** im Ort finden sich Exponate zur örtlichen Geschichte, zu den Tagen der Goldgräber, zur Kultur der Tlingit-Indianer sowie eine Sammlung von Fotografien George Johnstons aus der Zeit von 1910 bis 1940, auf denen er Leben und Leute des Ortes festhielt. Der Tlingit-Indianer und Trapper George Johnston war ein vielseitig interessierter Mann. 1928, nach einer besonders guten Fellausbeute, kaufte er

einen Chevrolet und ließ ihn per Frachtkahn über die Seen von Whitehorse nach Teslin bringen. Auf einer selbstgebauten, fünf Kilometer langen Straße betrieb er dann mehr als ein Dutzend Jahre vor dem Bau des Alaska Highway eine Art Taxidienst – im Winter sogar mit erweitertem Streckennetz: Er fuhr dann auf dem Eis des Sees. Mit weißem Anstrich versehen, diente der Chevy im Winter gelegentlich auch als rollender Ansitz für die Jagd.

*Das Delta eines Schmelzwasserbachs im Kathleen Lake zwischen Whitehorse und Haines Junction*

Als der Highway gebaut wurde, trafen die Bautrupps einige Kilometer außerhalb Teslins auf diesen Weg, und eine Vorausabteilung Soldaten fuhr mit ihren Jeeps ins Dorf hinein. Das Staunen war groß: auf der einen Seite über die fremden Männer, die mit Jeeps unangemeldet auf Georges Straße ins Dorf rollten, auf der anderen Seite über den 1928er Chevy in der Wildnis, dessen Reifen mangels Nachschub mit Elchleder ausgebessert worden waren.

Kurz vor Whitehorse weist das Schild mit dem Kamerasymbol den Weg zum **Miles Canyon**, an dessen Ende der weißschäumende Kamm der tückischen Whitehorse-Stromschnellen auf die Boote der Goldsucher lauerte. Von den mehr als 7 000 Booten, die am 29. Mai 1898 auf dem Weg zum Klondike River zu Wasser gebracht wurden, fielen innerhalb einer Woche mehr als 150 dem Wildwasser am Ausgang des nur 30 Meter breiten Canyon, den der Yukon River durch die Basalt-

*Tief in der Wildnis: Der Kaskawulsh-Gletscher im Kluane National Park*

barriere gegraben hat, zum Opfer. Die Strudel des Canyon und das Wildwasser der Stromschnellen sind inzwischen im Stausee des Schwatka-Damms versunken, dessen Turbinen Whitehorse mit Elektrizität versorgen. Vom Parkplatz am Canyon-Rand führt eine Hängebrücke über das grüne Wasser des Yukon River zu einem Wanderweg am Ostufer des Schwatka Lake entlang, der im wesentlichen der Trasse der Feldbahn folgt, mit der Canyon und Stromschnellen umgangen wurden. Diese Feldbahn besaß Schienen aus Baumstämmen, auf denen ein Wagen mit Rädern lief, deren halbkreisförmige Laufflächen sich der Rundung der Stämme anpaßten. Schwerbeladen mit Ausrüstung und Booten, wurde der Wagen von einem Pferd über die acht Kilometer lange Strecke gezogen.

Das futuristisch anmutende Gebäude des **Tourism Yukon Visitor Reception Centre** steht am Alaska Highway in der Nähe des Flughafens. Im Inneren des großzügigen Baus, der außerhalb der sommerlichen Saison als Konferenzzentrum genutzt wird, versorgen freundliche *locals* die Besucher mit allen nur denkbaren Informationen und Tips für den Aufenthalt in Whitehorse und die Reise durch das Yukon Territory. Sehr empfehlenswert ist die ebenfalls im Visitor Reception Centre gezeigte Dia-Show *»Yukon Story«*. Die gelungene Präsentation ist von kaum zu überbietender Qualität und übertrifft an Brillanz und Atmosphäre alles, was sonst entlang des Highway zu diesem Thema zu sehen ist. Gleich nebenan zeigt das **Yukon Transportation Museum** eine Aus-

wahl an Transportmitteln des Yukon: vom Hundeschlitten über den Raddampfer und die Eisenbahn bis hin zu den Flugzeugen, mit denen die legendären Buschpiloten das neue Zeitalter im Norden einläuteten. Ein Leckerbissen für Eisenbahnfans ist das Video über den Bau der Bahnstrecke vom Pazifikhafen Skagway in Alaska über den White Pass nach Whitehorse, stilgerecht präsentiert in einem alten Abteil der »White Pass & Yukon Railway«.

Der Abend in **Whitehorse** läßt sich goldrauschmäßig gestalten, mit Cancan-Girls, Honky-tonk-Musik und Balladen von Robert Service in der Vaudeville Revue »**Frantic Follies**« im »Westmark Whitehorse Hotel«. Das Kontrastprogramm dazu ist ein abendlicher Badeausflug zu den 27 Kilometer von Whitehorse entfernten **Takhini Hot Springs** an der Straße nach Dawson City. Hier sprudeln pro Minute über 300 Liter 48 Grad Celsius heißes Wasser aus der Erde. Ein Teil davon fließt auf 38 Grad abgekühlt in den großen Pool. Die heißen Quellen wurden schon im letzten Jahrhundert von Indianern und *voyageurs* benutzt, die ihre Kanus den Takhini River hinaufpaddelten, um in dem mineralienreichen, heißen Wasser zu baden. Gleich nebenan liegt ein ruhiger Campingplatz – die ideale Übernachtungsstation für Wohnmobilfahrer, die nicht zurück nach Whitehorse ins Hotel möchten.

Whitehorse repräsentiert gleichermaßen den alten und den neuen Yukon. Wenn Sie auf dem Highway in die Stadt hineinfahren, werden Sie den »wilden Norden« zunächst vergeblich suchen. Motels und Gewerbebetriebe entlang der geteerten Straßen, die Ansammlung von nüchternen Gewerbebauten, die geordneten Reihen von Wohnhäusern in amerikanischer Vorstadtarchitektur, akzentuiert durch eine bunte Reihe von Geschäften im Frontier-Stil und drei oder vier Neubauten in postmoderner Verwaltungsarchitektur, könnten auch in einer beliebigen anderen Provinzstadt Nordamerikas stehen. Erst ein Spaziergang durch Downtown enthüllt ein spannungsreiches Miteinander von modernen Zweckbauten und Blockhäusern aus der Gründerzeit.

Obwohl niemals eine richtige Boomtown war Whitehorse wegen seiner Funktion als Verkehrsknotenpunkt und Versorgungsstützpunkt trotzdem den üblichen Zyklen von Boom und Bust ausgesetzt. Für eine kurze Zeit während der hektischen Tage des Goldrausches entstand unterhalb der schäumenden Gischt der Whitehorse-Stromschnellen am Ende des Miles Canyon eine Zeltstadt. Hier trockneten die beherzteren unter den *stampeder* ihre in den Stromschnellen durchnäßte Habe, und die zaghafteren (oder zahlungskräftigeren) verluden ihre mit der Feldbahn vom oberen Ende des Canyon herangebrachte Ausrüstung wieder in die Boote. 1900, mit der Anknüpfung an die Eisenbahnlinie von Skagway über den White Pass, entstand eine permanente Stadt. Hier wurden Passagiere und Fracht für das 300 Meilen stromabwärts gelegene Dawson City auf die Raddampfer umgeladen, denn vor dem Bau des Alaska Highway war der Fluß der Hauptverkehrsweg der Region.

Als die ersten Buschpiloten auf dem Yukon River landeten, war Whitehorse ein beschauliches Dorf mit 800 Einwohnern; im April 1942 wurde es Hauptquartier für den Bau des Westsektors des Alaska Highway, und die Einwohnerzahl stieg binnen kürzester Zeit auf über 20 000 an.

Die Nachkriegsjahre schienen einen weiteren Niedergang in der Geschichte der Stadt einzuleiten, doch dann wurde der Alaska Highway für den zivilen Verkehr freigegeben. 1953 zog die Territoriums-Regierung nach Whitehorse um, die Ausbeutung weiterer Erzvorkommen begann, und neue Straßen wurden gebaut. Heute leben zwei Drittel der Bevölkerung des Yukon in Whitehorse, und über 400 000 Touristen und Geschäftsreisende besuchen jedes Jahr die Stadt.

Das **MacBride Museum** führt durch die Geschichte des Yukon, beschreibt die ethnische Zusammensetzung der Bevölkerung und erzählt von frühen Entdeckungsreisenden, Pelzhändlern und Missionaren. Der Löwenanteil der Exponate stammt aus der großen Zeit der Goldfunde: Zeitungen, Fotografien, Gewehre, Goldwaagen, Schlitten, Pickel und Schaufeln. Im Freigelände stehen die Feldbahnwaggons der Umgehungsstrecke am Miles Canyon, eine Dampflok der Schmalspureisenbahn nach Skagway am Pazifik, Bagger und ein tonnenschwerer Kupferklumpen, der am Kluane Lake gefunden wurde. Einen Ehrenplatz hinter Glas hat die Schere gefunden, mit der am 20. November 1942 eine Gruppe frierender *officials* auf dem Soldier's Summit am Kluane Lake das Band zur Eröffnung des Alaska Highway durchschnitten.

Die **Old Log Church**, aus handbehauenen Baumstämmen gefügt, ist als Museum der Geschichte der anglikanischen Missionierung im Norden gewidmet, die schon 1861, also lange vor dem Goldrausch, im Yukon einsetzte. Bezeichnend für die Risiken und Unwägbarkeiten einer Reise im damals noch unerschlossenen Norden sind Tagebucheintragungen von Bischof Stringer aus dem Jahr 1890: »17. Oktober – 15 Meilen gereist. Zum Abendessen Robbenfellstiefel getoasted. Schmackhaft. Fühle mich ermutigt.« Und weiter schreibt er: »20. Oktober – Frühstück aus dem Oberteil der Stiefel. Nicht

*Urig und nett: Das »White River Motor Inn« am Alaska Highway*

so gut wie die Sohle. Sehr müde. Hände wund.«

Wahrzeichen von Whitehorse und Höhepunkt des Spaziergangs durch die Stadt ist der inzwischen zum *National Historic Site* (Schauplatz nationaler Geschichte) geadelte Raddampfer »**S.S. Klondike**«, einst das größte und schönste Schiff auf dem Fluß. Von »Parks Canada« perfekt und bis hin zu Tischtuch und Teetasse mit viel Liebe zum Detail restauriert, sitzt sie hoch auf dem trockenen Uferkies. Im Zelt nebenan erzählt ein Video von der Zeit, als der Dampfer in eineinhalb Tagen Versorgungsgüter und Maschinen flußabwärts nach Dawson City brachte und mühsame fünfeinhalb Tage brauchte, um, gegen die Strömung ankämpfend, mit bis zu 300 Tonnen Gold und Silber, Blei und Zink aus Dawson City und Mayo nach Whitehorse zurückzukehren. Jede halbe Stunde führen Mitarbeiter von »Parks Canada« Besucher durch das Schiff und schildern das Rei-

sen und das aufregende Leben auf dem Fluß, der seine Bedeutung als Transportweg erst in den 50er Jahren nach der Fertigstellung der Allwetterstraße zu den Minen in Mayo verlor. Auf dem Yukon verkehrten fast 90 Jahre lang Raddampfer, die die Besiedelung und Versorgung des Nordens erst möglich machten. Die ersten Schiffe erschienen schon 1876 auf dem Unterlauf des Flusses: Von St. Michael an der Bering-See bis Fort Selkirk nördlich von Whitehorse reichte ihr Aktionsbereich. Mit den Goldfunden am Klondike und dem Bau der Eisenbahn über den White Pass verlagerte sich der Schwerpunkt des Verkehrs auf den Abschnitt zwischen Whitehorse und Dawson City; über 200 Schiffe waren zeitweise auf dieser »Rennstrecke« unterwegs.

Nach den letzten Einkäufen in Downtown Whitehorse – der bis Fairbanks einzige Ort mit einem vielseitigen Warenangebot – geht es weiter gen Norden. Die

*Technisches Meisterwerk: Die Trans-Alaska Pipeline*

Straße folgt über weite Strecken einem alten Winterweg nach Silver City am Südende des Kluane Lake, der entstand, als 1903 in den Bächen des Kluane-Distrikts Gold gefunden wurde, sowie der Route des Packpferde-Weges, den ein Händler namens Jack Dalton in den 1890er Jahren vom Lynn Canal an der Pazifik-Küste (bei Skagway) ins Innere des Yukon Territory etablierte. 1942 wurde entlang der Dalton-Route eine Stichstraße vom Alaska Highway zur Hafenstadt Haines (Alaska) gebaut. Aus dem Camp der Bautrupps entstand der Ort **Haines Junction.**

Nördlich der kleinen Ortschaft ragen die weiß gekrönten Gipfel der St. Elias Mountains als spektakuläre Kulisse auf, unübersehbares Wahrzeichen des **Kluane National Park**. Das über 22 000 Quadratkilometer große Wildnisgebiet ist ein *UNESCO World Heritage Site* und beherbergt das größte zusammenhängende Gletscherfeld außerhalb der Polarregion.

Die Vorberge und Täler sind ein riesiges Naturschutzgebiet, in dem die Tiere des Nordens ungestört und ohne Einfluß von außen leben können. Nur einige Pfade führen in den Park hinein. Wanderungen im Park haben, mit Ausnahme weniger kurzer Abstecher vom Highway, durchweg Expeditionscharakter und sollten gut vorbereitet sein. Dem Reisenden auf dem Alaska Highway bleibt als Alternative die beeindruckende, mehrfach preisgekrönte Dia-Show im **Kluane National Park Visitor Centre** in Haines Junction, die mit brillanten Bildern stimmungsvoll und informativ durch den Park führt. Wer mehr Zeit zur Verfügung hat, kann während des Sommers an den von Rangern begleiteten Wanderungen ins Innere des Parks teilnehmen oder sich Vorträge über Flora und Fauna des Nationalparks anhören. Eine Übersicht über das jeweilige Wochenprogramm erhält man im Visitor Centre.

Knapp 60 Kilometer weiter nördlich zweigt nach rechts ein kurzer Schotterweg zu den in schöner Landschaft gelegenen, malerischen Überresten der Bergwerksiedlung **Silver City** – ein lohnender Abstecher für Fotografen und Fans nostalgischer Goldgräberromantik.

Nach der langen Brücke über das Schwemmland des Slims River schlängelt sich der Highway über 40 Meilen am Ufer des **Kluane Lake** entlang. Gleich zu Beginn lädt das **Sheep Mountain Visitor Information Centre** zu einem Stopp mit Diavorträgen zur Flora und Fauna des Parks ein, und starke Fernrohre ermöglichen einen Blick auf die Hänge des hinter dem Visitor Centre aufragenden Sheep Mountain, auf dem zu Beginn des Herbstes einige der mehreren tausend Bergschafe des Nationalparks zu beobachten sind. Aus der Nähe, allerdings ausgestopft, präsentiert das **Kluane Museum of Natural History** in **Burwash Landing** die Tiere des Parks. Die Displays präsentieren Adler und Bär, Bergziege und Schaf in ihrer natürlichen Umgebung und animieren mit Fellstücken und Gipsabdrücken von Fußspuren zum Anfassen.

Auf der nun folgenden Strecke in Richtung Alaska wird der Highway besonders im Grenzgebiet auf kanadischer Seite seinem alten, schlechten Ruf noch einmal gerecht: zwei schmale Asphaltspuren, kurvenreich und unübersichtlich, hin und wieder Schlaglöcher mit teilweise beeindruckender Tiefe. Beim Bau dieses Straßenabschnitts hatte man noch keine Erfahrung darin, wie man eine Straße über Permafrostboden bauen muß, und so fehlt es an der nötigen Wärmeisolierung zwischen Straßenbelag und gefrorenem Untergrund. Heizt die Sonne an einem der langen, warmen Sommertage den Asphalt so richtig auf, dann taut der Permafrost an der Oberfläche auf, und der Belag beginnt zu »schwimmen«. Das Resultat sind Schlaglöcher, Risse und lange Fahrbahnwellen, die Auto und Insassen nach Achterbahnmanier kräftig

beuteln. Bei hoher Geschwindigkeit hebt der fahrbare Untersatz auch schon mal zu einem kurzen Flug ab. Da hilft nur langsam fahren und auf die kleinen roten Fähnchen am Straßenrand achten, die meist – aber nicht immer – vor Überraschungen der Permafrost-Art warnen. Einen Trost gibt es: Die Bautrupps sind am Werk, und in ein paar Jahren wird der Verkehr auch hier über ein glattes Asphaltband rollen – leider, sagen einige Highway-Fans, die den alten, abenteuerlichen Schottertagen des Highway nachtrauern.

Am 141. Längengrad ist die Grenze zu Alaska erreicht, und die Straße folgt der Flanke der Alaska Range, die jetzt als dominierende Bergkette den Weg nach Zentral-Alaska begleitet. Im Chisana-River-Tal liegt das Visitor Center des **Tetlin National Wildlife Refuge**. Von der Terrasse des großen Blockhauses schweift der Blick weit über das Tal bis zu den Bergen. Das Hügelland und die Täler von Chisana und Nabesna River sind die Heimat von Elchen, Füchsen, Wölfen, Bären, Coyoten und Bibern. Anlaß für die Einrichtung des Naturschutzgebietes war aber die große Population von Wasservögeln, die Hunderte von Tümpeln und kleine Seen in der Region bevölkern. Man schätzt, daß hier allein 90 000 bis 100 000 Entenküken pro Jahr ausgebrütet werden. Entsprechend ausführlich beschäftigt sich das Besucherzentrum mit Flora und Fauna des Schutzgebietes.

**Tetlin Junction** und der Abzweigung des Taylor Highway Richtung Eagle, mit Anschluß an den Top of the World Highway (siehe Seite 190), folgt nach weiteren zwölf Kilometern Tok und die Abzweigung der Straße nach Valdez am Pazifik.

**Tok** schmückt sich gleich mit zwei Slogans: »*Sled Dog Capital of the World*« und »*Mainstreet Alaska*«. Beide sind irgendwie zutreffend, denn etwa zwei Drittel der Einwohner beschäftigen sich mit der Aufzucht und dem Training von Schlittenhunden, und das ausgesprochen langweilige Kaff zieht sich kilometerweit beidseits des Highway dahin.

Die flatternden Fahnen auf der Säule vor dem Visitor Center von **Delta Junction** verkünden das Ende des Alaska Highway. Das Foto vor dem Meilenstein gehört genauso zum Alaska-Highway-Ritual wie der anschließende Besuch im Visitor Center, wo es all die Mementos zu kaufen gibt, mit denen man sich später als Bezwinger des Highway und Überwinder aller realen und eingebildeten Probleme bei der Eroberung der »Wildnis« ausweist. Von Aufklebern mit dem Schriftzug »*I drove the Alaska Highway and survived*« über die Baseballmütze mit integriertem Elchgeweih und der Postkarte, die den abgebildeten Moskito zum *state bird of Alaska* ernennt, bis zur Urkunde, die hochoffiziell mit Siegel und Unterschrift bescheinigt, daß man *through the trials and tribulations*, durch Not und Mühsal, das Ende des Highway erreicht hat, gibt es nichts, was es nicht gibt. Delta Junction gilt als die Stadt am Ende des Alaska Highway, der hier in den Richardson Highway mündet. Schon seit 1920 stellt der **Richardson Highway** die Verbindung her zwischen dem eisfreien Pazifikhafen Valdez im Süden und Fairbanks im Norden. Delta Junction ist seit 1978 zudem Zentrum eines großangelegten Versuchs, auf den umliegenden Ebenen Gerste anzubauen, die als Futter für die einheimischen Rinder dienen soll. Richtig erfolgreich war das Projekt allerdings nicht. Zum einen sorgt das kapriziöse Wetter immer wieder für schlechte Ernten, zum anderen hat die in den 1920er Jahren in der Gegend angesiedelte freilebende Büffelherde einen ausgesprochenen Heißhunger auf die Gerstenfelder der Farmer entwickelt. Auch die Rinderzucht entwickelte sich nicht wie geplant; die einheimische Gerste erwies sich als zu teuer, und bis jetzt ist die Schlacht- und Verarbeitungskapazität noch nicht entsprechend ausgebaut worden.

Wenige Kilometer hinter Delta Junction trifft man dann auf »**Rika's Roadhouse**« am Tanana River, eine originalgetreu restaurierte Rast- und Übernachtungsstation aus dem Jahr 1910. Gleich daneben überquert die **Trans-Alaska Pipeline**, von einer speziellen Seilbrücke getragen, den Fluß. Die Pipeline transportiert seit 1978 Öl von den Ölfeldern an der Prudhoe Bay am Nordpolarmeer zum ganzjährig eisfreien Hafen Valdez am Pazifik. Etwa ein Viertel der gesamten Ölproduktion der USA, bis zu 1,5 Millionen Barrel pro Tag, fließen durch die Pipeline.

Die letzten 150 Kilometer bis Fairbanks ziehen sich, auch wenn sich ab und zu ein schöner Blick auf die Alaska Range mit den prominenten Gipfeln von Mount Hayes, Hess Mountain und Mount Deborah auftut. Die in niedriger Höhe über die Straße donnernden Flugzeuge der »Eielson Air Force Base« kündigen dann die Nähe von Fairbanks an.

**Santa Claus House** im Vorort **North Pole** mit leicht kitschiger »alpenländischer« Bemalung und überdimensionalem Weihnachtsmann im Garten ist ein auffallender bunter Fleck am eintönigen Vorortstraßenrand. Am Nordpol wohnt Santa Claus, der amerikanische Weihnachtsmann, mit seinen Rentieren, das weiß in Amerika jedes Kind; konsequenterweise gibt es im Santa Claus House von North Pole das ganze Jahr über herrlichen Weihnachtskitsch zu kaufen.

Nach weiteren 23 Kilometern ist eine urbane Insel in der weitgehend weglosen Wildnis von Zentral-Alaska erreicht: **Fairbanks,** die zweitgrößte Stadt Alaskas. »*Golden Heart of Alaska*« empfängt seine Besucher mit allen Attributen einer Provinzstadt der *lower 48*. Hotels und Restaurants, Supermärkte und Autohändler buhlen unübersehbar um die Gunst des Konsumenten – Willkommen in *urban America*. ■

<table>
<tr><td colspan="2">Variante zu Route 4:</td><td>Von Watson Lake über Campbell Highway,<br>Klondike Highway, Top of the World Highway<br>und Taylor Highway nach Fairbanks (1663 km)</td></tr>
</table>

<table>
<tr><td>Variante zu Route 4</td><td>1. Tag – Route: Watson Lake –<br>Carmacks (617 km)</td></tr>
</table>

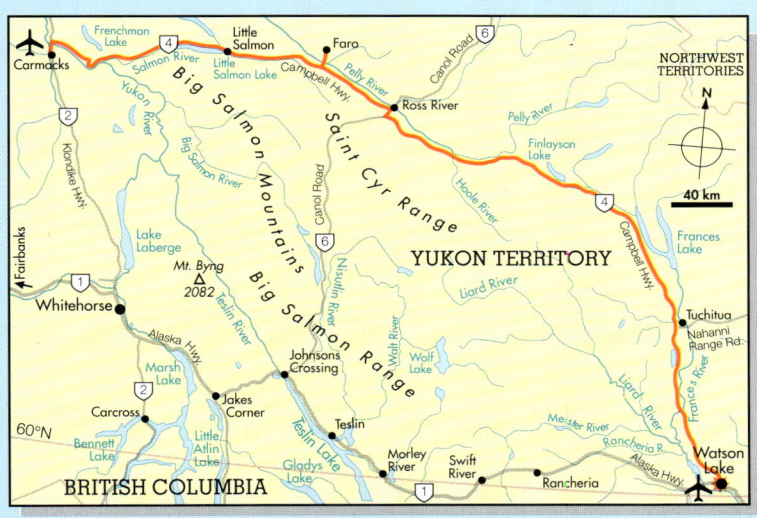

| km | Zeit | Route |
|---|---|---|
| 0 | 9.00 Uhr | In **Watson Lake** volltanken (erst in Ross River gibt es unterwegs wieder eine Tankstelle) und Abfahrt auf dem **Campbell Highway** (Hwy. 4; Schotterstraße) nach |
| 109 | | **Tuchitua**, Abzweigung der **Nahanni Range Road**. |
| 368 | | Abzweigung nach Ross River und zur **North Canol Road**. |
| 383 | | In **Ross River** tanken und zurück zum |
| 390 | | Hwy. 4. |
| 443 | | Abzweigung nach **Faro** (9 km; Tankstelle). |
| 531 | | Abzweigung zum Little Salmon Lake Campground. |
| 573 | | Abzweigung zum Frenchman Lake Campground. |
| 613 | | Einmündung in den **Klondike Highway** (Hwy. 2), links nach Süden abbiegen Richtung Whitehorse, auf dem Hwy. 2 bis |
| 617 | 19.00 Uhr | **Carmacks**. |

**Campbell Highway**
Knapp 600 km lange Schotterstraße durch
die einsamen Wälder des südlichen Zentral-Yukon. Es gibt nur zwei Tankmöglich-
keiten entlang der Strecke, die jeweils
zum Volltanken genutzt werden sollten.

 **Nahanni Range Road**
Auch Cantung Road genannte Versorgungsstraße für die jetzt stillgelegte
Wolframmine in den Mackenzie Mountains der Northwest Territories. Die
Straße führt durch weitgehend unberührte Wildnis ins Hinterland. Nur die ersten
130 km der insgesamt 200 km langen
Strecke nach Tungsten werden noch regelmäßig instand gehalten.

 **North Canol Road**
Eine der einsamsten Straßen im Norden
Kanadas. Sie führt über 232 km, ohne
Tankstellen oder sonstige Versorgungsmöglichkeiten, durch wilde, abenteuerliche Landschaft von Ross River zum Macmillan Pass an der Grenze zu den Northwest Territories. Nur für Fahrzeuge geeignet, die einen Benzinvorrat für 500 km
langsamer Fahrt mitführen können. Die
enge und kurvenreiche Straße ist für
Wohnanhänger und größere Wohnmobile nicht empfehlenswert.

 **Ross River**
Kleiner Ort am Pelly River. Eine Fußgängerbrücke führt über den Fluß zu einem
verlassenen Indianerdorf. Ross River
dient hauptsächlich als Versorgungsstützpunkt für die Prospektoren, die die Bodenschätze des Gebietes erschließen,
und als Ausgangspunkt für Jäger und Kanufahrer.

 **Welcome Inn**
Ross River, Y.T. Y0B 1S0
 ✆ (403) 369-22 18, Fax 969-21 08
Hotel mit einem Restaurant.
$$

 **Faro**
Ursprünglich Bergbaustadt und *company
town*, heute von wenigen Bewohnern
mühsam am Leben erhalten.

 **Johnson Lake Campground**
Einfacher Campground 6 km vor Faro an
der Zufahrtsstraße.

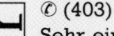 **John Conolly RV Park**
P.O. Box 580, am Ortseingang an der Haupt-
straße
Faro, Y.T. Y0B 1K0
✆ (403) 994-22 88
Campground mit Duschen, Wasser und
Müllabladeplatz *(dump station)*.

 **Cranky Franks Restaurant & Motel**
An der Hauptstraße, Faro
 ✆ (403) 994-24 30
Sehr einfache Unterkunft und Restaurant.
$$

 **Little Salmon Lake Campground**
1,5 km vom Hwy. 4 entfernt
Einfacher Campground am See.

 **Frenchman Lake Campground**
8 km nördlich des Hwy. 4
Einfacher Campground.

 **Highway Cafe**
Am Klondike Highway (Hwy. 2)
Carmacks
✆ (403) 836-67 08
$–$$

 **Hotel Carmacks**
P.O. Box 160, Carmacks, Y.T. Y0B 1C0
✆ (403) 863-52 21, Fax 863-56 05
Hotel mit Restaurant und Bar; außerdem
Organisation von Bootstouren zu den Five
Finger Rapids (s. S. 187). $$–$$$

**Tatchun Creek Campground**
Am Klondike Highway (Hwy. 2), ab der
Einmündung des Campbell Highway
20 km nach Norden Richtung Dawson City
Einfacher Campground.

# Variante zu Route 4    2. Tag – Route: Carmacks – Dawson City (361 km)

| km | Zeit | Route |
|---|---|---|
| 0 | 9.00 Uhr | In **Carmacks** volltanken und Abfahrt auf dem **Klondike Highway** (Hwy. 2) nach Norden. |
| 24 | | **Five Finger Rapids Overlook** |
| 107 | | **Pelly Crossing Overlook** |
| 180 | | **Stewart Crossing**, Abzweigung des **Silver Trail** (Hwy. 11) nach **Mayo** und **Keno**. |
| 361 | 15.00 Uhr | **Dawson City** (einchecken im Hotel oder auf dem Campground). |

*Problematisch für die Raddampfer: Five Finger Rapids nördlich von Carmacks*

185

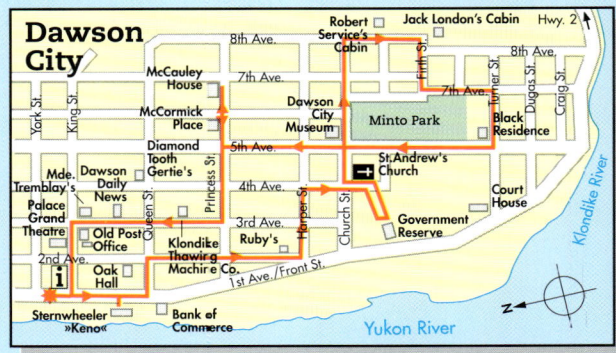

**Nachmittags**

**Spaziergang durch Dawson City: vom Visitor Reception Centre** auf der Front St. (1st Ave.) zum **Raddampfer »Keno«**, an der Bank of Commerce vorbei links in die Queen St. und rechts in die 2nd Ave. Von dieser links in die Harper St. und dann rechts in die 4th Ave. zu einem Rundgang durch die **Government Reserve** und zur **St. Andrew's Church**. Auf der Church St. stadteinwärts und rechts auf der 8th Ave. zu **Robert Service's Cabin** und zu **Jack London's Cabin**. Die Firth St. hinunter zur 7th Ave., von dieser links auf die Turner St. zur **Black Residence** an der Ecke zur 5th Ave. Auf der 5th Ave. stadteinwärts (rechts) zum **Dawson City Museum**, weiter zur Princess St., dort Abstecher nach rechts zum **McCormick** und **McCauley House**. Danach Richtung Yukon River und rechts in die **3rd Avenue** zu **Harrington's Store**, vorbei an Klondike Thawing Machine Co., Dawson Daily News und **Madame Tremblay's Store**, zum **Old Post Office** von 1901 und zum **Palace Grand Theatre** (links um die Ecke in der King St.).

**Abends**

Besuch von **Diamond Tooth Gertie's Gambling Hall & Saloon**. Vorher, falls Eintrittskarten zu haben sind, zur **»Gaslight Follies« Show** im **Palace Grand Theatre**.

---

**Empfehlenswerte Extratour ab Dawson City:** Auf dem **Dempster Highway** (Hwy. 5) bis **Inuvik** und retour. Der Dempster Highway, eine gut gewartete Schotterstraße, führt durch eine beeindruckende Landschaft über den Polarkreis hinaus an den Rand der bewohnten Welt nach Inuvik, dem Verwaltungs- und Versorgungszentrum der westlichen Arktis von Kanada. Für die insgesamt über 1500 km lange Strecke sollte man sich mindestens vier, besser aber mehr Tage Zeit nehmen. (Eine ausführliche Routenbeschreibung und Informationen finden Sie im Vista Point Reiseführer »Alaska und Kanadas Yukon«, S. 114 ff.)

### 👁 Five Finger Rapids Overlook
24 km nördlich von Carmacks
Felseninseln drängen den Yukon River in
enge Kanäle.

### 👁 Pelly Crossing Overlook
2 km nördlich von Pelly Crossing
Aussichtspunkt mit Blick auf das Tal des Pelly River und auf die Ortschaft Pelly Crossing.

### 👁 Silver Trail
Hwy. 11 nach Mayo und Keno, einer Bei-
nahe-Geisterstadt zu Füßen des »Silber-
berges« Keno Mountain, der einst eine
der reichsten Silberlagerstätten der Welt
enthielt. Von seinem Gipfel hat man einen
spektakulären Blick auf die Wälder und
Berge des Yukon.

---

### Dawson City, Yukon Territory

---

### ℹ Visitor Reception Centre
Front St., zwischen York St. und King St.
Dawson City, Y.T. Y0B 1G0
✆ (403) 993-55 66, Fax 993-64 49
Geöffnet Mitte Mai–Mitte Sept. 9–21 Uhr
Hier gibt es neben den üblichen Informationen einen Stadtplan und eine Broschüre mit einer Beschreibung der historischen Gebäude von Dawson City.

### 👁 Sternwheeler »S. S. Keno«
Bis zum Bau des Klondike Highway war
der Raddampfer von 1922 auf dem Yukon
River zwischen Whitehorse und Dawson
City im Dienst.

### 👁 Robert Service's Cabin
8th Ave.
Geöffnet Juni–Sept. 9–12 und 13–17 Uhr
Das Blockhaus des »Barden des Yukon«.
Lesungen aus seinen Werken tägl. 10 und
15 Uhr.

*Einsamer Weg durch die Wälder: ▷*
*der Campbell Highway*

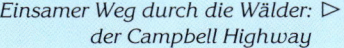

### Jack London's Cabin
8th Ave./Ecke Park St.
Fotoausstellung geöffnet Juni–Sept. 10–12
und 13–18 Uhr
Vortrag tägl. um 13 Uhr
Hier gibt es eine schöne Fotoausstellung
und einen Vortrag über Jack London.

### Dawson City Museum
5th Ave./Ecke Church St.

℡ (403) 993-52 91
Geöffnet Mai–Sept. 10–18 Uhr
Gezeigt werden historische Stummfilme
sowie Dia-Shows über Dawson City zur
Zeit des *gold rush* und über den Dempster
Highway; Lokomotiven der Mineneisen-
bahn und Exponate zur Stadtgeschichte;
mit Museums-Shop.

### 3rd Avenue
Straße mit vielen z. T. restaurierten Gebäuden aus den großen Tagen der Goldgräber. Interessante Schaufenster mit historischen Exponaten.

### Harrington's Store
3rd Ave./Ecke Princess St.
Geöffnet Mitte Juni–Aug. 11–17 Uhr
*»Dawson As They Saw It«* ist der Titel der
Ausstellung mit Fotos aus den Tagen des
Goldrausches und der Blütezeit Dawsons.

### Old Post Office
3rd Ave./Ecke King St.
Geöffnet Juni–Sept. 12–18 Uhr
Historisches Postamt von 1901, in dem
entsprechend gekleidetes Personal Sonderstempel auf die Briefe der Besucher
drückt.

### Palace Grand Theatre
3rd Ave./Ecke King St.
Führungen Juni–Sept. 11–17.30 Uhr
Wieder aufgebautes Theater aus dem Jahr
1899.

### »Gaslight Follies«
Im Palace Grand Theatre
Kartenvorbestellungen: ℡ (403) 993-62 17

von 12–17 und 19–20 Uhr
Tägl. außer Di um 20 Uhr
Varieté im Stil der Jahrhundertwende.

### Diamond Tooth Gertie's Gambling Hall & Saloon
4th Ave./Ecke Queen St.
22. Mai–21. Sept. tägl. 20–2 Uhr,
So geschl.; Shows um 21, 23 und 1 Uhr
Spielkasino mit Bar. Black Jack, Spielauto-
maten, Roulette und Glücksrädern – alles
im Stil der Jahrhundertwende. Am lustig-
sten ist es am Samstag, wenn die Goldwäscher von den Creeks in die Stadt kommen, um sich zu amüsieren; eine Show
trägt noch zusätzlich zur Unterhaltung bei.

### Jack London Grill
2nd Ave./Ecke Queen St. (im Downtown
Hotel)
℡ (403) 993-53 46
Tägl. 6.30–22 Uhr
Das Hotel-Restaurant hat auch außerhalb
der Saison geöffnet. $$$

### Marinas Dining Room
5th Ave./Ecke Harper St. (gegenüber
dem Westmark Inn)
℡ (403) 993-68 00
Geöffnet März–Okt. Mo–Fr 12–3, Sa/So
17–3 Uhr
Steaks, Pizza, Huhn und *ribs*. $$–$$$

### Nancy's
Front St./Ecke Princess St.
℡ (403) 993-56 33
Suppen, Sandwiches und Pizza. $–$$

### Westmark Inn
P.O. Box 420, 5th Ave./Ecke Harper St.
Dawson City, Y.T. Y0B 1G0
℡ (403) 993-55 42, Fax 993-56 23
Teures Kettenhotel mit allen Annehmlich-
keiten und internationalem Standard.
$$$$

### Downtown Hotel
P.O. Box 780, 2nd Ave./Ecke Queen St.
Dawson City, Y.T. Y0B 1G0

✆ (403) 993-53 46, Fax 993-50 76
Hotel im Zentrum mit Restaurant, Bar und
Whirlpool. $$$$

 **Eldorado Hotel**
P.O. Box 338
3rd Ave./Ecke Princess St.
Dawson City, Y.T. Y0B 1G0
✆ (403) 993-54 51, Fax 993-52 56
Hotel im Zentrum mit Restaurant und Bar.
$$$$

 **Triple »J« Hotel**
P.O. Box 359, 5th Ave./Ecke Queen St.
Dawson City, Y.T. Y0B 1G0
✆ (403) 993-53 23, Fax 993-50 30
Hotelzimmer und Blockhäuser mit Ein-
bauküche. $$$–$$$$

 **Dawson City Bed & Breakfast**
P.O. Box 954, 451 Craig St.
Dawson City, Y.T. Y0B 1G0
✆ (403) 993-56 49, Fax 993-56 48
B&B für Nichtraucher. $$–$$$

 **White Ram Manor Bed & Breakfast**
P.O. Box 302 M, 7th Ave./Ecke Harper St.
Dawson City, Y.T. Y0B 1G0
✆ (403) 993-57 72, Fax 993-65 09
B&B für Nichtraucher; mit Waschmaschi-
nen. $$–$$$

 **Gold Rush Campground RV Park**
5th Ave./Ecke York St.
Dawson City, Y.T. Y0B 1G0
✆ und Fax (403) 993-52 47
Mitten in der Stadt gelegen und deshalb
laut. Zelte sind nicht erlaubt; mit Duschen
und Münzwaschmaschinen.

 **GuggieVille Campground**
P.O. Box 311, östlich von Dawson City, an
der Abzweigung der Bonanza Rd. vom
Hwy. 2
Dawson City, Y.T. Y0B 1G0
✆ (403) 993-50 08, Fax 993-50 06
Ruhig gelegener Campingplatz am Bonan-
za Creek mit Duschen und Münzwaschma-
schinen.

 **Yukon River Campground**
Einfacher Campground am anderen
(westlichen) Ufer des Flusses.

---

**Feste in Dawson City:**

---

Die Feste in Dawson sind weithin beliebte
Ereignisse, die viele Besucher in die Stadt
locken. Wer nicht rechtzeitig ein Zimmer
gebucht hat, sollte Dawson an diesen
Wochenenden tunlichst meiden: **Yukon
Gold Panning Championships** am 1. Ju-
li, **Midnight Dome Race** am dritten
Samstag im Juli, **Discovery Days** am
Wochenende vor dem dritten Montag im
August und **The Great Klondike Inter-
national Outhouse Race** am ersten Wo-
chenende im September.

*Bei der Discovery Days Parade in Dawson City
sind auch die Veteranen der Goldfelder dabei*

| km | Zeit | Route |
|---|---|---|
| 0 | 9.00 Uhr | Fahrt auf den **Midnight Dome:** Verlassen Sie **Dawson City** in Richtung Südosten, nach ca. 1 km, noch vor der Brücke über den Klondike River, links abbiegen (Wegweiser »Dome Road«). Danach zurück zum Hwy. 2, links abbiegen in Richtung Flugplatz und Whitehorse. Nach ca. 2 km rechts abbiegen in die |
| 22 | | Bonanza Creek Road zur |
| 36 | | **Gold Dredge No. 4** und zum |
| 60 | | **Discovery Claim**, anschließend zurück nach |
| 78 | | Dawson City. Letzte Einkäufe, volltanken (!) und mit der **Yukon-River-Fähre** übersetzen zur |
| | 12.00 Uhr | Abfahrt auf dem **Top of the World Highway** (Hwy. 9). |
| 83 | | Links Aussichtspunkt mit Blick auf den Yukon River und Dawson City. |
| 190 | | **Grenze Kanada/USA. Zeitzonenwechsel: Stellen Sie Ihre Uhr 1 Stunde zurück!** |
| 195 | | **Boundary Lodge** (Tankstelle) |
| 209 | | **Jack Wade Junction**, links halten zur Weiterfahrt auf dem **Taylor Highway** (Hwy. 5). |
| 225 | | Links steht ein alter Goldwaschbagger im Wade Creek. |
| 247 | | **Chicken** (Tankstelle) |
| 334 | | **Tetlin Junction**, rechts abzweigen und auf dem **Alaska Highway** (Hwy. 2) nach |
| 354 | 17.00 Uhr | **Tok.** |

**3. Tag – Informationen**

## Midnight Dome

Die 790 m hohe Bergkuppe unmittelbar bei Dawson City bietet eine ausgezeichnete Aussicht auf die Stadt, die Goldfelder am Klondike und auf den Yukon River.

## Gold Dredge No. 4

An der Bonanza Creek Rd. südöstlich von Dawson City; Juni–Aug. 9–17 Uhr
3 000 t schwerer Schwimmbagger mit integrierter Goldwaschanlage.

## Discovery Claim

An der Bonanza Creek Rd. südöstlich von Dawson City
Hier wurde am 17. August 1896 der erste große Goldfund gemacht.

___

### Dawson City, Yukon Territory

## Yukon Native Products

Im Chief Isaac Centre, Front St. (neben dem Visitor Reception Centre)
Authentische Indianer-Handarbeiten aus Dawson und dem nördlichen Yukon.

## Dawson City General Store

Front St./Ecke Queen St.
Hier können Sie sich Ihren Proviant vor der Weiterfahrt kaufen.

## Maximilian's Gold Rush Emporium

Front St./Ecke Queen St.
Interessante Auswahl an Büchern zum Thema Yukon und Nord-Kanada, außerdem Kitsch und Souvenirs.

## Yukon-River-Fähre

Ganzjährig 24 Stunden in Betrieb
Die einzige Verbindung zum Top of the World Highway, wenn man von Südosten kommt; zu bestimmten Zeiten kann es zu Wartezeiten von bis zu 3 Std. kommen.

## Top of the World Highway

Einsame Straße, die über weite Strecken mit guter Fernsicht auf den Bergrücken entlangführt. Sie mündet in Alaska in den **Taylor**

**Highway**, der Tetlin Junction mit Eagle verbindet; beide Straßen sind nur im Sommer befahrbar.

## Grenzstation Kanada/USA

Geöffnet Mitte Mai–Mitte Sept. 9–21 Uhr Yukon-Zeit (8–20 Uhr Alaska-Zeit)

## Boundary Lodge

Tankstelle und sehr einfache Kneipe mitten im Nirgendwo. Der heutige *gift shop* war eines der ersten *roadhouses* in Alaska.

___

### Tok, Alaska

## Tok Information Center

P.O. Box 359, Mile 1 314 Alaska Highway
Tok, AK 99780
☎ (907) 883-56 67
Geöffnet Mai–Sept. tägl. 8–20 Uhr
Alaska-Informationen, Straßenkarten, Tips; angeschlossen ist ein kleines Museum.

## Burnt Paw

Mile 1314 Alaska Highway (neben dem Post Office)
☎ (907) 883-41 21
Andenkenladen; tägl. außer So um 19.30 Uhr Schlittenhunde-Vorführungen.

## Westmark Tok

P.O. Box 130, Alaska Highway/Ecke Glenn Highway (Hwy. 1), Tok, AK 99780
☎ (907) 883-51 74
Kettenhotel mit internationalem Standard. $$$$

## Tok Lodge

P.O. Box 135 M, am Glenn Highway, nahe der Einmündung in den Alaska Highway
Tok, AK 99780
☎ (907) 883-28 51
Gemütliches Blockhaus-Hotel im Alaska-Stil; Restaurant mit guter Hausmannskost. $$

## Tok River State Campground

8 km südlich von Tok, am Alaska Highway
Einfacher Campground.

*»Tailings«, die Geröllbandwürmer der schwimmenden Goldwaschanlagen*

**Tok RV Village**
P.O. Box 739, Mile 1313 Alaska Highway
Tok, AK 99780
℡ (907) 883-58 77, Fax 883-58 78
Privat betriebener Campground mit Duschen, Waschmaschinen.

**Golden Bear RV Park**
P.O. Box 276, am Glenn Highway (Hwy. 1)
Tok, AK 99780
℡ (907) 883-25 61
Privater Campground mit Duschen, Waschmaschinen.

**Sourdough Campground**
P.O. Box 47, am Glenn Highway (Hwy. 1),
2,7 km Richtung Anchorage
Tok, AK 99780
℡ (907) 883-55 43
Blitzsauberer Familienbetrieb. Engagierte, nette Leute; mit Souvenir-Shop.

Variante zu Route 4/4. Tag – Informationen, s. S. 170 f.

# Variante zu Route 4    4. Tag – Route: Tok – Delta Junction – Fairbanks (331 km)

**Karte siehe Seite 167**

| km | Zeit | Route |
|---|---|---|
| 0 | 9.00 Uhr | Abfahrt in **Tok** auf dem **Alaska Highway** (Hwy. 2) nach Norden. |
| 174 | | **Delta Junction** (letzter Meilenstein des Alaska Highway; Besuch im Visitor Center gleich nebenan). Weiter auf dem **Richardson Highway** (Hwy. 2) zur |
| 189 | | Brücke über den Tanana River und Blick auf die **Trans-Alaska Pipeline**. |
| 308 | | Weiter auf dem Hwy. 2 zum **Santa Claus House** in **North Pole**, anschließend nach |
| 331 | 15.00 Uhr | **Fairbanks**. |

# Eldorado in der Wildnis
## Über Dawson City
## und die Goldfelder des Klondike nach Alaska

Am Signpost Forest in **Watson Lake** zweigt der **Campbell Highway** nach Norden ab. Über 600 Kilometer weit führt die Schotterstraße durch die einsame Weite der Wälder des südlichen Zentral-Yukon. Bis Faro folgt der Highway über weite Strecken der Pelzhandelsroute von Robert Campbell, der um 1840 als erster Europäer diesen Teil des Landes für die »Hudson's Bay Company« erkundete. Die Route bietet Wildnis pur und großartige Landschaft, aber auf der gesamten Tagesetappe nur an zwei Orten Benzin, Essen und Unterkunft der einfachsten Art. Selbstversorgende Wohnmobilfahrer und Wildnisfans sind hier in ihrem Element.

Nach etwas über 100 Kilometern zweigt die **Nahanni Range Road** nach Osten ab. Die gelegentlich auch Cantung Road genannte Versorgungsstraße für eine momentan stillgelegte Wolframmine in den Northwest Territories führt durch unberührte, einsame Wildnis zum Westrand der Mackenzie Mountains. Entlang der Straße gibt es weder eine Ortschaft noch eine Tankstelle, und nur die ersten 130 Kilometer der insgesamt 200 Kilometer langen Strecke nach Tungsten werden noch regelmäßig gewartet. Wer weiter vorstoßen will, tut gut daran, zunächst in Ross River oder Watson Lake Informationen über den aktuellen Straßenzustand einzuholen.

Beim Dörfchen **Ross River** kreuzt die **Canol Road**, der Highway 6, den Weg.

*Der Zahn der Zeit nagt auch in Dawson City*

Der kleine Ort am Pelly River ist Versorgungsstützpunkt für die Prospektoren, die die Bodenschätze des Gebietes erschließen, und Ausgangspunkt für Jäger und Kanufahrer. Die Canol (**Can**adian **Oil**) Road entstand in den Jahren 1942–44 als Versorgungsstraße, als mit dem Bau einer Pipeline von den Ölvor-

193

*Mitmachen ist Ehrensache: Fest in Dawson City*

kommen bei Norman Wells am Mackenzie River in den Northwest Territories zu
einer Raffinerie bei Whitehorse am Alaska Highway begonnen wurde. Man hoff-
te, auf diese Weise die Benzinversorgung
der Flugzeuge auf der »Northwest Staging Route« und der Lastwagen auf dem
Alaska Highway unabhängig vom
Schiffstransport auf dem von den Japa-
nern bedrohten Nordpazifik zu machen.
Das Mammutprojekt – es kostete 143
Millionen Dollar – wurde eine gigantische Pleite. Statt der veranschlagten
fünf Monate brauchten die 4 000 Soldaten und 12 000 zivilen Bauarbeiter zwei
Jahre, bis das erste Öl in Whitehorse
ankam. Man hatte die Probleme des
Straßen- und Pipeline-Baus durch die
wilden Mackenzie Mountains und die
dichten Wälder des Nordens völlig un-
terschätzt. 1945 gab man das ganze
Unternehmen auf; 1958 wurde der im

*Eldorado in der Wildnis: Dawson City und die Goldfelder des Klondike*

Yukon liegende Teil der Straße instandgesetzt und für den Verkehr im Sommer freigegeben.

Die **North Canol Road** ist eine der einsamsten Straßen im Norden Kanadas. Sie führt wie die Nahanni Range Road ohne Tankstellen oder sonstige Versorgungsmöglichkeiten durch wilde, abenteuerliche Landschaft. Der noch befahrbare Abschnitt der Straße endet nach etwa 232 Kilometern Fahrt auf nicht immer gepflegter Schotterstrecke im Tsichu-River-Tal kurz hinter dem knapp 1300 Meter hohen Macmillan Pass. Die Straße sollte nur von denjenigen befahren werden, die genug Benzin für fast 500 Kilometer langsamer Fahrt mitführen können und bei einer kleinen Autopanne nicht unbedingt auf fremde Hilfe angewiesen sind. Die weiteren 372 Kilometer bis zum Mackenzie River in den Northwest Territories sind nicht mehr zu befahren. Unter der Bezeichnung **Canol Heritage Trail** führt sie als Fernwanderweg durch eine einzigartige Landschaft. Eine Wanderung auf dem Canol Heritage Trail hat Expeditionscharakter und sollte nur von entsprechend erfahrenen und gut ausgerüsteten Wanderern unternommen werden. Die **South Canol Road** führt über 137 einsame und kurvenreiche Schotter-Meilen von Ross River durch eine sehr schöne Landschaft zum Alaska Highway.

Der kleine Ort **Faro** ist ein Beispiel für die Zyklen von Boom und Bust im Norden. Noch vor kurzem war die Bergbaustadt *company town* der »Anvil Dynasty Mine«, einer der weltgrößten Produzenten von Blei und Zink. Heute wird sie von wenigen Bewohnern mühsam am Leben erhalten.

In **Carmacks** endet der geschotterte Campbell Highway, der Rest des Weges

*Hochbetrieb bei Diamond Tooth Gertie's (Dawson City)*

nach Dawson City führt über das geteerte Band des **Klondike Highway**. Der Ort wurde nach George Washington Carmack, dem Entdecker des Goldes am Klondike River, genannt, der in der Nähe der heutigen Siedlung mit seiner Frau Kate in einem Blockhaus am Yukon River lebte.

Nördlich von Carmacks fällt der Blick vom Straßenrand auf die **Five Finger Rapids** des Yukon River. Die Strömung an den Engstellen zwischen den Felsinseln war für die Raddampfer unüberwindbar, sie mußten mit Hilfe ihrer Ankerwinden an langen, am Ufer oberhalb der Felsen befestigten Seilen flußaufwärts gezogen werden.

Unübersehbar kündigt der Airport die Nähe von **Dawson City** an. 1897, als die Nachricht von den Goldfunden an die Außenwelt drang, machten sich Zigtausende von hoffnungsvollen Goldsuchern und Abenteurern auf den Weg, um ihr Glück aus dem Schlamm und Geröll der Bäche am Klondike zu waschen. Unter denen, die den Weg zum Eldorado in der Wildnis schafften, waren einige hundert, deren Ziel nicht das wankelmütige Glück auf den Goldfeldern, sondern der sichere Profit im Handel war. Über Nacht entstand am Tor zu den Goldfeldern eine Zeltstadt, in der von Saloons und Tanzhallen über Friseur und Kleidergeschäft bis zu Lebensmittel- und Eisenwarenladen alles zu finden war. Joseph Ladue war schneller als alle anderen: Er lebte schon seit 16 Jahren im Yukon, als er vom Goldfund hörte. Aber statt wie die übrigen seinen *claim* an einem der Bäche abzustecken, kaufte er ein ebenes Uferstück, eine schlammige Elchweide an der Mündung des Klondike in den Yukon River – drei Meilen vom Bonanza Creek entfernt, an dem der große Fund gemacht worden war –, parzellierte es, baute Sägewerk und Saloon und begann, Grundstücke zu verkaufen. Im Sommer 1897 gab es bereits

*Haus in Dawson City – vergammelt oder in Ehren ergraut?*

ein paar Dutzend Holzhäuser, und gegen Ende 1898 war auf Ladues Land die größte Stadt westlich von Winnipeg und nördlich von San Francisco entstanden: Joe Ladue hatte sich seine eigene Goldmine geschaffen. Dawson City, benannt nach dem Geologen George Mercer Dawson, umfaßte 20 Häuserblocks, bebaut mit stabilen Holzhäusern, und wurde bekannt als das »Paris des Nordens«. Es gab elektrisches Licht und Telefon, Wasser- und Abwasserleitungen. Die Theater und Hotels rivalisierten mit den großen Städten des Südens, und die Geschäfte waren voller Luxusgüter. Jahrgangsweine und Cognac, Kaviar und Champagner, Damenkleider aus Paris und Möbel aus England wurden von einer Flotte von Raddampfern herangeschafft. Verschwenderisch ausgestattete Kirchen und ein Gouverneurspalast standen neben Blockhäusern und einfa-

*Das Heim des Barden: Robert Service's Cabin in Dawson City*

chen Hütten mit Segeltuchdach. Auf der Front Street am Flußufer drängten sich Goldgräber und Tanzhallenmädchen, Geschäftsleute und Abenteurer, um die einlaufenden Schiffe zu begrüßen.

Doch selbst auf dem Höhepunkt ihres Glanzes barg die Boomtown Dawson schon den Keim ihres Niedergangs. Die in Handarbeit ausbeutbaren, goldreichen Lagerstätten an den Creeks gingen zur Neige, neue reiche Goldfunde in Nome an der Küste der Bering-See lockten Goldsucher und Geschäftemacher weiter nach Norden. Dawson City wurde Verwaltungszentrum des Yukon Territory und *company town* für die Arbeiter der Minengesellschaften, die mit gigantischen Baggern die mechanisierte Ausbeutung der Lagerstätten im großen Stil betrieben. 1953 zog die Provinzregierung um in das mit Flugplatz, Eisenbahn- und Straßenanschluß verkehrsgünstiger gele-gene Whitehorse, und obwohl eine Straße nach Whitehorse gebaut wurde, sank die Einwohnerzahl immer weiter.

Dawson war auf dem besten Weg, das Schicksal vieler anderer Boomtowns zu teilen und zu einer Geisterstadt zu werden. Die große Überschwemmung durch das Frühjahrshochwasser 1979 und der Brand des alten »Downtown Hotel« schienen das Ende einzuläuten. Doch es kam anders: Die Goldpreise stiegen, und immer mehr *miners* kehrten zu den Goldfeldern zurück, um mit modernem Gerät die Creeks erneut und noch ' gründlicher nach Gold zu durchwühlen. Die Zahl der Touristen im Sommer nahm zu, »Parks Canada« entsann sich des nationalen Erbes am Schauplatz des *gold rush* und begann mit Konservierung und Restaurierung historischer Gebäude; die Einwohnerzahl nahm langsam, aber sicher wieder zu.

Inzwischen sind in Dawson die Fort-
schritte des letzten Jahrzehnts zu sehen.
Liebevoll restaurierte Gebäude aus der
großen Zeit der Stadt strahlen in neuem
Glanz, und hier und da entstehen neue
Häuser im Look der Goldrauschzeit.
Trotz allen restaurierten Glanzes ist
Dawson City aber kein steriles Freiluft-
museum und (noch) kein Goldrausch-
Disneyland. Hölzerne Gehsteige begleiten die unbefestigten Straßen, und auf
leeren Parzellen leuchten die roten Blüten des *Fireweed* über dem Unkraut.
Alte Häuser versinken mit ihren im har-
schen Klima ergrauten Fassaden langsam im Permafrostboden, und Büsche
verbergen unter ihrem Grün Überreste
der glorreichen Zeit. Verblichene
Schilder auf schiefen Wänden preisen
Waren und Dienstleistungen vergangener Zeiten an. Man spürt, hier lebt
die Geschichte.

Der Highway führt quasi durch die Hintertür nach Dawson City hinein. Nach
einer Fahrt durch hohe Schotterhügel,
Hinterlassenschaft der *dredges*, über-
dimensionaler, schwimmender Goldwaschanlagen, mündet er dort, wo der
Klondike in den Yukon River fließt, in die
Front Street am Flußufer. Die **Front
Street** ist Dawsons historische Hauptstraße und Tor zur Welt. Hier legten die
Flußdampfer an und entluden Fracht
und Passagiere, von hier fuhren die
Züge der kurzlebigen Eisenbahnlinie zu
den nur wenige Meilen entfernten Goldfeldern ab. Heute versteckt sich der Fluß
hinter dem begrünten Deich, der die
Stadt vor dem Frühjahrshochwasser
des Yukon schützt, und hoch auf dem
Trockenen liegt seit seiner letzten Fahrt
im Jahr 1960 der **Raddampfer »S.S. Keno«** am Ufer. Daneben, in der **Imperial
Bank of Commerce**, saß der »Barde des

*Trockengelegt: Raddampfer »S.S. Keno« in Dawson City*

*Tankstelle in Boundary am Top of the World Highway*

Yukon«, Robert Service, hinter dem Schalter. Die wilden Geschichten, die ihm seine Kunden erzählten, verarbeitete er geschickt zu Balladen voller Goldgräberlatein, zu Schilderungen der harten Winter und moskitogeschwängerten Sommer im Busch.

Alte und »neue alte« Häuserfronten begleiten den Weg entlang der Front Street. Südlich der Church Street stehen die restaurierten Gebäude von Fort Herchmer, der **Government Reserve**.

Am Ende der Church Street gibt es Abwechslung und eine Ruhepause für die Füße. Vor dem **Blockhaus von Robert Service** sitzt ein Barde unserer Tage im historischen Gewand und rezitiert aus den Werken des Meisters über die Gefahren und die Schönheit des Nordens, über die Sucht nach dem Gold und die Torheit derjenigen, die ihr erlagen. Service verstand es, das aufgeschnappte Goldgräberlatein zu einprägsamen Gedichten in einem klaren, einprägsamen Stil zu formen. Von ihm

*Eine Straße auf dem Rücken der Berge: Top of the World Highway*

stammen solch plastische Beschreibungen wie »Winterkälte, welche die Luft wie Glas zerspringen ließ, wenn einer nur spuckte« oder »Yukon, wo die Berge namenlos sind und die Flüsse Gott weiß wohin fließen«. In den Yukon kam Service allerdings erst 1904, als der Goldrausch schon vorüber war. Seine berühmtesten Werke, *»The Shooting of Dan McGrew«*, *»The Law of the Yukon«* und *»The Cremation of Sam McGee«*, entstanden in Whitehorse, noch bevor er 1908

*Goldwaschen manuell: »Sluicing« am Bonanza Creek . . .*

zum ersten Mal einen Fuß auf die Goldfelder des Klondike setzte.

Vorgelesen wird auch gleich nebenan
vor **Jack Londons Hütte**. Er war schon
1897 mit der ersten Welle der *stampeder*
über den Chilkoot Pass gestiegen und
am Stewart River vom hereinbrechen-
den Winter festgehalten worden. Dort
wurde er zu einer lokalen Berühmtheit,
weil er den mit offenem Mund lauschen-
den Goldgräbern Texte der Klassiker
auswendig erzählte. Im nächsten Jahr
erwies sich sein *claim*, Nummer 54 am
Henderson Creek, als wertlos, und er
verließ den Yukon – im Gepäck seine eigene spezielle Goldmine an erlauschten
Geschichten und gewonnenen Ein-
drücken: Stoff für Bestseller wie *»Ruf der
Wildnis«* und *»Wolfsblut«*. Seine Block-

hütte in Dawson ist nur zur Hälfte original, die andere Hälfte steht am Jack
London Square in Oakland, Kalifornien.

Das Gebäude hinter dem gelben Zaun
an der Ecke von Harper Street und 5th
Avenue ist die **Commissioner's Residence**, das Wohnhaus von Commissioner George Black, später Parlaments-
mitglied und *Speaker of the House of
Commons*, und seiner berühmten Frau
Martha, die 1898 zu Fuß über den Chilkoot Pass gekommen war. Ihr Buch *»My
Ninety Years«* gehört zu den Klassikern
unter den Lebensbeschreibungen
während der frühen Jahre des Yukon
Territory. Neben dem **Dawson City Museum** im alten Regierungsgebäude an
der 5th Avenue stehen Lokomotiven und
Wagen der »Klondike Mines Railway«,
die in den Jahren 1906 bis 1914 die
*mining camps* am Klondike mit Dawson
City verband. Im Museum wird das Leben während der Goldrauschzeit geschil-
dert: Von der primitiven Goldgräberhütte
mit selbstgebautem Tisch und Bett bis
zu den viktorianischen Möbeln europäischen Schicks aus den Häusern der un-
glaublich schnell zu nahezu unermeßli-
chem Reichtum gekommenen »Könige
des Klondike« ist alles vorhanden. Sehr
interessant sind auch die alten Stummfilme aus der Boom-Zeit der Stadt und
die Dia-Shows, z. B. über den Dempster
Highway oder *»Dawson at 40 Below«*,
die das Leben im Winter schildern.

Die fotogenste Ruine aus der Glanzzeit
Dawsons steht an der Ecke 3rd Avenue
und Harper Street. Zwei Stützen verhin-
dern, daß das **Straits Auction House**
vollständig in sich zusammenfällt. Durch
leere Fensteröffnungen blitzt das Blau
des Himmels, und verblichene Schrift
preist längst vergessene Dienstleistungen an. Entlang der **3rd Avenue** stehen
noch viele Gebäude aus den vergange-
nen, besseren Zeiten. Würde man die
Autos von der 3rd Avenue zwischen
Princess und King Street verbannen,

wäre alles bereit für eine – es wäre die fünfte – Verfilmung von *»Ruf der Wildnis«*. Die zum großen Teil von »Parks Canada« originalgetreu restaurierten Häuser beherbergen Geschäfte und Hotels, Werkstätten, Kneipen und ein Postamt. An der Ecke 3rd Avenue und Princess Street steht **Harrington's Store** mit einer Ausstellung faszinierender zeitgenössischer Fotografien. *»Dawson As They Saw It«* erzählt die Geschichte von Boom und Niedergang Dawsons. Andere Gebäude geben durch ihre Schaufensterauslagen Einblick in Handel und Wandel zu Beginn des Jahrhunderts. An der Ecke von 3rd Avenue und King Street prangt im Schaufenster von **Madame Tremblay's Store** Haute Couture aus der Blütezeit Dawsons. Direkt nebenan fällt der Blick in ein originalgetreu eingerichtetes Büro aus dieser Zeit. Gegenüber steht das **Old Post Office** von 1901, ein imposantes Monument viktorianischen Baustils der Jahrhundertwende. Es ist in den Sommerwochen in Betrieb, damit der pflicht- und traditionsbewußte Tourist hier seine Postkarten mit dem exklusiven Sonderstempel aus der »Stadt des Goldes« nach Hause schicken kann.

Das **Palace Grand Theatre**, gleich um die Ecke in der King Street, ist der originalgetreue Nachbau des Theaters, das im Juli 1899 von »Arizona Charlie« Meadows eröffnet wurde. Arizona Charlie war ein Relikt des Wilden Westens, bekannt als Scout, Scharfschütze, Indianerfeind und Star verschiedener Wildwest-Shows, als er sich mit einer Pferdekarawane, beladen mit Tonnen von Proviant und einer Bar-Theke, 1897 auf den Weg zu den Goldfeldern machte. Die Bar und der größte Teil seiner Ausrüstung gingen im Frühjahrshochwasser des Yukon verloren, aber Meadows gab nicht auf; er kaufte, kaum in Dawson angekommen, die Überreste zweier gestrandeter Flußdampfer und baute damit eine luxuriös

*. . . und maschinell: alte »Dredge« am Taylor Highway*

ausgestattete Mischung aus Opernhaus und Tanzhalle. Auf der Bühne des Palace Grand gab es Vaudeville-Shows und Boxkämpfe, Schauspiel und Wildwest-Stunts, in denen Arizona Charlie selbst auftrat, und ab Mitternacht spielte eine Kapelle zum Tanz auf. Heute treten während der sommerlichen Touristensaison im allzeit ausgebuchten Palace Grand die »**Gaslight Follies**« mit Ragtime-Musik und fetziger Show auf.

Die Sommernächte in Dawson City sind hell und kurz, und alle Wege führen früher oder später zu **Diamond Tooth Gertie's Gambling Hall & Saloon**, einem der Wahrzeichen von Dawson City und das nördlichste Spielkasino des Landes. Keine grandiose, glitzernde, betriebsame Spielhölle à la Las Vegas, sondern ein schon fast gemütlich anmutender Treffpunkt. Touristen, stoppelbärtige *miners*, Indianer und andere Einwohner Dawsons drängeln sich einträchtig um die Roulette- und Black-Jack-Tische, einarmige Banditen spucken klappernd Münzen aus, und oben auf der Bühne heben Cancan-Girls ihre Röcke, während eine Reinkarnation von Gertie ins Mikrophon röhrt. »Gertie's« ist bis nachts um zwei Uhr geöffnet, und die letzte Show geht erst um eins über die Bühne. Zeit genug also für ein gemütliches Abendessen oder einen Besuch der »Gaslight Follies« vor dem Einstieg ins Nachtleben.

Der Weg auf den **Midnight Dome** hinter der Stadt ist holprig und mit Schlaglöchern gespickt, aber oben läßt der grandiose Rundblick auf Hügel und Fluß die Unbill vergessen. Der Blick fällt auf das Schachbrettmuster von Dawson unten im Tal und auf das gelbe Band des Top of the World Highway, der sich am anderen Ufer den Hügel hinauf Richtung Alaska windet. Im Tal des Klondike River schlängelt sich der von den *dredges* hinterlassene Geröllbandwurm der *tailing piles* in Richtung Goldfelder.

Am **Bonanza Creek** liegt die riesige **Gold Dredge No. 4** auf ihrem letzten Ruheplatz. Nachdem man herausgefunden hatte, daß kaltes Wasser den Dauerfrostboden viel effektiver auftaut als die vorher verwendeten Dampfsonden, begannen die *dredges*, die schwimmenden Bagger, Talgrund und Bachbett mit ihren Schaufelketten zu verschlingen, das Gold auszuwaschen und den Rest als endlosen Geröllbandwurm hinter sich zu deponieren. Diese mechanisierte Art der Goldgewinnung war so erfolgreich, daß sie erst 1959 eingestellt wurde.

Der Alaska Highway ist noch weit entfernt – Zeit zum Aufbruch. Vom Ende der Front Street fährt die Fähre hinüber ans Westufer des Yukon River zum **Top of the World Highway**. Ein letzter Blick von der Höhe hinab auf Dawson und das

Flußtal, dann beginnt die Fahrt auf den Rücken der Berge hoch über dunkelgrünen Wäldern. Weit schweift der Blick auf die tief gestaffelten Reihen von Hügelketten im blauen Dunst des Horizonts.

Kurz hinter der Grenze nach Alaska steht inmitten eines abenteuerlichen Ensembles aus Schrott und Gerümpel eines der ältesten *roadhouses* von Alaska am Straßenrand. Hier rasteten schon vor über 100 Jahren die Goldgräber auf dem Weg zu den Goldfeldern von Fortymile, wo schon zehn Jahre vor dem Boom am Klondike Gold gewaschen wurde. Heute steht eine andere Art Goldgräber hinter dem Tresen der **Boundary Lodge** und verkauft Souvenirs und ein sehr bedenkliches Sortiment von *fast food* an arglose Touristen. 14 Kilometer weiter erreichen Sie an der **Jack Wade Junction** den **Taylor Highway**, die nur im Sommer befahrbare Straßenverbindung des Dorfes Eagle am Yukon River mit dem Alaska Highway. Eine alte *dredge* sitzt 20 Kilometer vor den trostlosen Überresten von Chicken neben der Straße im Bach.

**Chicken** war, wie könnte es anders sein, eine der vielen Goldgräbersiedlungen der Region. Eigentlich sollte sie *Ptarmigan* (Schneehuhn) heißen, aber weil sich die *miners* nicht darüber einigen konnten, wie man *Ptarmigan* richtig schreibt, nannten sie das Kaff kurzerhand einfach *Chicken* (Huhn). Bekannt wurde Chicken durch Ann Purdys Autobiographie »Tisha«, in der sie ihr Leben als junge Lehrerin im Goldgräberdorf Chicken mitten in der Wildnis Alaskas beschreibt.

Auf den letzten Kilometern überquert der Taylor Highway noch den fast 1700 Meter hohen Mount Fairplay mit schöner Aussicht auf die Gipfel der Alaska Range im Westen, dann ist bei **Tetlin Junction** der Alaska Highway erreicht (Routenbeschreibung bis Fairbanks, siehe Seite 181 ff.). ■

# DIE WESTLICHE ROUTE NACH ALASKA:
# VON VANCOUVER ÜBER PRINCE GEORGE NACH WATSON LAKE

**Route 1**    **1. Tag – Programm:** Vancouver, British Columbia

**Vormittags**

Spaziergang auf der **Robson Street** von der Ecke Denman St. stadteinwärts zum **Robson Square** mit **Court House** und **Vancouver Art Gallery**. Links in die Howe St. und bergab zum **Canada Place**. Über die Cordova St. bis zur Seymour St. und auf dieser einen Block nach rechts zum Eingang des **Harbour Centre** (Hastings St./Ecke Richards St.): Fahrt zur Aussichtsplattform.

**Nachmittags**

An der Rückseite des Harbour Centre beginnt auf der Water St. der Bummel durch den Stadtteil **Gastown**. Am Ende der Water St. rechts in die Carrall St., weiter zur Pender St. Auf dieser links zum Spaziergang durch **Chinatown**. Hinter dem chinesischen Tor (China Gate) ein Besuch im **Dr. Sun Yat-Sen Classical Chinese Garden** und Park. Auf der Pender St. drei Blocks nach Osten zur Gore Ave. Zum Abschluß wahlweise zur **Science World** oder nach **Granville Island**.

**Sightseeing:** Keine Lust zum Laufen oder Autofahren? Für $ 18 pro Tag können Sie heute und morgen alle genannten Ziele, außer Grouse Mountain, Queen Elizabeth Park und Museum of Anthropology, mit dem roten »Gray Line Double Decker Bus« erreichen. Mit dem Tagesticket können Sie beliebig oft ein- und aussteigen (Gray Line Double Decker Bus Tours, ✆ (604) 879-33 63). Ein ähnliches Angebot gibt es für $ 17 von »Vancouver Trolley« (✆ (604) 451-55 81), die auch den Queen Elizabeth Park anfahren; hier ist die Nutzung des Tickets allerdings auf eine volle Runde entlang der Fahrtstrecke beschränkt.

**Route 1    1. Tag – Informationen:** Vancouver, British Columbia

**Vancouver Touristinfo Centre**
Im Waterfront Centre, Plaza Level
200 Burrard St.
Vancouver, B.C. V6C 3L6
✆ (604) 683-20 00, Fax 682-68 39

**Hotel Vancouver**
900 W. Georgia St.
Vancouver, B.C. V6C 2W6
✆ (604) 684-31 31, Fax 662-19 29
Historisches Grand Hotel in bester Lage in Downtown mit allen Annehmlichkeiten; mehrere Restaurants, Pool. $$$$

**Pan Pacific Vancouver Hotel**
999 Canada Place
Vancouver, B.C. V6C 3B5
✆ (604) 662-81 11, Fax 685-86 90
Luxushotel am Hafen nahe der Water St. mit herrlichem Blick auf Burrard Inlet und Innenstadt. Das »Five Sails Restaurant« im Hotel *(upper lobby level)* zählt zu den besten der Stadt ($$$$). $$$–$$$$

**Canadian Pacific Waterfront Centre Hotel**
900 Canada Place Way
Vancouver, B.C. V6C 3L5
✆ (604) 691-19 91
Komfort-Hotel; ein Teil der Zimmer mit Aussicht auf den Hafen. $$$$

**Parkhill Hotel**
1160 Davie St.
Vancouver, B.C. V6E 1N1
✆ (604) 685-13 11, Fax 681-02 08
Modernes Hotel im West End der Innenstadt mit Blick auf die English Bay. Nehmen Sie ein Zimmer in den oberen Stockwerken! $$$–$$$$

**The Sutton Place Hotel**
845 Burrard St.
Vancouver, B.C. V6Z 2K6
✆ (604) 682-55 11, Fax 682-55 13
Sehr angenehmes Hotel im europäischen Stil, wenige Minuten Fußweg zu den Attraktionen von Downtown Vancouver. $$$–$$$$

**Sylvia Hotel**
1154 Gilford St.
Vancouver, B.C. V6G 2P6
✆ (604) 681-93 21
Gemütliches historisches Hotel, völlig von Efeu überwachsen, in ruhiger Wohnlage am sandigen Ufer der English Bay und nahe der Innenstadt; einfache, saubere Ausstattung. Leisten Sie sich eine (preiswerte) Suite mit herrlichem Blick über die Bucht. $$–$$$

**Beautiful Bed & Breakfast**
428 W. 40th Ave.
Vancouver, B.C. V5Y 2R4
✆ und Fax (604) 327-11 02
Sehr schönes, antik eingerichtetes Haus in der Nähe des Queen Elizabeth Park. $$–$$$

**European Bed & Breakfast**
648 E. Keith Rd.
North Vancouver, B.C. V71 1W5
✆ (604) 988-17 92, Fax 988-17 82
Von deutschem Ehepaar betriebene Pension in der Nähe von Grouse Mountain und Capilano Suspension Bridge. $$

**Capilano RV Park**
295 Tomahawk Ave.
North Vancouver, B.C. V7P 1C5
✆ (604) 987-47 22
Laut, aber in guter Lage; nächster Campingplatz zur Innenstadt, unter der Nordrampe der Lions Gate Bridge.

*Straßencafé an der Robson Street in Vancouver*

**Burnaby Cariboo RV Park**
8765 Cariboo Place
Burnaby, B.C. V3N 4T2
✆ (604) 420-17 22, Fax 420-47 82
Weitläufiger, privat betriebener Campingplatz im Osten Vancouvers; mit Hallenbad.

**O'Douls Restaurant and Sidewalk Café**
1300 Robson St.
✆ (604) 684-84 61
Straßencafé (ab 7 Uhr) mit großem Frühstücks-Menü und geschmackvoll eingerichtetes Restaurant (bis 22 Uhr); interessante Speisekarte und – natürlich – guter *Irish coffee*. $–$$

**The Bread Garden**
812 Bute St./Ecke Robson St.
✆ (604) 688-32 13
Angenehme Self-Service-Cafeteria mit vielen Brotsorten; auch *healthfood* und Vegetarisches; Terrasse. Gut zum Frühstücken. 24 Stunden geöffnet.
$–$$

**Coco Rico Café**
1296 Robson St./Ecke Jervis St.
Kaffee in vielen Variationen, Croissants usw. $–$$

**Robson Street**
Kleine Geschäfte mit europäischen Delikatessen, Cafés mit Torte und Cappuccino, Strudel und *gelati*. Boutiquen mit neuester importierter Mode und Andenkenläden; abends Korso der Schönen und der Schauer.

**Robson Square**
An die über mehrere Etagen verteilte Mischung von Geschäften, Restaurants, offenen Terrassen und Schlittschuhbahn schließt im Süden die geometrische Glasarchitektur des neuen Gerichtsgebäudes (Court House) an.

**Vancouver Art Gallery**
750 Hornby St.
✆ (604) 682-46 68
Geöffnet Mo–Sa 10–17, So 12–17 Uhr
Oft wechselnde Wanderausstellungen. Ein Raum der ständigen Ausstellung ist Emily Carr (1871–1945), der bekanntesten Künstlerin von British Columbia, gewidmet.

**Harbour Centre**
555 W. Hastings St.
✆ (604) 669-22 20

Panorama-Aussicht vom *viewing deck* im obersten Stockwerk und dem »Top of Vancouver«-Restaurant (Drehrestaurant). Man kann von einer touristischen Attraktion keine große Küche erwarten, aber an einem Steak ist nicht viel zu verderben, und das Panorama ist beeindruckend. $$–$$$

**Mings**
147 E. Pender St.
Großes Chinalokal, täglich gutes Dim Sum zu Mittag. $–$$

**Yang's**
4186 Main St.
Einfache Einrichtung und ungezwungene Atmosphäre; eines der besten chinesischen Restaurants der Stadt; überlassen Sie die Auswahl der Gerichte dem Kellner. $

**Tsui Han Village**
1193 Granville St.
☏ (604) 683-68 68
Immer volles Chinalokal mit freundlicher Bedienung, besonders gute Krabben, und am Becken kann man sich seinen Fisch selbst aussuchen.
$$

**Gastown**
Stadtviertel im Bereich von Water St., Alexander St., Columbia und Cordova St. Das revitalisierte alte Herz der Stadt ist heute eine Ansammlung von Boutiquen und Restaurants. Cambie St./Ecke Water St. steht die vom städtischen Dampfnetz betriebene **Steam Clock**.

**Chinatown**
Das Viertel um Hastings und Pender St. bietet neben einer unübersehbaren Anzahl von Geschäften voller Reiseandenken und Kitsch Restaurants mit z. T. hervorragender chinesischer Küche. Sehenswert ist der **Dr. Sun Yat-Sen Classical Chinese Garden**, ein Garten im Stil der Ming-Dynastie (578 Carrall St., Zugang auch vom chinesischen Tor in der Pender St.; geöffnet 10–16.30 Uhr). Architektonisch interessante Gebäude sind das **Kuomintang-Gebäude** (529 Gore Ave.) und **Wongs Benevolent Society** (121–125 E. Pender St.).

**Science World**
1455 Québec St.
☏ (604) 443-74 40

Tägl. 10–17, Sa bis 18 Uhr
Naturwissenschaftliches Museum zum Anfassen. Im kugelförmigen Glasbau, Relikt der EXPO, gibt es auch ein Omnimax-Kino mit Filmen auf einer beeindruckenden, 17stöckigen Leinwand.

**Granville Island**
Unter der Granville St. Bridge, am Eingang zum False Creek

Altes Lagerhausviertel mit einer bunten Mischung von Geschäften, Restaurants und Cafés. Schöner Blick auf Downtown, die Burrard St. Bridge und den Yachthafen. Im Granville Island Public Market befinden sich Marktstände mit fangfrischem und geräuchertem Lachs, Krabben, Obst, Nüssen, Fleisch und, und, und …

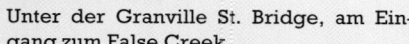

**Für den Abend:**

**Le Crocodile**
909 Burrard St.
☏ (604) 669-42 98
Sehr gutes und entsprechend oft ausgebuchtes Edel-Bistro.
$$$

**The Cannery Seafood Restaurant**
2205 Commissioner St.
(am Ende des Victoria Dr.)
☏ (604) 254-96 06
Sehr beliebtes Fischrestaurant im Hafenviertel mit Blick über North Vancouver; gute Weinkarte.
$$–$$$

**a kettle of fish**
900 Pacific St.
☏ (604) 682-66 61
Tägl. 11.30–14 und ab 17.30 Uhr
Beliebtes Fischrestaurant am Südende von Downtown. Reservierung notwendig!
$$

Vancouver

**Vormittags**

Die Cambie St. südwärts zur 33rd Ave., Besuch des **Queen Eliza-beth Park** mit dem **Bloedel Conservatory**. Danach die Cambie St. weiter stadtauswärts, rechts in die 41st Ave., die in den S.W. Marine Dr. mündet, aus dem dann der N.W. Marine Dr. wird. Kunstliebhaber halten am Cecil Green Park zu einem Besuch des **Museum of An-thropology**. Über den N.W. Marine Dr. zur 4th Ave., links in die Al-ma St., rechts in die Point Grey Rd. und weiter auf der Cornwall Ave. Östlich des Kitsilano Beach Park entweder links in die Arbutus St. und immer am Park entlang zum Besuch des **Maritime Museum** oder rechts ab und vier Blocks zur 3rd Ave. und auf dieser links zur Anderson St. nach **Granville Island**, dort Lunch und Bummel.

**Nachmittags**

Entweder vom Maritime Museum über Cypress St. und Cornwall Ave. zur Burrard St. Bridge. In die Pacific St. W. (links) abbiegen und über die Beach Ave. zum Stanley Park. Oder von Granville Island über die Granville St. Bridge und hinter der Brücke links in die Pacific St. zum Stanley Park. Mit dem gemieteten Fahrrad den **Stanley Park** auf der Seawall Promenade umrunden. Wer es eilig hat oder es bequem haben will, kann die Hauptattraktionen des Stanley Park auch mit dem eigenen Auto entlang des Stanley Park Dr. besuchen.

**Extratage in Vancouver:** Einen dritten Tag in Vancouver könnte man in North Vancouver verbringen. Mit Shopping im **Lonsdale Quay Market**, Vancouvers neuestem Ergebnis der Stadterneuerung direkt neben dem SeaBus Terminal. Mit einem Besuch der **Capilano Suspension Bridge**, einer 140 m langen Fußgänger-Hängebrücke über die tiefe Schlucht des Capilano River, und der nahegelegenen **Capilano Salmon Hatchery** im Capilano River Provincial Park. Und mit einer Seilbahnfahrt auf den **Grouse Mountain**, den Aussichtsbalkon von Vancouver. – Vancouver hat noch viel mehr zu bieten: Wer die Zeit hat, sollte mehrere Tage einplanen, um die Stadt in Ruhe kennenzulernen. Neben den Weltklasse-Museen, darunter Vancouver Art Gallery, Museum of Anthropology, Maritime Museum und Science World, locken gut sortierte Shopping Centres, ein Ausflug zum Museumsdorf **Fort Langley**, zum Wintersport- und Sommerferienort **Whistler** nördlich von Vancouver oder eine Fahrt mit dem nostalgischen Dampfzug **»Royal Hudson«** von Vancouver nach Squamish.

 **Queen Elizabeth Park**
Zwischen Cambie St. und Ontario St. (in Höhe der 33rd Ave.)
Gute Aussicht auf die Skyline und die Berge. Im Park liegt das **Bloedel Conservatory**, unter dessen Kuppel exotische Pflanzen aus Wüste und Regenwald gedeihen, bevölkert von über 50 Vogelarten aus aller Welt.

 **Museum of Anthropology**
6393 N.W. Marine Dr.
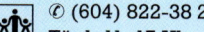 ℭ (604) 822-38 25
Tägl. 11–17 Uhr, Mo geschl.
Weltberühmtes Museum mit Exponaten zu Kunst und Kultur der Indianer der Nordwestküste. Totempfähle und Skulpturen in der »Great Hall«, rekonstruiertes Indianerhaus. Der Entwurf des Gebäudes stammt von Arthur Erikson.

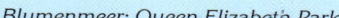
_Blumenmeer: Queen Elizabeth Park_

**Maritime Museum**
1905 Ogden Ave.

℘ (604) 737-22 11
Tägl. 10–17 Uhr
Modelle und Fotos zur Seefahrtsgeschich-
te und die »St. Roch«, das R.C.M.P.-Pa-
trouillenboot, das als erstes Schiff die
Nordwest-Passage von Westen nach
Osten und zurück durchfuhr. Vor dem
Museum der »Heritage Harbour« mit wun-
derschönen alten Booten und Schiffen.

**False Creek Ferries**
Die Fähren sind besonders zu den
Spitzenverkehrszeiten eine bequeme Al-
ternative zur Fahrt mit dem Auto und zur
Parkplatzsucherei auf Granville Island.
Die **Granville Island Ferries** verkeh-
ren 7.30–20, im Sommer bis 22 Uhr, vom
Aquatic Centre am Nordende der Burrard
St. Bridge (Downtown) und von Stamps
Landing zum Anleger beim »Pier 32 Re-
staurant« auf Granville Island. Am Wo-
chenende wird auch das Maritime Muse-
um angefahren.
Der **Aquabus** pendelt zwischen dem
Südende der Hornby St. und Granville Is-
land.

**Fahrradverleih für den Stanley Park**
In der Denman St., zwischen Robson und
Georgia St., gibt es drei Verleihfirmen:
**Spokes** (℘ 688-51 41), **Seymour Cycle**
(℘ 688-10 77), **Bayshore Bicycle Rental**
(℘ 688-24 53). Gleich um die Ecke in der
Robson St. gibt es **Action Rentals** (℘ 683-
56 48) und **Alley Cat** (℘ 684-51 17) und
**Stanley Park Rentals** (℘ 688-51 41) in der
Georgia St.

**Stanley Park**

Im Ostteil des Parks steht eine Gruppe interessanter Totempfähle; von hier reicht
der Blick weit über die Coal-Harbour-
Bucht auf die Innenstadt. Nächster Aussichtspunkt ist Brockton Point mit einem
kleinen Leuchtturm am Eingang zum Hafen. Es folgt die Galionsfigur der »S.S. Empress of Japan«, eines kanadischen Pazi-

fikseglers. Vom Prospect Point an der
Lions Gate Bridge geht der Blick über die
First Narrows zur Mündung des Capilano
River und zu den Bergen.

**Vancouver Public Aquarium**
Im Stanley Park

℘ (604) 682-11 18
Tägl. 10–17.30, im Sommer bis 20 Uhr
Themen sind die Unterwasserwelt des
Nordpazifik, die Wanderung der Lachse
sowie die Fauna im Amazonas-Delta und
im Nordpolarmeer. Auch Shows mit
Schwertwalen. Kinder lieben besonders
die putzigen Seeotter.

---

**Für den Abend:**

**The Teahouse Restaurant**
7501 Stanley Park Dr., Ferguson Point
℘ (604) 669-32 81
Wild, Lamm, Meeresfrüchte; die *specials*
sind meist die beste Wahl. Angenehmes
Ambiente, die schönsten Tische sind im
*conservatory.* $$$

**Seasons in the Park**
33rd Ave./Ecke Cambie St.
(im Queen Elizabeth Park)
℘ (604) 674-80 08
Westküsten-Küche; seit die Präsidenten
Clinton und Jelzin hier gemeinsam diniert
haben, erfreut sich das Restaurant größ-
ter Beliebtheit. $$$

**Mulvaney's**
1535 Johnston St. (Granville Island)

℘ (604) 685-65 71
Kreolische Küche, Pub; schöne Lage.
$$$

**Raintree**
1630 Alberni St.
℘ (604) 688-55 70
Nordwestküsten-Küche, Meeresfrüchte,
Wild; interessantes Angebot an Weinen
aus Kalifornien und British Columbia; ge-
schmackvolle Inneneinrichtung. $$$

**The Hermitage**
115-1025 Robson St. (zwischen Burrard St. und Thurlow St.); ℰ (604) 689-32 37
Etwas versteckt im Innenhof gelegenes, ausgezeichnetes Restaurant: Wild, Fasan, Lamm, Steaks. $$$

 **Bridges**
1696 Duranleau St. (Granville Island)
ℰ (604) 687-44 00
Tägl. 11.30–24 Uhr
Quirliges Bistro mit Terrasse am Ufer des False Creek; beliebter Treff zum Drink bei Sonnenuntergang. $–$$

 **Star Anise**
1485 W. 12th Ave.; ℰ (604) 737-14 85
Innovative Pazifik-Küche mit asiatischen Anklängen. $$–$$$

 **Nachtleben**
Die Szene verändert sich ständig. Einen aktuellen Überblick findet man im »Vancouver Guideline«, der kostenlos in Visitor Bureaus und Hotels erhältlich ist.

 **Soft Rock Cafe**
1925 W. 4th Ave.
ℰ (604) 736-84 80
Musik und Cappuccino.

 **Bimini**
2010 W. 4th Ave.
*Live music* – von Piano bis Rock.

 **The Yale**
1300 Granville St.
ℰ (604) 681-92 53
Ab 20.30 Uhr Rythm 'n' Blues.

*Einkaufsparadies für Gourmets: Granville Island Public Market*

# Vancouver: Perle des Pazifik

*»Cityscape«: Downtown Vancouver . . .*

Von den drei Großstädten West-Kanadas ist **Vancouver** mit Sicherheit die beeindruckendste. Lässig und jugendlich, mit unvergleichlicher Ausstrahlung und Lebensfreude präsentiert sie sich als perfekte Kombination des heiteren Westküsten-Lebensgefühls mit europäischer Kulturtradition. Unvergleichlich sind Lage und Stadtbild: Auf einer Halbinsel zwischen Fluß und Fjord, vor der spektakulären Kulisse der oft schneegekrönten Gipfel der Coast Mountains schimmert eine Skyline aus Stahl und Glas, und gepflegte Vororte erstrecken sich vom Fuß der Berge bis weit hinein ins Tal des Fraser River.

Meer, Berge und das Wetter, das sich zwischen beiden zusammenbraut, bestimmen das Klima in Vancouver. Der warme Kuro-Shiwo-Strom, pazifischer Vetter unseres Golfstroms, sorgt dafür, daß die Temperatur im Winter selten unter den Gefrierpunkt absinkt. Die Berge fangen die feuchtigkeitsbeladene Seebrise ein und erzeugen Vancouvers wolken- und regenreiches »Perma gray«-Wetter. Aber: So schlecht wie sein Ruf ist das Wetter in Vancouver gar nicht. 160 Regentage im Jahr bedeuten ja auch 205 Tage ohne Regen. Und ein Regenguß an den grünen Hängen von North Vancouver kann durchaus auch von trockenem Pflaster in

*. . . und »Landscape«: Östliches Vancouver und die Vororte im Tal des Fraser River*

Downtown Vancouver und von Sonnenschein in den Vororten begleitet sein. Die *Vancouverites* lassen sich vom Wetter sowieso nicht abhalten, ihre Parks und Promenaden zu genießen. Sie leben nach dem Grundsatz, daß es kein schlechtes Wetter gibt, nur ungeeignete Kleidung. Und der Regenschirm wird zu Wanderstiefeln so selbstverständlich eingesetzt wie zu *roller blades*.

Vancouver ist eine junge Stadt. Als Captain George Vancouver 1792 auf die Mündung des damals noch namenlosen Fraser River in den Pazifik stieß, fand er nur die riesigen Fichtenwälder einer Erwähnung wert. Simon Frasers Weg zum Pazifik endete hier 1808, aber die erste permanente Siedlung entstand erst 1866, als Jack Deighton und seine Frau mit einem Whiskyfaß an Land ruderten und ihre Kneipe in der Nähe einer Sägemühle eröffneten. Eine kleine Siedlung wuchs rund um die Kneipe heran, und zwei weitere Saloons etablierten sich. Weil Jack sehr *gassy*, geschwätzig, war, bürgerte sich für den Ort der Name »Gastown« ein. Das Leben in der kleinen Siedlung war rauh, aber lustig – es ist überliefert, daß gelegentliche kommunale Trinkgelage zu mehrtägiger Arbeitsruhe im Sägewerk führten.

Die Siedlung wuchs, und 1886, nach Fertigstellung der transkontinentalen Eisenbahnstrecke bis zum natürlichen Tiefseehafen des Burrard Inlet, taufte der Präsident der »Canadian Pacific Railroad« die Holzfällersiedlung auf den Namen des britischen Entdeckers. Die Arbeiter, die zu Tausenden wegen des Eisenbahnbaus ins Land gekommen waren, ließen die Einwohnerzahl rasch ansteigen, und im April 1886 gab es die ersten Wahlen zum Rat der neuen Stadt. Eine der ersten Amtshandlungen der neuen Stadtväter war das Bestellen einer Feuerspritze – längst überfällig, wie sich herausstellte, denn drei Monate später brannten die 350 Holzhäuser ab, noch bevor die Feuerspritze gelie-

fert worden war. Noch viel weitsichtiger und erfolgreicher war eine andere Entscheidung der Stadtväter: Sie pachteten das etwa 400 Hektar große Waldgebiet an der Mündung des Burrard Inlet von der englischen Marine, machten es zum Erholungsgebiet für die Bürger und später zum Naturschutzgebiet. Heute ist der Stanley Park das unbestrittene Juwel der Stadt.

Vancouver war nach dem Brand schnell wieder aufgebaut, und mit der transkontinentalen Eisenbahnstrecke begann endgültig der Aufschwung. Das erste »Hotel Vancouver« öffnete 1887 seine Pforten, und die »Hudson's Bay Company« eröffnete das erste Warenhaus (beide existieren heute noch). 1898 brachten Tausende hoffnungsvoller Goldsucher, die sich von hier zu den Goldfeldern am Klondike River einschifften, Geld und neuen Schwung in die rezessionsgeplagte Stadt; die Eröffnung des Panamakanals 1914 und die damit geschaffene problemlose Schiffsverbindung zu den Märkten Europas sicherte das wirtschaftliche Wachstum der Stadt endgültig. Endlose Güterzüge voll Kohle, Weizen und Erz rollten zur Verschiffung in die aufblühende Hafenstadt.

In weniger als 100 Jahren entwickelte sich Vancouver zur drittgrößten Stadt Kanadas und zur »Königin der Westküste«. Mehr als 1,7 Millionen Menschen leben heute in Stadt und Umland, das ist fast ein Drittel der Bevölkerung der ganzen Provinz British Columbia. Parallel zum Zustrom hauptsächlich chinesischer Einwanderer – wesentlich beeinflußt durch den baldigen Anschluß Hongkongs an die Volksrepublik China – hat eine Neuorientierung der Stadt auf den wachstumsstarken Wirtschaftsraum des *Pacific Rim* stattgefunden. Vancouver hat sich zum kritischen Bindeglied zwischen Orient und Okzident entwickelt. Die massiven asiatischen Investments der letzten Dekade (ein Investor aus Hongkong hat z. B. das Gelände der EXPO von 1986 gekauft und Nordamerikas größtes Stadtentwicklungs-

*Im Herzen von Vancouver: Robson Square*

programm initiiert) schließen den historischen Kreis, der mit dem »Import« chinesischer Arbeitskräfte für den Eisenbahnbau durch die Rocky Mountains begann.

Vancouver demonstriert in vorbildlicher
Weise das kanadische Ideal der »multikul-
turellen Gesellschaft«, in der, im Gegen-
satz zu dem in den USA propagierten
»Schmelztiegel«, das kulturelle Erbe der
Einwanderer erhalten bleibt und jede
Gruppe ihren spezifischen Beitrag zum
Wohl der Nation leistet. So sind denn auch
die vielen ethnisch geprägten Bezirke we-
sentlich beteiligt am kosmopolitischen
Flair und an der Lebensqualität der Stadt.
Auch Vancouvers Ruf als kulinarische
Weltstadt und als auch im internationalen
Vergleich bestehende Kulturstadt dürfte
nicht unwesentlich vom friedlichen
Nebeneinander der unterschiedlichsten
Kulturen profitiert haben.

Die »Robsonstrasse« war in den 50er
Jahren Sammelpunkt der deutschsprachi-
gen Einwanderer. Deutsche Geschäfte
und Restaurants versorgten die heimweh-
geplagten Neukanadier mit den gewohnten Zeitungen und Lebensmitteln, in den
Cafés traf man sich, um »*Stern*« und
»*Spiegel*« zu lesen und um sich mit Lands-
leuten zu unterhalten. Heute ist die **Robson Street** zwischen Denman und Seymour Street eine der beliebtesten Flanier-
meilen der Stadt, an der sich kleine Geschäfte, Andenkenläden, elegante Boutiquen mit neuester importierter Designer-
Mode, Restaurants und Cafés mit Torte
und Cappuccino, Strudel und *gelati* aufreihen. Nachmittags und abends drängelt
man sich auf Gehsteigen und Fahrbahn.
Es läuft der Korso der Schönen und der
Schauer, man will sehen und gesehen
werden.

Unser Rundgang durch die Stadt be-
ginnt mit einem Frühstück in einem der
Cafés an der Robson Street oder einem
Besuch im Robson Public Market zwi-

*Kunst am Bau: Im Harbour Centre*

die grünspangefärbten Dächer des traditionsreichen »Hotel Vancouver«, das Dritte mit diesem Namen.

Vancouvers kleine und überschaubare Downtown schließt nordöstlich an die Robson Street an. Von der Howe Street auf dem Weg hinunter zum Ufer des Burrard Inlet fällt der Blick zwischen den Hochhäusern immer wieder auf die fichtengrünen Hänge und felsigen Gipfel der Berge im Norden. Wir überqueren die Ost-West-Magistrale Georgia Street, an der sich Luxushotels, Shopping Centres und Kaufhäuser aufreihen wie Perlen auf einer Schnur, und passieren das »finanzielle Herz« der Stadt mit Börse und den schimmernden Glasfassaden der Verwaltungsgebäude, bevor sich am Ende der Straße links der Blick auf die fünf »Segel« des **Canada Place** öffnet. Die eindrucksvolle Segelsilhouette ergibt sich aus den zeltartig gespannten Kunststoffbahnen des Daches, das eine riesige Messehalle stützenfrei überwölbt. Dieser Bau des Architekten Eberhard Zeidler war während der EXPO 1986 der kanadische Pavillon. Heute dient er als Handels- und Kongreßzentrum und als Kreuzfahrtschiff-Terminal. Unterhalb der Dachkonstruktion verläuft eine Promenade um das Gebäude herum, das auf drei Seiten von Wasser umgeben ist. Von hier ergeben sich interessante Ausblicke auf Stadt, Hafen und die Berge jenseits der Bucht. Gegenüber, in der Nordwestecke des Waterfront Centre, erhält man im großzügigen Vancouver Touristinfo so ziemlich jede gewünschte Auskunft über Stadt und Umgebung.

Zwei Häuserblocks weiter nach Osten, an der Hastings Street zwischen Seymour und Richards Street, liegt das **Harbour Centre** mit dem *lookout*. Vom Untergeschoß fährt ein Aufzug hinauf zum Aussichtsdeck und zum darüberliegenden Drehrestaurant. Hier, in über 160 Meter Höhe, gewinnt man den schönsten Überblick über die Stadt. Downtown ist auf drei Seiten von Wasser umgeben: Im

schen Cardero und Nicola Street. Unter dem Glasdach des Marktes sind eine Vielzahl von Geschäften versammelt, die Delikatessen aus aller Welt, Blumen und Souvenirs, Kunst und Kitsch anbieten.

Vancouver hat keine Monumente oder herausragenden Bauwerke, die, wie in Sydney oder Paris, als Wahrzeichen der Stadt gelten könnten, obwohl die neueren Gebäude der Stadt durchaus architektonisch Bemerkenswertes zu bieten haben. So zum Beispiel Arthur Eriksons filigranes Glas- und Stahlfachwerk auf der massiven Betonkonstruktion des neuen Gerichtsgebäudes (**Court House**) am Südrand des **Robson Square**. Am Nordende des Platzes ist unter der Kuppel des alten Gerichtsgebäudes heute die **Vancouver Art Gallery** untergebracht, die eine umfangreiche Sammlung der von der Westküsten-Indianerkultur inspirierten Malerin Emily Carr präsentiert. Dahinter leuchten

Westen schimmert die English Bay hinter den noblen Apartmenthochhäusern, im Norden der natürliche Hafen des Burrard Inlet, auf dem sich Frachter und Yachten, Fährboote und Wasserflugzeuge, Segelboote und gelegentlich sogar ein Ruderboot ein Stelldichein geben. Dazwischen liegt die grüne Insel des Stanley Park. Im Osten leuchten die roten Kräne der Hafenanlagen, und Güterzug-Raupen kriechen langsam über die weitläufigen Gleisanlagen. Im Süden blinkt die High-Tech-Kugel des Science-World-Gebäudes am Ende des False Creek. Gegenüber dominiert unübersehbar die graue Riesenkuppel des B.C. Place Stadium. 16 riesige Ventilatoren erzeugen den nötigen Überdruck, um die Zeltkuppel in der Schwebe zu halten. Nach »Astrodome«, »Saddledome« und »Superdome« bliebe eigentlich nur noch ein Name für das Ding, witzeln die *Vancouverites*: *»The Condome«.*

**Gastown**, der älteste Teil von Vancouver, beginnt unmittelbar zu Füßen des Harbour Centre. Links und rechts der gepflasterten Water Street stehen liebevoll restaurierte Lager- und Backsteingebäude in der charakteristischen Architektur der ausgehenden viktorianischen Epoche, und an der Ecke von Cambie und Water Street pfeift die vom städtischen Dampfnetz betriebene **Steam Clock** stündlich eine entfernt an die Glocken von Westminster erinnernde Melodie. Auf den backsteingepflasterten Bürgersteigen bummelt man unter Bäumen und antiken Straßenlaternen an Restaurants und Geschäften vorbei und gelangt schließlich zum Maple Tree Square mit dem bronzenen Abbild von »Gassy« Jack Deighton – wie könnte es anders sein – auf einem Whiskyfaß. Eigentlich sollte das heruntergekommene Hafenviertel in den 70er Jahren einer Autobahn und neuen Hoch-

*Flaniermeile – an der Water Street in Gastown*

häusern weichen, doch dann brachte eine Bürgerinitiative das Projekt zu Fall: Gastown wurde zum *historic district* erklärt und restauriert.

**Chinatown** mit einigen der ältesten Häuser von Vancouver – damals ebenfalls in Gefahr, der Autobahn zum Opfer zu fallen – schließt direkt an Gastown an. Der lebendige, farbenfrohe Stadtteil ist nach der in San Francisco die größte Chinatown der amerikanischen Westküste. Obwohl nur noch ein Bruchteil der weit über 100 000 Chinesen Vancouvers hier leben, hat sich das Viertel als Kultur- und Einkaufszentrum der chinesischen Bevölkerung erhalten. Entlang der quirligen **Pender Street**, zwischen Carrall Street und Gore Avenue, drängen sich unzählige Restaurants, Geschäfte, Metzgereien. Vom lebenden Karpfen über *bok choy* bis zur geräucherten Ente, von Tuschezeichnungen über Seidenstoffe bis zum Papiergeld zum Verbrennen auf dem Grab der Ahnen,

vom Grillenkäfig für einen Dollar bis zur Cloisonné-Vase für 100 Dollar gibt es hier einfach alles. Interessant auch die Architektur: **Wongs Benevolent Society** ist ein ausgezeichnetes Beispiel für die typischen, zurückgesetzten chinesischen Balkone im Obergeschoß; an der Ecke Carrall und Pender Street steht das Sam Kee Building, mit einer Breite von 1,80 Meter das wahrscheinlich schmalste Bürohaus der Welt. Schräg gegenüber leuchten die Farben eines traditionellen Tores am Eingang zum **Chinese Cultural Centre**. Eine Oase der Ruhe ist der dahinter gelegene chinesische Park mit dem angrenzenden **Dr. Sun Yat-Sen Classical Chinese Garden**, dem einzigen klassischen Garten im Stil der Ming-Dynastie außerhalb Chinas.

Zum Abschluß des Tages bieten sich gleich mehrere Alternativen an. Eine kurze Bus- oder Taxifahrt auf der Main Street nach Süden bringt naturwissenschaftlich Interessierte zur **Science World**. In der

*Ausflug nach Asien: die Chinatown in Vancouver*

15 Stockwerke hohen Edelstahlkugel, Überbleibsel der EXPO, befindet sich ein Omnimax-Kino, das auf seiner überdimensionalen Rundumleinwand Filme aus Natur und Wissenschaft zeigt, sowie ein Museum, das Naturwissenschaft zum Anfassen präsentiert: Drei ständige Ausstellungen behandeln Themen aus Physik, Biologie und Musik. Das ursprünglich für die unteren Altersgruppen konzipierte Museum hat auch Älteren einiges an Einsichten zu bieten. Die »Matter and Forces«-Abteilung zum Beispiel führt leicht verständlich in die grundlegenden Prinzipien der Physik ein. Ganz in der Nähe von Science World, an der Ecke von Terminal und Main Street, befindet sich ein Bahnhof des SkyTrain, Vancouvers automatisierter und fahrerlosen Stadtbahn – eine interessante Möglichkeit, um ins Zentrum zurückzukehren.

Ein Bummel über **Granville Island**, Drinks und Dinner mit Blick auf die in der Abendsonne funkelnde Skyline der Innenstadt sind verlockende Aussichten zum Ausklang des Tages. Granville Island, bis in die 70er Jahre ein verrotteter Industrie-Slum mit schäbigen Wellblechbauten, ist ein Musterbeispiel gelungener Stadtsanierung. Statt abzureißen und neu zu bauen hat man die alten Lagerhallen behutsam wieder hergerichtet, die Docks instand gesetzt, die Fabrikgebäude renoviert. 30 Millionen kanadische Dollar gab die kanadische Bundesregierung für das Projekt aus, verhältnismäßig wenig, bedenkt man die Größe des Areals von 115 Hektar. Die geringen Kosten schlugen sich in niedrigen Mieten nieder und förderten die Ansiedelung einer bunten Mixtur von Boutiquen, Studios und Kunstgalerien, Restaurants und Non-Profit-Unternehmen. Eine Hausbootkolonie, Yachtausrüster und ein großer *marina* (Yachthafen) betonen die maritime Komponente des wie Phoenix aus der Asche auferstandenen Inselschmuckstücks unter der Granville Street Bridge. Glanzstück der Insel ist der **Granville Is-**

*Lions Gate Bridge*

**land Public Market**, in dessen farbenfrohem Durcheinander sich Obst und Gemüse, fangfrischer Fisch, Krabben und Langusten, Steaks und Räucherlachs auf den Tischen der Verkaufsstände türmen. Gleich dahinter kann man auf den Planken des Piers am Ufer des False Creek in der Sonne sitzen, den Segelbooten und dem Betrieb am Fähranleger zuschauen und die im *food court* gekauften Leckerbissen verzehren.

Schöne Aussicht und viel Natur bietet, sofern das Wetter mitspielt, die Seilbahnfahrt auf den **Grouse Mountain** in North Vancouver. Knapp 1200 Meter über der Stadt schweift der Blick vom Hausberg Vancouvers weit über die Stadt und ihre Vororte, über das Delta des Fraser River bis zum schneebedeckten Gipfel des Mount Baker im U.S.-Bundesstaat Washington. Weit im Westen lugen die Berge von Vancouver Island über den Horizont, und tief unten zwischen Burrard Inlet und

*Yachthafen am Stanley Park . . .*

English Bay leuchten die Glas- und Metalltürme der City im Licht der untergehenden Sonne. Eine wirklich glänzende Perspektive! Für den Trip zum Grouse Mountain in North Vancouver ist Zeitplanung wichtig: Richtig gut ist die Aussicht nur von den Fenstern des Restaurants an der Bergstation und vom eigentlichen Gipfel, auf den ein kurzer Sessellift hinaufführt. Und wer zu spät kommt, den bestraft die Liftmannschaft – um 17 Uhr stellt sie den Betrieb ein.

Die Route des zweiten Tages in Vancouver beginnt mit einer Fahrt auf der Cambie Street nach Süden. Der **Queen Elizabeth Park**, ziemlich genau im geographischen Zentrum Vancouvers auf dem 150 Meter hohen Little Mountain gelegen, ist eine 50 Hektar große Anlage aus baumbestandenen Wiesen und Blumenbeeten. Auf dem »Gipfel« wölbt sich die aus gläsernen Dreiecken zusammengesetzte Kuppel des **Bloedel Conservatory**. Über 500 exotische Pflanzen und Blumen teilen sich dieses tropische Gewächshaus mit 50 verschiedenen Vogelarten vom Papagei bis zur Wachtel. Nebenan, auf dem Gelände eines alten Steinbruchs, lädt ein *show garden* mit knalligbunten Blumen-

*. . . und vor Granville Island*

beeten, murmelnden Bächen, manikürtem Rasen und stattlichen alten Bäumen zum Spaziergang ein.

Der Weg führt weiter über die 41st Avenue zu den herrschaftlichen Villen und gepflegten Gärten entlang dem Marine Drive. Am Point Grey, neben dem Cecil Green Park am Ende der Halbinsel, steht auf dem Campus der University of British Columbia das **Museum of Anthropology**. Kunstliebhaber finden hier eine der schönsten Sammlungen aus dem Kulturkreis der Nordwestküsten-Indianer. Totempfähle, Masken, Gebrauchs- und Kultobjekte werden großzügig in dem von Arthur Erikson entworfenen Gebäude aus Beton

*Stopp Nummer 1 im Stanley Park: die Totempfähle . . .*

und Glas präsentiert. Weiter geht die Fahrt, immer die Strände der English Bay und die Skyline der Innenstadt vor Augen. Jericho Beach, Kitsilano Beach Park und Haddon Park laden zum Baden und Spazierengehen ein. Im Vanier Park am Ostende der Bay, gegenüber den exklusiven Apartmenthäusern des West End, steht das **Maritime Museum** mit einer schönen Kollektion historischer Schiffe im Museumshafen. Glanzstück des Museums ist die »St. Roch«, ein Patrouillenboot der »Royal Canadian Mounted Police«, das in den 40er Jahren als erstes Schiff die Nordwest-Passage vom Pazifik zum Atlantik und zurück befuhr. Nebenan führt das **Vancouver Museum** geschichtsinteressierte Besucher durch die Entwicklungsgeschichte der Stadt.

Nächste Etappe **Stanley Park**: Schon bei der Einfahrt in den Stanley Park Drive, der als Einbahnstraße den Park umrundet, kann man über das Wasser des Coal Harbour auf die funkelnde Skyline der City blicken. Gleich hinter dem Royal Vancouver Yacht Club mit seiner noblen Sammlung von Yachten zeigt sich Downtown Vancouver von seiner besten Seite: Vor der schimmernden Kulisse der Hochhäuser ragen neben den rundlich weichen Linien des Pan Pacific Centre die spitzen weißen »Segel« des Canada Place auf, und auf dem Wasser herrscht reger Verkehr von Wasserflugzeugen, Fähren und Yachten.

Anlaufpunkt für alle Besucher ist die Gruppe von originalen Totempfählen *(totem poles)* an der Engstelle der kleinen Halbinsel, auf der die »9 o'clock gun« und der Leuchtturm von **Brockton Point** stehen. Das Foto vor den Totempfählen ist geheiligtes Ritual, und entsprechend groß ist der Trubel. Die Weiterfahrt am Nordostufer bringt neue Ausblicke, über die First Narrows auf die Verladeanlagen in North

Vancouver, auf den Grouse Mountain und die Wohnbezirke an den bewaldeten Berghängen. Dann klettert die Straße hinauf durch dichten Wald zum **Prospect Point**, einer Felskanzel mit Blick auf die **Lions Gate Bridge**, das äußere Burrard Inlet und die Strait of Georgia. Radfahrer können auf der für sie und die Fußgänger reservierten **Seawall Promenade** am Ufer weiterfahren. Parallel zum westlichen Ufer nach Süden führt die Straße dann zunächst durch dichten Wald, in dem die letzten der mächtigen Urwaldfichten und riesige alte Zedern stehen, bevor sie beim **Ferguson Point** wieder das Ufer erreicht. Hier gibt es weite Grünflächen, auf denen man sich im Golfspielen übt, in schneeweißer Uniform zum *lawn bowling* oder Rasen-Tennis antritt oder einfach nur beim Picknick einen schönen Nachmittag verbringt. Der Kreis schließt sich mit der Fahrt entlang des Vogelschutzgebietes der **Lost Lagoon**, wo über den Bäumen des Parks schon die Hochhäuser des West End zu sehen sind.

Von den Wanderwegen im Inneren des Parks sind besonders der Cathedral Trail – er führt durch einen Bestand von uralten Riesenbäumen – und der Lake Trail interessant, der zum Nistgebiet der Trompeterschwäne am Beaver Lake führt. Attraktiv ist auch das **Vancouver Public Aquarium**, in dem über 8 000 Fische schwimmen. Hinter einer großen Glaswand tummeln sich Belugawale, Schwertwale zeigen Kunststücke, und in ihrem Becken spielen Seeotter und ihre Jungen. Außerdem gibt es noch einen Streichelzoo für Kinder, die blühenden Beete des Stanley Park Garden, Cricket und Bogenschießen, Badestrände und . . . Man könnte noch viel mehr Zeit im »grünen Herzen« von Vancouver verbringen, aber der Weg nach Norden ist weit, und Natur gibt es unterwegs noch zur Genüge. ■

*. . . mit Blick auf Downtown Vancouver*

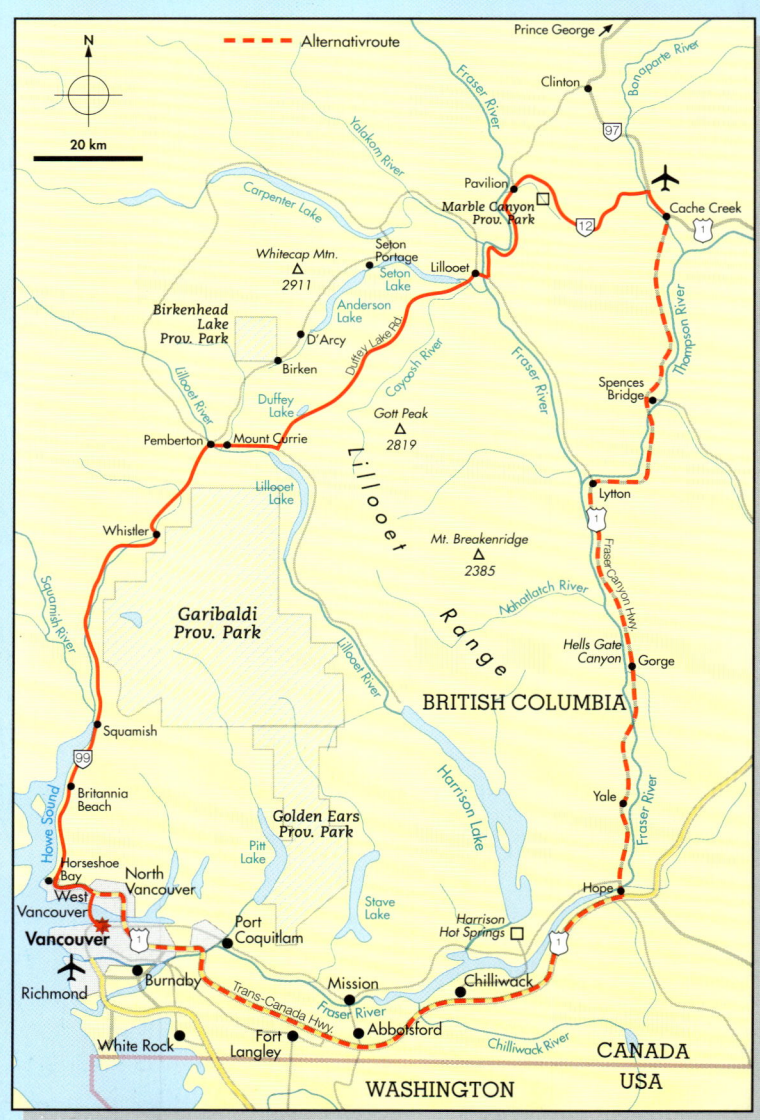

<table>
<tr><td colspan="2">Route 1</td><td>3. Tag – Route: Vancouver – Whistler – Lillooet –<br>Cache Creek (351 km)</td></tr>
</table>

| km | Zeit | Route |
|---|---|---|
| 0 | 9.00 Uhr | Abfahrt in **Vancouver**. Auf der Georgia St. zur Lions Gate Bridge und auf dem Hwy. 99/Hwy. 1 W. am Howe Sound entlang nach |
| 52 | | **Britannia Beach**: Besuch des **B.C. Museum of Mining**. |
| 62 | | **Shannon Falls**. Auf dem Hwy. 99 weiter über **Squamish** nach |
| 123 | 12.30 Uhr | **Whistler**: Spaziergang und/oder Gondelbahnfahrt auf den Whistler Mountain. |
| 158 | 15.30 Uhr | Weiterfahrt auf dem Hwy. 99 nach **Pemberton**. Hier rechts nach **Mount Currie**; in Mount Currie rechts und nach wenigen Kilometern links auf die **Duffey Lake Road** (Hwy. 99; die Straße ist meist nur von Juni–Sept. zu befahren) nach |
| 267 | | **Lillooet***, auf dem Hwy. 12 nach |
| 351 | 19.00 Uhr | **Cache Creek***. |

* Übernachtungsoptionen

> **Extratag:** Die Route läßt sich auch gut in 2 geruhsame Tage aufspalten. Am ersten Tag bis Whistler, am zweiten bis Cache Creek.

*Cowboy-Wettkampf: Strohballenwerfen auf der Hat Creek Ranch*

| km | Zeit | Route (siehe gestrichelte Route auf der Karte Seite 226) |
|---|---|---|
| 0 | 9.00 Uhr | In **Vancouver** auf dem Granville Island Public Market Reiseproviant kaufen, danach auf dem **Trans-Canada Highway** (Hwy. 1) nach Osten bis |
| 154 | 12.00 Uhr | **Hope**; weiter auf dem Hwy. 1 nach Norden. |
| 169 | | Beginn des **Fraser Canyon** |
| 208 | | **Hells Gate** |
| 263 | | **Lytton** |
| 347 | | **Cache Creek**. |

**Extratouren: Lytton** ist eine Hochburg des *river rafting*. Eine Anzahl von Unternehmen bietet Trips zwischen 3 Stunden und 3 Tagen auf Thompson und Fraser River an (z. B. Kumsheen Raft Adventures, P.O. Box 30, Lytton, B.C. V0K 1Z0, ✆ (604) 455-22 96, Fax 455-22 97). – Das untere Fraser-River-Tal hat mit dem restaurierten Pelzhandelsposten **Fort Langley** (im Sommer tägl. 10–18, sonst bis 16.30 Uhr. ✆ (604) 888-44 24) und den heißen Quellen von **Harrison Hot Springs** genug Abwechslung für einen zusätzlichen Tag zu bieten. – Wer sich für die Alternativroute entscheidet und trotzdem den Howe Sound und Whistler sehen will, kann dies gut auf einer Tagestour von Vancouver aus machen. – Eine interessante Alternative ist auch ein Ausflug ab Vancouver mit dem nostalgisch-historischen Dampfzug **»Royal Hudson«** bis Squamish und zurück nach Vancouver mit dem Schiff.

*Rafting auf dem Thompson River*

**Hells Gate**
Am Trans-Canada Highway (Hwy. 1)
Engste und steilste Stelle des Fraser Canyon. Bestes Fotolicht herrscht zwischen ca. 10.30 und 14.30 Uhr, nur dann liegen Talsohle und Fluß in der Sonne.

 **B.C. Museum of Mining**
Am Hwy. 99, Britannia Beach
 © (604) 688-87 35
Im Sommer tägl. 10–17 Uhr
Eine alte Kupfermine, hergerichtet als Bergbaumuseum.

 **Shannon Falls**
Am Hwy. 99 südlich von Squamish
 300 m hoher Wasserfall; spektakulär während der Schneeschmelze im Frühling und nach Regenfällen; während der Frostperioden entstehen riesige Eiskaskaden.

 **Whistler**
Im Sommer Gondelbahn zum Whistler
 Mountain, im Winter unzählige Lifts an Whistler und Blackcomb Mountain. In der Fußgängerzone von Whistler Village gibt es mehrere kleine Restaurants, die mittags geöffnet sind.

 **Duffey Lake Road**
Wunderschöne Panoramastraße von Mount Currie nach Lillooet durch die Bergwildnis der Coast Mountains. Die ersten 9 km durch das Indianerreservat am Lillooet Lake sind Schotter, danach beginnt der Asphalt. Die Straße ist meist Okt.–Mai gesperrt, Auskünfte dazu gibt das Vancouver Touristinfo Centre, © (604) 683-20 00.

 **Hotel Victoria**
667 Main St., Lillooet, B.C. V0K 1V0
© (604) 256-41 12, Fax 256-49 97
Hotel im Western-Look mit Restaurant und Bar. $$

 **Mile-O-Motel**
616 Main St., Lillooet, B.C. V0K 1V0
© (604) 256-75 11, Fax 256-41 24

Einfaches Motel; es gibt auch Zimmer mit Küche. $–$$

 **Marble Canyon Provincial Park**
Am Hwy. 12 zwischen Lillooet und Cache Creek
Idyllischer Platz zwischen bizarren Felsformationen. Bademöglichkeit im See.

---

## Cache Creek, British Columbia

 **Sandman Inn**
P.O. Box 278, Cache Creek, B.C. V0K 1H0
© (604) 457-62 84
Motel am Hwy. 1; mit Restaurant. $$

 **Hotel Oasis**
P.O. Box 40, am Hwy. 1
Cache Creek, B.C. V0K 1H0
© (604) 457-62 16, Fax 457-62 44
Hotel mit Restaurant und Bar. $$

 **Tumbleweed Hotel**
1221 Quartz Rd.
Cache Creek, B.C. V0K 1H0
© (604) 457-65 22
Ruhig gelegenes Motel am Hwy. 1, am östlichen Ortsrand. $$

 **Bonaparte Motel**
Hwy. 97, Cache Creek, B.C. V0K 1H0
© (604) 457-96 93
Motel mit Pool und Whirlpool. $$

 **Cache Creek Campgrounds**
Am Hwy. 97 N., 4 km nördlich von Cache Creek
P.O. Box 127, Cache Creek, B.C. V0K 1H0
© (604) 457-64 14
Geöffnet April–Okt.
Mit *hook ups,* Duschen, Waschmaschinen, Whirlpool und Pool.

 **Brookside Campsite**
Am Hwy. 1, 1 km östlich von Cache Creek
P.O. Box 737, Cache Creek, B.C. V0K 1H0
© (604) 457-66 33; geöffnet April–Okt.
Mit *hook ups* und Waschmaschinen.

| km | Zeit | Route |
|---|---|---|
| 0 | 9.00 Uhr | Abfahrt in **Cache Creek** auf dem **Cariboo Highway** (Hwy. 97 N.). |
| 11 | | Links auf den Hwy. 12 W. zur |
| 12 | | **Hat Creek Ranch**, Besichtigung und wieder zurück zum Hwy. 97 nach |
| 43 | | **Clinton**, kurzer Spaziergang. |
| 58 | | Beim Wegweiser **»Chasm«** rechts abbiegen, 5 km zu einem Aussichtspunkt im **Painted Chasm Provincial Park**. |
| 128 | | **100 Mile House** |
| 142 | | **108 Mile Heritage Centre** |
| 218 | | **Williams Lake** |
| 250 | | **Soda Creek** |
| 339 | 18.00 Uhr | **Quesnel**\*. Eventuell auf dem Hwy. 26 weiter nach |
| 413 | 19.00 Uhr | **Wells**\* bzw. **Barkerville**. |

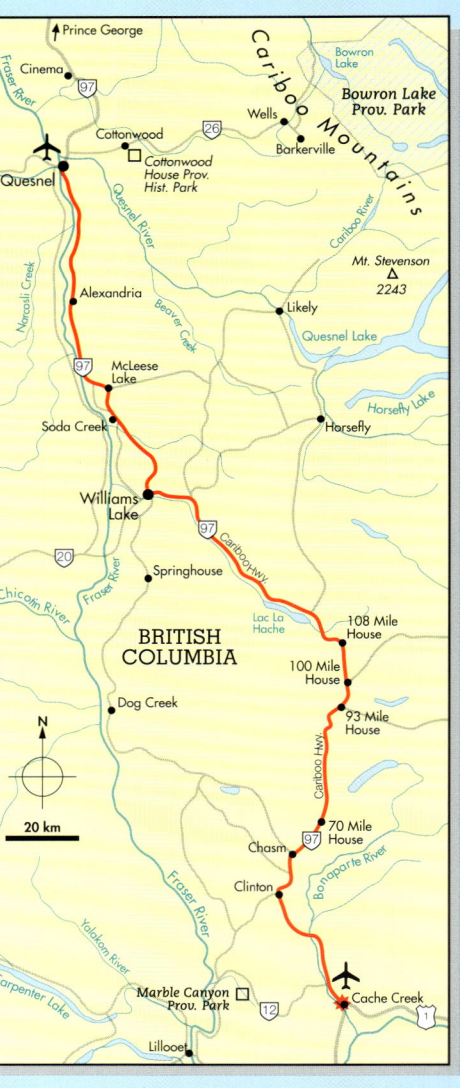

**\* Übernachtungsoptionen:** Wer die Ruhe auf dem Land dem Betrieb in Quesnel vorzieht und auch mit einer einfacheren Unterkunft zufrieden ist, fährt die ersten 74 km der morgigen Route bis Wells und übernachtet dort. Wohnmobilfahrer fahren die 82 km bis zum Campground in Barkerville.

## Hat Creek Ranch
Geöffnet Mitte Mai–Mitte Okt. 10–18 Uhr
☎ (604) 457-97 22
Ranch aus dem Jahr 1863 und historisches *roadhouse* an der Cariboo Waggon Road. Demonstrationen von typischen Arbeitsabläufen auf einer Ranch und geführte Ausritte.

## 108 Mile Heritage Centre
Gebäudegruppe aus der Anfangszeit der Cariboo Waggon Road.

### Quesnel, British Columbia

## The Vaughan House
714 Front St.
☎ (604) 992-68 52
Tägl. ab 17 Uhr geöffnet
Sehr gute Küche und Weinkarte. $$–$$$

## Savalas Steak House
240 Reid St.
☎ (604) 992-94 53
Tägl. 11–22, So ab 16 Uhr
Große Salatbar und guter Lammbraten. $$

## Green Leaf Restaurant
158 Barlow Ave.
☎ (604) 992-75 00
Hauptsächlich chinesische Gerichte. $$

## Tower Inn Hotel
500 Reid St., Quesnel, B.C. V2J 2M9
☎ (604) 992-22 01, Fax 992-52 01
Hotel mit Restaurant und Bar. $$$

## Good Knight Inn
176 Davie St.
Quesnel, B.C. V2J 2S7
☎ (604) 992-21 87, Fax 992-12 08
Downtown-Motel; Zimmer mit Küche; Hallenbad und Whirlpool. $$

## The Talisman Inn
753 Front St. (am Hwy. 97, Downtown)
Quesnel, B.C. V2J 2L2

☎ (604) 992-72 47, Fax 992-31 26
Die besten Zimmer liegen im neuen Teil des Motels. $$

## Roberts Roost Campground
3121 Gook Rd., Quesnel, B.C. V2J 4K7
Geöffnet April–Okt.
Am Dragon Lake; mit *hook ups*, Duschen und Waschmaschinen.

## Cariboo Place Campground
Am Hwy. 97, 20 km südlich von Quesnel
☎ (604) 993-45 55
Campingplatz mit Duschen, Waschmaschinen und Feuerholz.

## Ten Mile Lake Provincial Park
Am Hwy. 97, 11 km nördlich von Quesnel
Einfacher Campground am Seeufer mit Sandstrand zum Baden.

## White Cap Motor Inn
Ski Hill Rd., Wells, B.C. V0K 2R0
☎ (604) 994-34 89, Fax 994-34 26
Motel und Campground. $$

## Hubs Motel
P.O. Box 155, Wells, B.C. V0K 2R0
☎ (604) 994-33 13
An der Straße nach Barkerville. $

## Barkerville Provincial Park
Drei Campgrounds mit Duschen am Hwy. 26 in der Nähe von Barkerville.

<table>
<tr><td></td><td></td><td></td></tr>
</table>

**Route 1**    **5. Tag – Route:** Quesnel – Barkerville – Prince George (285 km)

| km | Zeit | Route |
|----|------|-------|
| 0 | 9.00 Uhr | Am nördlichen Orts-rand von **Quesnel** rechts auf den Hwy. 26 abbiegen nach |
| 25 | | **Cottonwood House** und |
| 82 | | **Barkerville:** Besich-tigung. |
| | 15.00 Uhr | Rückfahrt nach Ques-nel und weiter auf dem **Cariboo High-way** (Hwy. 97 N.) nach |
| 285 | 18.00 Uhr | **Prince George**. |

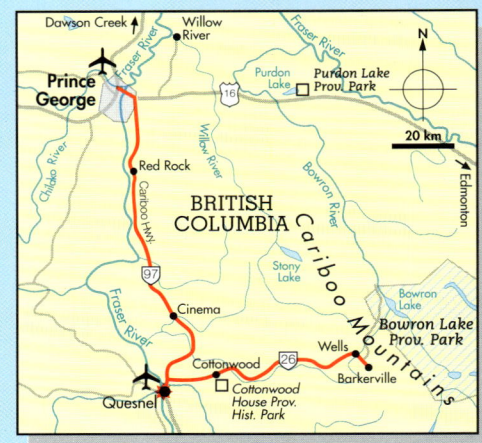

**Zusatztage in Quesnel/Barkerville:** Die Gegend um Quesnel ist, wie die ganze Cariboo- und Chilcotin-Region, ideal, um einige Urlaubstage mit Fischen, Kanufahren oder Reiten zu verbringen. »**Becker's Lodge**« am Bowron Lake kann Ausgangs- und Endpunkt für eine Kanutour auf dem 116 km langen Rundkurs über die Seen vor der Haustür sein oder Basis für erholsame Tage im Blockhaus (Becker's Lodge, 1-259 McLean St., Quesnel, B.C. V2J 2N8, ✆ (604) 992-88 64, Fax 992-38 86). – Martin Piller-borough von der **Triple »J« Ranch** ist Farmer und ein netter Kerl. Er organisiert mehrstündige bis mehrtägige Ausritte ins Hinterland, zu denen er auch völlig uner-fahrene Reiter mitnimmt (Triple »J« Ranch, am Hwy. 97, ca. 20 km nördlich von Ques-nel, ✆ (604) 998-47 46). – »**Fishpot Lake Resort**« liegt am Ende einer Straße 125 km westlich von Quesnel in der Wildnis und vermietet voll ausgestattete Hütten, Camp-sites und Boote an Jäger und Angler. Wer will, kann sich von den netten Wirtsleuten auch verpflegen lassen (Fishpot Lake Resort, P.O. Box 4673, Quesnel, B.C. V2J 3J9, ✆ (604) 992-93 97).

**Route 1**    **5. Tag – Informationen**

**Barkerville**
Am Ende des Hwy. 26
✆ (604) 994-33 32
Geöffnet ganzjährig ab 8 Uhr bis Sonnen-untergang
Von Mitte Juni bis Anfang September ist

die Goldgräberstadt von 1870 ein großes, lebendiges Museum, bevölkert von Schauspielern, die in historischen Kostü-men den Besuchern Lebensart und Alltag in einer Goldgräberstadt vor 100 Jahren vorspielen.

**Wake Up Jake Restaurant**
Barkerville
Mahlzeiten im Stil von 1870. $–$$

 **Lung Duck Tong**
Barkerville
Chinesische Standardgerichte. $–$$

---

## Prince George, British Columbia

 **Prince George Travel Infocentre**
1198 Victoria St./Ecke 15th Ave.
Prince George, B.C. V2L 2L2
© (604) 562-37 00, Fax 563-35 84
Im Sommer Mo–So 9–20 Uhr geöffnet
Umfangreiches Informationsmaterial zur
Stadt und Umgebung.

 **The Log House Restaurant and RV Park**
10 km östlich von Prince George am Ta-
bor Lake, nahe Hwy. 97, Lakeview Rd.
Prince George, B.C. V2N 2H8
© (604) 963-95 15
Sehr schönes Restaurant mit ausgezeich-
netem Essen; Wohnmobil-Stellplätze;
deutscher Besitzer.
$$–$$$

 **Rosel's Restaurant**
1624, 7th Ave./Ecke Vancouver St.
© (604) 562-49 72
Tägl. ab 17 Uhr geöffnet
Angenehmes Restaurant in einem alten
Wohnhaus.
$$–$$$

 **Cariboo Steak & Seafood**
1165, 5th Ave.
© (604) 564-12 20
Meeresfrüchte und saftige Steaks. $$

 **Coast Inn of The North**
770 Brunswick St.
Prince George, B.C. V2L 2C2
© (604) 563-01 21, Fax 563-19 48
Downtown-Hotel mit Restaurant, Bar,
Pool, Sauna, Whirlpool usw.
$$$–$$$$

 **Yellowhead Inn**
1445 W. Central St.
Prince George, B.C. V2M 5S5
© (604) 562-31 71, Fax 562-08 16
Hotel mit Restaurant und Bar. $$–$$$

 **Holiday Inn**
444 George St.
Prince George, B.C. V2L 1R6
© (604) 563-00 55, Fax 563-60 42
Hotel mit Restaurant, Bar und Pool.
$$–$$$

 **Esthers Inn**
1151 Commercial Dr.
Prince George, B.C. V2M 6W6
© (604) 562-41 31, Fax 562-41 45
Motel/Hotel mit tropisch begrüntem,
überdachten Innenhof; mit Restaurant,
Bar, Hallenbad, Sauna und *jacuzzis*. $$

 **Sandman Inn**
1650 Central St. (am Hwy. 97)
Prince George, B.C. V2M 3C2
© (604) 563-81 31
Kleines, sauberes Kettenmotel am Orts-
rand; mit Restaurant und Hallenbad. $$

 **Prince George Municipal Campground**
4188, 18th Ave.
(gegenüber Exhibition Park)
© (604) 563-23 13
Städtischer Campingplatz mit Duschen;
nahe dem Zentrum.

 **Southpark RV Park**
Am Hwy. 97, 6 km südlich von Prince
George
© (604) 963-75 77
Campground mit Duschen, Waschma-
schinen und *hook ups*.

 **KOA Spruceland Prince George**
5 km westlich von Prince George, am
Hwy. 16
© (604) 964-72 72, Fax 964-72 74
Netter, privat betriebener Campground
mit Waschsalon und Swimmingpool; etwas
abseits vom Hwy. 16 im Wald gelegen.

# *Waggon Roads* und *Roadhouses*

## Der Weg zum Gold in den Cariboos

*Ein Murmeltier . . .*

Vancouvers einmalige Lage zwischen der Mündung des Fraser River und der spektakulären Kulisse der Coast Mountains bestimmt die Route des heutigen Tages. Zwei Routen stehen zur Auswahl: Die schnellere, ganzjährig befahrbare »Allwetterroute« folgt nach Verlassen der endlos ausufernden Vorstädte Vancouvers dem

Unterlauf des Fraser River auf dem autobahnartig ausgebauten **Trans-Canada Highway** (Highway 1). Durch fruchtbares Ackerland geht die Fahrt im Angesicht der Berge – im Norden die Gipfel der Coast Mountains, im Süden die Cascade Range im U.S.- Bundestaat Washington – auf der anfangs fast 50 Kilometer breiten Talsohle nach Osten. Irgendwann beginnt die dichte Besiedelung sich dann doch aufzulockern (fast die Hälfte der Einwohner von British Columbia lebt im Einzugsgebiet von Vancouver und im unteren Fraser-River-Tal), und die dicht bewaldeten blaugrünen Hänge rücken immer näher an die Straße heran.

*. . . und sein Revier: Whistler Mountain*

Im etwas verschlafen wirkenden Städt-chen **Hope**, Drehort der Hollywood-Gewaltorgie »Rambo«, schwenkt der Highway 1 nach Norden zum **Fraser Canyon**. Mit Macht hat sich der Fluß hier seinen Weg durch die Küstenberge ge-bahnt und eine steile, enge Schlucht ge-graben, die sich an ihrer schmalsten Stelle, dem **Hells Gate**, auf weniger als 40 Meter verengt. Durch diesen Engpaß drängt sich das Wasser des Fraser River tosend hindurch. Vom Highway fährt ei-ne Seilbahn 150 Meter hinunter in die Schlucht zu einer »Touristenfalle« mit Restaurant und Andenkenladen, Fisch-leitern, einer Fußgängerbrücke über den Fluß und einer Aussichtsplattform am Flußufer. Für unermüdliche (und leistungsfähige) Wanderer schlängelt sich ein steiler Pfad am Berghang hinab zum Fraser. Unten angekommen ist die Ausstellung, in der über den Lebens-zyklus und die Wanderung der Lachse informiert wird, von Interesse. An den Fischleitern kann man zur Zeit der Lachswanderung beobachten, wie sich die Fische mühsam gegen die Strömung flußaufwärts kämpfen. Eine mißglückte Sprengung hat 1914 beim Bau der C.N.-Eisenbahnlinie das Flußbett so sehr ein-geschränkt, daß selbst die kräftigsten Schwimmer unter den Lachsen bei hohem Wasserstand vor der nun viel stärkeren Strömung kapitulieren muß-ten. Zu Millionen verendeten sie hier, lange vor dem Erreichen ihrer Laichplät-ze. Erst 1946 wurde mit dem Bau der Fischleitern Abhilfe geschaffen.

Bei **Lytton** wechselt die Straße hinüber ins nicht minder spektakuläre Thompson River Valley. Unten im Tal schießen Schlauchboote im mit Felsblöcken durchsetzten Bett des Thompson durch die schäumende Gischt der Engstellen,

*Postkartenpanorama: der Duffey Lake bei Pemberton*

*Der Seton Lake bei Lillooet* ▷

*Willkommen auf der Ranch: Der Hufschmied...*

drehen sich kreiselnd in einem Wirbel, bevor sie um die nächste Biegung herum in der nächsten Stromschnelle verschwinden. Gegenüber quält sich die endlose »Raupe« eines Güterzuges im Schneckentempo durch Tunnel und strahlend helle Felshänge talaufwärts. Wie Teile einer Miniatur-Spielzeugeisenbahn nehmen sich die sonst so massigen Dieselloks vor dem Hintergrund der riesigen Bergwand aus. Das Tagesziel Cache Creek, Straßendorf an der Abzweigung des neuen **Cariboo Highway** (Highway 97) vom Trans-Canada Highway, liegt bereits in der trockenen Savanne im Regenschatten der Küstenberge.

Besonders attraktiv ist die Fahrt von Vancouver am Howe Sound entlang, über Squamish nach Whistler und auf der Duffey Lake Road quer durch die Küstenberge zum Beginn des Cariboo Highway. Die hoch gelegene Duffey Lake Road ist nur während der schneefreien Zeit von etwa Juni bis Oktober befahrbar; wer sie gegen Anfang oder Ende der Saison befahren will, tut gut daran, sich vorher im Vancouver Touristinfo Centre nach dem Straßenzustand zu erkundigen.

Man verläßt Vancouver auf dem Trans-Canada Highway (Highway 1 West) in Richtung Horseshoe Bay, wo Autofähren die Verbindung zum Westende des Trans-Canada Highway auf Vancouver Island

herstellen. Als Highway 99 schlängelt sich die Straße jetzt fast 40 aussichtsreiche Kilometer am Ufer des Howe Sound entlang nach Squamish. Unterwegs ergeben sich immer wieder Ausblicke auf das tiefblau im Sonnenlicht glitzernde Wasser der Bucht, umrahmt von dunkelgrünen, dicht bewaldeten Bergen. **Britannia Beach**

*... der Hat Creek Ranch*

taucht auf und gleichzeitig ein augenfällig malerisch am Ufer liegender weißer Dampfer. Blickfang des Ortes ist aber nicht der Dampfer, sondern der gegenüberliegende elfstöckige *concentrator* des Britannia-Beach-Kupferbergwerks; hier wurde das Erz zermahlen und chemisch angereichert. Das einst größte Kupferbergwerk im britischen Empire wurde 1974 stillgelegt, später zum Industriedenkmal erklärt und beherbergt heute das **B.C. Museum of Mining**. Interessierte Besucher können mit der Grubenbahn ein kleines Stück in die einst über 200 Kilometer langen Stollen hineinfahren und sich eine Demonstration der Abbautechnik ansehen.

Zehn Kilometer nördlich von Britannia Beach schießt die Granitwand des **Stawamus Chief**, Dorado der Felskletterer, fast 700 Meter in den Himmel und nicht weit davon entfernt das gischtende Wasser der **Shannon Falls** zur Erde. **Squamish** am Ende der Bucht ist die Stadt der Holzfäller, die schon seit über 100 Jahren die Wälder der Coast Mountains abholzen. Im Wasser schwimmen die riesigen Flöße aus Baumstämmen, mit denen das qualmende Zellulosewerk am anderen Ufer gefüttert wird, und bei der Weiterfahrt auf dem Highway 99 hinauf in die Berge nach Whistler begegnet man immer wieder hochbeladenen, bergabdonnernden *logging trucks*.

In **Whistler**, Super-Skistation zu Füßen der schneesicheren Pisten auf Whistler und Blackcomb Mountain, ist es im Sommer verhältnismäßig ruhig. In der Fußgängerzone gehen sich Flaneure und Radfahrer mühelos aus dem Weg, und rund um den Dorfplatz des *village* sind in den Straßencafés noch Plätze frei. Keine Spur von den Besucherströmen der Hauptsaison (bis zu 25 000 sollen es sein, die an schönen Winterwochenenden nach Whistler kommen), und selbst an der Gondelbahn auf den **Whistler Mountain** gibt es keinen Stau. Ohne Aufenthalt schwebt sie mit Mountainbike-Fahrern und Bergwanderern hinauf zu den Bergwiesen oberhalb der Baumgrenze.

Nach dem Lunch, unten am Dorfplatz oder hoch oben auf dem Whistler Mountain mit Blick auf Felsgrate und schneebedeckte Gipfel, geht die Fahrt über **Pemberton** und durch das Indianerreservat am **Lillooet Lake** zur **Duffey Lake Road**. Die ehemalige *logging road*, unbefestigt, rauh, voller Schlaglöcher und enger Kurven, hat sich in den letzten Jahren zu einer geteerten Panoramastraße

*Zaun ohne Draht und Nagel: »Post and Rail Fence« am 108 Mile Heritage Centre*

mitten durch das »Herz« der Coast Mountains gemausert. Über einen niedrigen Paß führt die Route durch stille Bergwälder: Bergbäche rauschen und gurgeln neben der Straße, und im waldgesäumten **Duffey Lake** spiegeln sich die firngekrönten Gipfel der Coast Mountains. Wald, Berge, Einsamkeit und Ruhe, dann klettert die Straße in weiten Bögen vom **Seton Lake** hinab zum Fraser River, aus dessen tiefen Kolken Angler immer wieder meterlange Prachtexemplare von Stören ziehen.

Unten im Tal, in **Lillooet** am Fraser River, war bis zum Bau des Weges durch den Fraser Canyon der Beginn der Cariboo Waggon Road zu den Goldfeldern des Cariboo-Gebietes. Als Highway 12 folgt die Straße dem einstigen Trail der Goldgräber, Händler und Halunken über die Berge nach Cache Creek. Unterwegs wartet ein *demonstration forest* auf informationshungrige Besucher, und der Marble Canyon Provincial Park, idyllisch zwischen bizarren Felsformationen an einem kleinen See gelegen, lockt Camper und Wohnmobilfahrer, hier die Tagesetappe zu beenden.

**Cache Creek**, einige Kilometer weiter, ist ein nichtssagendes Straßendorf mit Motels, Campgrounds und Supermarkt. Einst ein Rastplatz für die *miners* auf dem Weg zu den Goldfeldern, hat es heute die gleiche Funktion für die *trucker* auf dem Weg zwischen Produzent und Verbraucher. Wie Lytton ist Cache Creek Basis für Wildwasser-Schlauchbootfahrten durch die tief eingeschnittenen Täler von Thompson und Fraser River.

Wo der Highway 12 und der Highway 97 aufeinandertreffen, liegt die **Hat Creek Ranch**, eine der alten Postkutschenstationen entlang der Cariboo Waggon Road. Hier wurden die Pferde der rot-gelben B.X.-Kutschen gewechselt, und die Fahrgäste konnten sich von der zermürbenden Rütteltour über die Berge erholen. Die Hat Creek Ranch hält heute als Museum die Erinnerung an die Pionierzeit

wach. Am Amboß demonstriert der Hufschmied sein Handwerk, drückt dem Besucher den Hammer in die Hand und läßt ihn eigenhändig einen Nagel als Souvenir schmieden. Kühe und Pferde im *corral*, eine Remise mit Kutsche und Pferdewagen, das originalgetreu möblierte Farmhaus – ständen nicht Autos vor der Scheune, die Illusion einer Zeitreise 100 Jahre zurück in die Vergangenheit auf eine abgelegene Ranch wäre perfekt.

Die Straße nach Norden folgt auch weiterhin der Route der historischen **Cariboo Waggon Road**, der ersten Überlandstraße West-Kanadas. Gebaut wurde sie in mehreren Etappen ab 1860, nachdem die Goldfunde in den Cariboo Mountains und der darauffolgende *gold rush* einen Transportweg für die Versorgung der auf ihren *claims* in den Tälern schuftenden *miners* notwendig machte. Die ursprüngliche Route führte von Port Douglas am Harrison Lake über Lillooet Lake, Anderson Lake und Seton Lake nach Lillooet und von hier über die Berge nach Clinton. Das ständige Umladen von den Schiffen auf die Pferdewagen für die dazwischenliegenden Überlandstrecken erwies sich als so umständlich und teuer, daß die Verwaltung der britischen Kolonie die Planung einer Straße durch den Fraser Canyon in Angriff nahm. 1863 war die Straße bis nach Soda Creek am Oberlauf des Fraser fertiggestellt. Hier wurde für den weiteren Weg bis Quesnel auf Raddampfer umgeladen, wobei der Fraser River als Wasserstraße diente. Der Packtier-Trail von Quesnel zu den Goldfeldern in den Bergen wurde 1864 durch eine Straße nach Barkerville und Richfield ersetzt.

Die neu geschaffene Route, besonders das von den »Royal Engineers« nördlich von Yale aus der Wand des Fraser Canyon herausgesprengte Teilstück, galt als ein Weltwunder und war trotz der für die damalige Zeit gigantischen Baukosten, die die junge Kolonie an den Rand des

Bankrotts geführt hatten, der Stolz von British Columbia. Der neue Transportweg ließ die Preise auf den Goldfeldern sinken – zum Beispiel von zwei Dollar für ein Pfund Mehl im Jahr 1862 auf 35 Cents 1864 – und ebnete Siedlern den Weg ins Innere von British Columbia, insbesondere nach Fertigstellung der transkontinentalen Eisenbahnstrecke 1868, deren Bahnhof Ashcroft oberhalb des Fraser Canyon zum neuen Tor zur Chilcotin- und Cariboo-Region wurde.

Die Orte **70 Mile** und **100 Mile** erhielten damals ihre Namen. Hier befanden sich *roadhouses*, Rasthäuser, an denen die Pferde der Postkutschen gewechselt wurden und die den Reisenden Unterkunft und Verpflegung boten. Der Einfachheit halber benannte man die *roadhouses* nach ihrer Entfernung zu Lillooet. Richtig ernst nehmen darf man die Meilenangaben der *roadhouses* allerdings nicht. Die Straßenbauer wurden damals nach gebauten Straßenmeilen bezahlt und waren entsprechend »großzügig« beim Bestimmen der Entfernungen. Im **108 Mile Heritage Centre** setzte man mit Gebäuden aus der Anfangszeit der Cariboo Waggon Road diesen *roadhouses* ein Denkmal. Hier wie an vielen anderen Stellen entlang dem Cariboo Highway sind Beispiele für die ohne Draht und Nagel gebauten Zäune der Pioniere zu sehen. Eiserne Nägel mußten von weit her herangeschafft werden und waren entsprechend teuer; also erfanden die Siedler einen selbsttragenden Zaun aus im Zickzack übereinander gelegten Stämmen. *Russel fence* oder *post and rail fence* nennt man den sich in Schlangenlinien durch die Landschaft windenden Zaun.

**Williams Lake** am gleichnamigen See ist das Versorgungszentrum der Ranches des trockenen Fraser Plateau im Regenschatten der Küstenberge. Benannt wurde es nach Chief Willy'um von den Shuswap-Indianern, der während des Chilcotin-Indianerkrieges die Siedler der Gegend vor einem Massaker bewahrte. In Williams Lake zweigt der Highway 20 nach Westen ab. 456 teilweise sehr einsame Kilometer weit führt er quer durch das trockene »Short-grass-and-sagebrush«-Land des Fraser Plateau, auf dem die großen Rinderherden der abgelegenen Ranches weiden, durch unberührte Wälder und über die Küstenberge nach Bella Coola am Ende eines tief ins Land reichenden Pazifik-Fjords. Die Rinder werden in Williams Lake zu handlichen Portionen verarbeitet, bevor sie in Kühllastern nach Süden rollen. Am Canada Day, dem ersten Juli, huldigt Williams Lake der Cowboy-Tradition der Chilcotin-Region mit einem großen, inzwischen international bekannten Rodeo.

Rindfleisch ist nicht die einzige Einnahmequelle der Stadt: Bergwerke im Hinterland müssen versorgt werden, ein Sägewerk verarbeitet die aus den Bergen herangeschafften Baumstämme, und südlich der Stadt kann man vom Straßenrand aus zusehen, wie man mit Hilfe von Motorsäge und Kran Baumstämme im großen Stil in Blockhäuser verwandelt, die nach ihrer Fertigstellung zerlegt und als Riesenpuzzle an ihren Bestimmungsort transportiert werden.

Etappe **Quesnel** (sprich: »Kwinell«): Die Dunstglocke und der Geruch lassen keinen Zweifel daran, wer heute der größte Arbeitgeber des Ortes ist. Sägewerk und Zellulosefabrik verarbeiten pro Jahr über zweieinhalb Millionen Kubikmeter Holz aus den umliegenden Wäldern. Am Nordende der Stadt bietet der Forest Industry Lookout einen Überblick über eines der riesigen Sägewerke. Quesnel war zur Zeit des Cariboo-Goldrausches Tor zu den Goldfeldern und Umladestation der auf dem Fraser River von Soda Creek herangeschafften Versorgungsgüter.

Der moderne Highway 26 folgt über weite Strecken der alten *waggon road* zu den Goldfeldern. **Cottonwood House,** knapp 25 Kilometer von Quesnel entfernt, ist eines der ältesten Gebäude der Provinz und eines der wenigen original erhaltenen *roadhouses* aus der Goldgräberzeit von 1865. Von Mai bis September führen »Bewohner« in historischen Kostümen durch die stilecht restaurierte Postkutschenstation.

**Barkerville** verdankt seine Existenz der Beharrlichkeit (einige Zeitgenossen nannten es Ignoranz) eines Seemannes aus Cornwall. 1862, als die Goldfunde in den Cariboos schon in aller Munde waren, verließ Billy Barker in Vancouver sein Schiff, um sein Glück auf den Goldfeldern zu versuchen. Weil im bekannten Schürfgebiet oberhalb des Williams Creek Canyon schon alle *claims* abgesteckt waren, versuchte er es unter dem Gespött der übrigen *miners* eben unterhalb des Canyon. Als sein Schacht 15 Meter tief war und sich immer noch kein *nugget* gezeigt hatte, wollte er eigentlich aufgeben und nach Norden ziehen, aber seine Partner überredeten ihn, noch eine Weile zu bleiben. Einen Meter tiefer stieß er dann auf Gold im Wert von 600 000 Dollar, nach heutiger Kaufkraft etwa fünf Millionen Dollar. Fast über Nacht entstand rund um Barkers *claim* Barkerville, zu seiner Glanzzeit die größte Stadt nördlich von San Francisco und westlich von Chicago. Billy, reicher als er es je geträumt hatte, traf auf einen Goldgräber anderer Art. Er heiratete Elizabeth Collyer-Barker, der gelang, was die Tanzhallenmädchen und Gauner von Barkerville vergeblich versucht hatten: Sie brachte in nur einem Jahr das gesamte Vermögen durch und verschwand danach auf Nimmerwiedersehen. Billy ging zurück zu den Goldfeldern, aber sein Glück hatte ihn verlassen: Er fand kein Gold mehr.

Barkerville teilt das Schicksal seines Namenspatrons. Bereits 1875 verließen viele Goldgräber die Stadt. Der Niedergang der Boomtown zur *ghost town* be-

*Die Zeit steht still in Barkerville*

gann; um die Jahrhundertwende lebten nur noch wenige Personen in den verfallenden Gebäuden. 1959 wurden die Reste von Barkerville zum *National Historic Park* erklärt, und ein umfangreiches Restaurierungsprogramm wurde gestartet. Inzwischen sind über 100 Gebäude restauriert oder den alten Vorbildern entsprechend wieder aufgebaut worden. Wie in kanadischen Museumsdörfern üblich, bevölkern im Sommer kostümierte »Bewohner« den Ort. Man führt das Leben der Zeit von 1869 bis 1885 vor: Die Goldfield-Bäckerei verkauft *bannok* und Sauerteigbrot, im Richfield Court House erzählt Richter Begbie von den Gaunern seiner Zeit, und im *print shop* wird die Stadtzeitung »*Cariboo Sentinel*« mit den aktuellsten Nachrichten gedruckt. Im Theatre Royal inszeniert eine Schauspielertruppe Melodramen aus der Goldgräberzeit, aus der Schmiede von Cameron & Ames dringt der Lärm des Hammers auf dem Amboß, und im Fotostudio von L.A. Blanc werden die Besucher stil- und zeitgerecht viktorianisch kostümiert abgelichtet. Die Häuser sind stimmungsvoll und mehr oder weniger originalgetreu ausgestattet: die Saloons, in denen das gerade geschürfte Gold vertrunken und an die Tanzmädchen verschenkt wurde, der *general store*, dessen Auswahl von Zylindern über Porzellan bis zu Süßigkeiten für die Kinder geht, Macphersons Uhrmacherladen mit Schmuck und »Zeitzwiebeln« aus den 1870er Jahren und Kwong Sang Wings Chinesenladen, in dem auch Opium an die chinesischen Bergarbeiter verkauft wurde. Der Bummel durch Barkerville ist eine Zeitreise zurück in die farbigste und aufregendste Zeit des kanadischen Westens, nur sollte man darüber die Zeit nicht ganz vergessen: 200 Kilometer sind es noch bis Prince George.

Nach so viel Geschichte wird es Zeit für **Prince George**, wichtigstes regionales Zentrum des Nordwestens von British Columbia und letzte Einkaufsmöglichkeit mit städtischem Flair vor dem Weg in den dünn besiedelten Norden. Der kleine, unbedeutende Handelsposten Prince George – er wurde 1807 vom Pelzhändler Simon Fraser im Dienst der »Northwest Trading Company« gegründet – verharrte lange in einer Art Dornröschenschlaf, bis mit dem Anschluß an die »Grand Trunk Pacific Railroad« ein Transportweg nach Edmonton im Osten und zum Pazifikhafen Prince Rupert im Westen geschaffen war. Sägewerke wurden gebaut, und die Ausbeutung der riesigen Wälder der Umgebung begann. In den 1960er Jahren siedelten sich Zellulosefabriken und weitere holzverarbeitende Industrie an. In und um Prince George werden heute über acht Millionen Kubikmeter Holz pro Jahr verarbeitet und gehen als Eßstäbchen

und Bauholz, Zellulose und Spanplatten in alle Welt.

Prince George ist eine typische, funktional angelegte Provinzstadt des kanadischen Hinterlandes. Im Schachbrettmuster der Straßen von Downtown stehen Hotels, Geschäfts- und Bürohäuser und nahebei, im Bogen des Flusses, stapelt sich der zu Brettern verarbeitete Reichtum der Wälder um eines der vielen Sägewer-

*Etappe Prince George*

ke. Der schöne Connaught Hill Park auf einem Hügel am Rand der Innenstadt bietet Gelegenheit zu einem Picknick im Schatten alter Bäume und zu einem geruhsamen, abendlichen Spaziergang mit Blick auf die Stadt. Wer noch mehr Energie aufbringen kann, fährt auf dem Highway 97 nach Norden über den Fluß und nimmt die Hoferkamp Road rechts (Wegweiser McMillan Creek Park). Dort, wo die Straße wieder anzusteigen beginnt, zweigt in einer Linkskurve rechts ein Pfad zu einem Aussichtspunkt auf dem Hochufer des Nechako River ab – der geeignete Platz, um mit Blick auf Stadt und Wälder im Licht der untergehenden Sonne darüber nachzudenken, wie es morgen weitergehen soll: nach Nordosten zum Alaska Highway oder nach Nordwesten zum Cassiar Highway. ■

## Route 2    6. Tag – Route: Prince George – Fort St. James – Smithers (492 km)

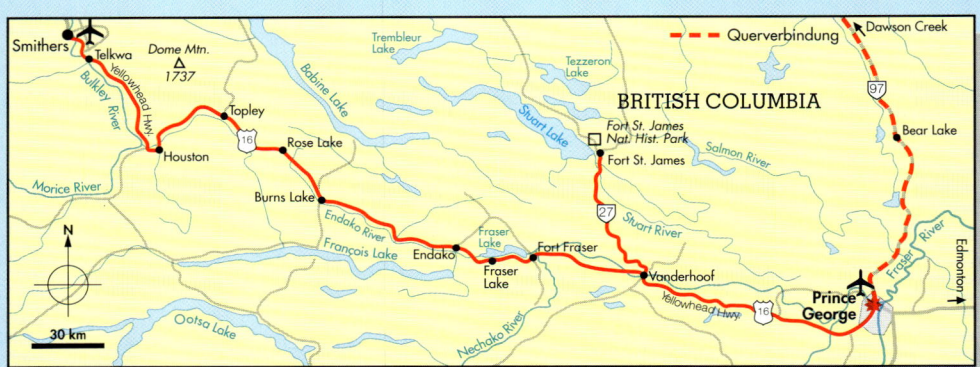

| km | Zeit | Route |
|---|---|---|
| 0 | 9.00 Uhr | Von **Prince George** auf dem **Yellowhead Highway** (Hwy. 16) westwärts bis zur |
| 104 | | Abzweigung des Hwy. 27; hier nach Norden abbiegen zum |
| 161 | 11.00 Uhr | **Fort St. James National Historic Park:** Besichtigung. Danach |
| | 14.00 Uhr | Abfahrt von Fort St. James, auf dem Hwy. 27 zurück zum Yellowhead Highway (Hwy. 16 W.) und weiter nach |
| 492 | 18.00 Uhr | **Smithers**. |

**Querverbindung und Routenalternative:** Auf dem Hwy. 97 von Prince George nach Dawson Creek und Fort St. John, dort Anschluß an die östliche Route nach Alaska und entweder auf dem **Alaska Highway** nach Norden oder in südlicher Richtung nach Edmonton. – Auf dem **Yellowhead Highway** (Hwy. 16) ostwärts nach **Jasper** und dort Anschluß an die östliche Route nach Alaska durch die **Nationalparks Banff** und **Jasper** oder nach **Edmonton** (s. Übersichtskarte in der vorderen Umschlagklappe).

**Zusatztage: »Northern Sun Tours«** (P.O. Box 3939, Smithers, B.C. V0J 2N0, ✆ (604) 847-43 94) bietet eine ganze Palette von Unternehmungen in der Wildnis an: Kanufahren, Angeln, Reiten und Survival-Kurse, und an den fischreichen Seen im Hinterland des Yellowhead Highway gibt es zahlreiche Lodges, die auf Angler spezialisiert sind. Für Informationen und kurzfristige Buchungen stehen die Visitor Centres der Orte entlang dem Highway zur Verfügung.

### Fort St. James National Historic Park
Geöffnet Mitte Mai–Sept. tägl. 9–18 Uhr; im Winter geschl.
Das Freilichtmuseum zeigt den Pelzhandelsposten der »Hudson's Bay Company«, wie er 1896 ausgesehen hat.

### Paarens Beach Provincial Park
Etwa 8 km nordwestlich von Fort St. James
Schön gelegener Park am Ufer des Stuart Lake; ideal für ein erfrischendes Bad im See und ein Picknick am Sandstrand.

### Smithers, British Columbia

### Savalas Steak House
1338 Main St.
☎ (604) 847-45 67
Fisch und Fleisch in vielen Variationen. $$

### Hudson Bay Lodge
3251 Hwy. 16 E.
Smithers, B.C. V0J 2N0
☎ (604) 847-45 81, Fax 847-48 78
Großes Hotel im Alpen-Look mit Sauna und Restaurant. $$

### Driftwood Lodge
Comp. 11, Site 53
R.R. 2, Old Babine Lake Rd.
Smithers, B.C. V0J 2N0
☎ (604) 847-50 16, Fax 847-94 04
Sehr schöne Bed & Breakfast-Pension in einem Blockhaus 18 km außerhalb von Smithers mit Blick auf die Berge. $$

### Aspen Motor Inn
4268 Hwy. 16
Smithers, B.C. V0J 2N0
☎ (604) 847-45 51, Fax 847-44 92
Motel mit Restaurant, Hallenbad und *hot tub*. $$

### Riverside Park Municipal Campground
Am Bulkley River (Zufahrt über Main St.)
Öffentlicher, manchmal etwas lauter Platz.

### Tyhee Lake Provincial Park
Am Hwy. 16 in Telkwa, 10 km vor Smithers
Geöffnet April–Okt.
Herrlich gelegener, öffentlicher Campingplatz am See; im Hochsommer auch zum Baden geeignet.

*Im Pelzlagerhaus von Fort St. James*

<table>
<tr><td colspan="3">Route 2    7. Tag – Route: Smithers – Hazelton – Stewart/Hyder (364 km)</td></tr>
</table>

| km | Zeit | Route |
|----|------|-------|
| 0 | 9.00 Uhr | Abfahrt in **Smithers** auf dem **Yellowhead Highway** (Hwy. 16) nach Nordwesten. |
| 36 | | Kurzer Halt am **Moricetown Canyon**, weiter nach |
| 75 | | **New Hazelton**, rechts Abzweigung |
| 77 | | nach **Old Hazelton** zum **'Ksan Indian Village** (Besichtigung und Lunch). |
| | 13.00 Uhr | Abfahrt in Hazelton, auf dem Hwy. 16 W. bis zur |
| 129 | | Abzweigung des **Cassiar Highway** (Hwy. 37), auf diesem nach Norden. |
| 133 | | Abstecher nach links zum **Kitwanga Fort National Historic Site**. |
| 144 | | **Kitwancool** |
| 298 | | **Meziadin Junction**; links abbiegen auf den Hwy. 37 A und am **Bear Glacier** vorbei nach |
| 364 | 18.00 Uhr | **Stewart** und **Hyder**. |

---

## Route 2    7. Tag – Informationen

 **Moricetown Canyon**
Am Hwy. 16, 36 km nordwestlich von Smithers
Der Wasserfall des Bulkley River ist ein großes Hindernis für die Lachse auf ihrem Weg zu den Laichgründen. Indianer stehen während des Lachszuges auf den Felsen mitten im Wasserfall, um ihre Wintervorräte zu fangen.

 **'Ksan Indian Village Museum**
Am Ortsrand von Old Hazelton
 Tägl. 9–18 Uhr; im Winter Di/Mi geschl., im Sommer Führungen
Originalgetreue Rekonstruktion eines Dorfes der Gitksan-Indianer; Häuser mit bemalten Fronten und Totempfählen. Führungen durch einheimische Indianer informieren über das Leben der Indianer vor ihrem Kontakt mit europäischen Kulturen. Eines der Stammeshäuser ist als Werkstatt eingerichtet, in der man indianische Kunsthandwerker bei der Arbeit beobachten kann.

**Gift Shop**
Im Tourist Information Centre, Kitwanga
Spezialisiert auf handgearbeiteten Silberschmuck der Gitksan-Indianer.

 **Kitwanga Fort National Historic Site**
Auch unter dem Namen »Battle Hill« bekannt. Auf dem Hügel stand eine hölzerne

248

Indianer-Festung; Schautafeln erläutern die Ausgrabungen.

### Kitwancool
Im kleinen Dorf der Gitksan-Indianer stehen 23 Totempfähle vor dem »Band Office«, der Stammesverwaltung.

### Cassiar Highway
Der über 700 km lange Highway 37 durch weitgehend unbewohnte Wildnis ist die kürzeste Verbindung nach Norden, kürzer als der Alaska Highway. Drei Teilstücke mit insgesamt 156 km Länge sind noch nicht asphaltiert, aber durchweg in sehr gutem Zustand.

### Bear Glacier
Am Hwy. 37 A östlich von Stewart
Nur ein kleiner Schmelzwassersee trennt die Gletscherzunge von der Straße.

### Glacier Inn
Hyder
Eine Bar, deren Wände mit signierten Geldscheinen aus Dutzenden von Ländern bedeckt sind.

### King Edward Hotel/Motel
Stewart, B.C. V0T 1W0
© (604) 636-22 44, Fax 636-91 60
»Das beste Haus am Platz«, was immer das in Stewart bedeutet; Restaurant und *coffee shop* angeschlossen. $$

### The Grand View Inn
P.O. Box 49, Hyder, AK 99923
© (604) 636-91 74
Ruhig gelegenes Motel; zum Teil mit Kitchenette. $$

### Meziadin Lake Provincial Park
Am Hwy. 37 A, 65 km östlich von Stewart
Einfacher Campground in schöner Lage am Seeufer.

### Hyder RV Parking
Am Hafen, Hyder; © (604) 636-27 08
Campground mit Duschen.

### Stewart Lions Campground & RV Park
P.O. Box 431, Stewart, B.C. V0T 1W0
© (604) 636-25 37
Geöffnet Mai–Okt.
Campground mit Duschen und Münztelefon fünf Minuten von Downtown.

---

### Feste:

Jedes Jahr am 4. Juli findet in Hyder das **International Bed Race** statt. Es endet aber keineswegs im Bett, sondern in den Bars von Hyder.

*Vorratshütte im Wald: ein »Cache«*

## Route 2    8. Tag – Route:
### Stewart – Watson Lake (666 km)

| km | Zeit | Route |
|---|---|---|
| 0 | 8.00 Uhr | Abfahrt in **Stewart** auf dem Hwy. 37 A. |
| 66 | | **Meziadin Junction**, links auf den **Cassiar Highway** (Hwy. 37) nach Norden. |
| 407 | | **Dease Lake** |
| 524 | | Abzweigung nach Cassiar. |
| 644 | | Rechts auf den **Alaska Highway** (Hwy. 1) abbiegen nach |
| 666 | 19.00 Uhr | **Watson Lake**. |

Informationen zu **Watson Lake**, s. S. 156.

*'Ksan-Malerei auf einem Clanhaus (Hazelton)*

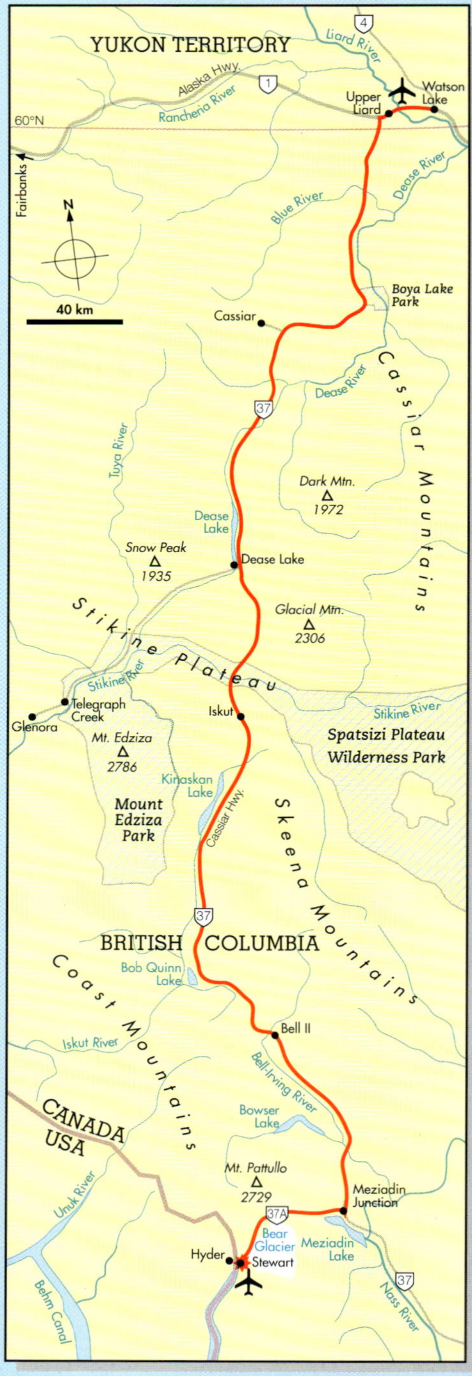

# Pelzhändler, Totems und der schnelle Weg nach Norden

## Entlang der Coast Mountains

Der **Yellowhead Highway**, neben dem Trans-Canada Highway die wichtigste Verbindung zwischen der Prärie im Osten und dem Pazifik, wurde nach einem blonden Trapper benannt, der eine uralte Handelsroute der Indianer von der Prärie durch die Berge des Westens für den Pelzhandel bekannt machte. Wegen seiner hellen Haarpracht war das Irokesen-Halbblut als »Tête Jaune«, auf englisch »Yellow Head«, bekannt. Von **Prince George** führt der erst in den 60er Jahren fertiggestellte Highway durch das seen- und waldreiche Hügelland des Interior Plateau nach Westen zu den Küstenbergen. Kurz hinter Vanderhoof zweigen wir ab nach **Fort St. James**, einst Zentrum des Pelzhandels im damals *New Caledonia* genannten Nordwesten von British Columbia und älteste ununterbrochen

*»Welcome in New Caledonia«: Fort St. James*

251

bewohnte europäische Siedlung westlich der Rocky Mountains. Simon Fraser, der 1808 den nach ihm benannten Fluß bis zu seiner Mündung in den Pazifik nahe Vancouver hinunterfuhr, gründete 1806 im Auftrag der »Northwest Trading Company« am Ufer des Stuart Lake den ersten Handelsposten im Gebiet der Carrier-Indianer. Die Carrier – ihr Name stammt von der Sitte, daß Witwen die Überreste ihres eingeäscherten Mannes solange mit sich herumtrugen, bis ein Begräbnis-Potlatch abgehalten werden konnte – lieferten den Händlern neben Biberfellen die begehrten, dichten und seidigen Winterpelze von Fischotter, Marder und Bisamratte.

Das originalgetreu und mit viel Liebe zum Detail restaurierte Fort von 1896 schildert eindrucksvoll das Leben in einem isolierten Pelzhandelsposten in den einsamen, weglosen Wäldern des Nordwestens. Im Juli und August gehen »Einwohner« in historischer Verkleidung hinter den Palisaden des Fort ihrem »Tagewerk« nach. Im Laden der »Hudson's Bay Company« wartet der *trader* auf Kunden und erklärt den Besuchern die auf Biberfellen basierende Währung der *company*, während im Pelzlagerhaus Felle sortiert und zu Ballen gepreßt werden. Im Blockhaus der *voyageurs* wird von der Mühsal und den Gefahren des Reisens in der Wildnis erzählt, und im *factor's house* wird beim Kochen der letzte Klatsch ausgetauscht.

Wieder auf dem Yellowhead Highway beginnt die lange Fahrt nach Westen. Immer parallel zur Eisenbahnlinie geht es durch dünn besiedeltes Land, vorbei an Seen und Feldern, Weiden und Wäldern nach **Smithers**. Die »Grand Trunk Pacific Railroad« wurde zu Beginn des 20. Jahrhunderts als zweite transkontinentale Eisenbahnstrecke Kanadas gebaut und war lange Zeit der einzige Verkehrsweg, bis dann in den 60er Jahren mit dem Bau des Yellowhead Highway die Besie-delung des schmalen Korridors beidseits der Straße begann.

Ein interessanter Stopp zur Zeit der Lachswanderung ist der **Moricetown Canyon**. Der Wasserfall des Bulkley River am Ende der kurzen, nur 17 Meter breiten Schlucht ist eine schwer zu nehmende Hürde für die Lachse auf ihrem Weg zu den Laichgründen. Von Anfang Juli, wenn die ersten *Spring Salmons* ankommen, bis Ende August drängen sich im *pool* vor den Fällen und vor den Fischleitern die Lachse dicht an dicht. Mitten im tosenden Wasserfall stehen die Babine-Indianer auf den Felsen, um ihre Wintervorräte zu fangen. Von Interesse sind die angewandten Techniken: Die einen benutzen lange Stangen und versuchen, mit dem Haken an der Stangenspitze die Kiemenöffnung der am Fuß des Wasserfalls zappelnden Lachse zu erwischen, die anderen haben einen großen Kescher am Ende der Stange befestigt und fangen die aus dem Wasser herausspringenden Fische sozusagen im Flug. Diese beiden Methoden, die aus Tierschutzgründen dem *subsistance fishing* der Indianer vorbehalten sind, sind zwar nicht so einfach, wie sie aussehen, bringen aber gute Beute.

**Hazelton**, eine Siedlung des Gitksan-Stammes der Tsimshian-Indianer, liegt auf einer flachen Landzunge an der Mündung des Bulkley in den Skeena River. Die Gitksan-Indianer lebten, wie auch die Stämme an der Pazifikküste, zum großen Teil vom Lachsfang. Gleichzeitig waren sie aber auch geschickte Händler, über die der Warentausch zwischen den Stämmen der Küste und des Landesinneren abgewickelt wurde. Ihr relativer Wohlstand ermöglichte es ihnen, Schnitzerei und Malerei zu hoher Blüte zu bringen.

Das '**Ksan-Museumsdorf** in Hazelton vermittelt dem Besucher einen hervorragenden Eindruck von der Stammeskultur der Gitksan-Indianer. Sechs der traditionellen *longhouses* mit bemalter Front be-

*Indianischer Lachsfischer am Bulkley River in Moricetown* ▷

*Indianische Schnitzkunst – Hauseingang im 'Ksan Indian Village*

herbergen Ausstellungen und Werkstätten. Im Souvenir-Shop erhält man sehr schöne Drucke und Schnitzereien – nicht billig, aber authentisch. Vor den *longhouses* stehen viele kunstvoll geschnitzte und bemalte Totempfähle. Sie erzählen die Geschichte einer einflußreichen Familie, geben alte Legenden wieder oder erinnern an berühmte Stammesmitglieder oder wichtige Ereignisse vergangener Zeit wie Krieg oder Hungersnot. Totempfähle »liest« man von oben nach unten. Die oberste Figur ist der Stammvater des Clans aus der Zeit, in der der Legende nach Mensch und Tier noch zusammenlebten und wechselseitig des anderen Gestalt annehmen konnten. Dieses Totemtier vererbte dem Clan seine guten und bösen Eigenschaften. Es folgt die stilisierte Geschichte, die der Pfahl erzählt. Für den Außenstehenden, der Familiengeschichte und Mythologie des Clans nicht kennt, ist deren Entschlüsselung sehr schwierig. Klein und eher selten sind Menschengestalten auf dem Pfahl dargestellt, die wichtigste in der Nähe des Pfahlfußes. Traditionell war die Aufstellung eines Totempfahls ein wichtiges gesellschaftliches Ereignis und immer von einem *potlatch,* einem zeremonienreichen und üppigen Fest für Gäste aus allen Stammesdörfern, begleitet. Der gesellschaftliche Rang des Gastgebers innerhalb des Stammesverbandes war davon abhängig, wie beeindruckt seine Gäste von den tagelangen Feierlichkeiten und den Geschenken waren, mit denen sie vor dem Heimweg überhäuft wurden.

**Old Hazelton** gleich daneben war ursprünglich ein Handelsposten der »Hudson's Bay Company«. Ein nicht sonderlich ergiebiger Goldfund und der Bau der Telegrafenlinie von Vancouver nach Dawson City ließen an dieser Stelle eine Ortschaft entstehen, die als Endstation der Schiffahrtsroute auf dem Skeena River und als Überwinterungsplatz für Prospektoren und Bergleute diente. Zum

*Fotostopp am Bear Glacier*

Wohl des Geschäfts mit den Touristen hat man *historic* Hazelton im Stil der zweiten Hälfte des 19. Jahrhunderts nachgebaut.

Nach 45 weiteren Kilometern auf dem Yellowhead Highway zweigt in **Kitwanga** der Cassiar Highway (Highway 37) nach Norden ab. *»North to Alaska«* verkündet in großen Lettern das Schild vor der Tankstelle an der Abzweigung. Gleich zu Beginn der Route nach Norden besteht am anderen Ufer des Skeena River in Kitwanga, Kitwangak und im nahegelegenen Kitwancool noch einmal die Gelegenheit, einige besonders schöne und alte Totempfähle in Augenschein zu nehmen. Am **Kitwanga Fort National Historic Site** erzählen Schautafeln die Geschichte vom mächtigen Krieger Nekt und seinem hölzernen Fort, das einst die Kuppe des Hügels krönte.

Der über 700 Kilometer lange **Cassiar Highway**, die kürzeste Verbindung vom Südwesten Kanadas nach Norden zum Alaska Highway, entstand aus einem 1972 fertiggestellten Schotterweg, auf dem man Holz aus den Wäldern und vor allem das damals profitable Asbest aus der Cassiar-Mine zum eisfreien Pazifikhafen Prince Rupert transportierte. Inzwischen wurden die Wälder eingeschlagen und neu angepflanzt, und Asbest will heutzutage sowieso niemand mehr. Alle Hoffnung ruht nun auf den Touristen, die mit dem Slogan *»North to Adventure«* in eines der einsamsten und abgelegensten Wildnisgebiete von British Columbia gelockt werden sollen. Die Straße ist mittlerweile gut ausgebaut und mit Ausnahme von drei kleineren geschotterten Teilstrecken mit einer stabilen Allwetterdecke versehen. Da die Fahrt nach Norden auf dem Cassiar Highway um einige Stunden kürzer ist als auf dem Alaska Highway, donnern hier auch große Last-

*Bergziege*

kraftwagen durch die Wildnis. Und man tut gut daran, ihnen respektvoll Platz zu machen. Der Weg entlang der Küstenberge ist nicht neu. Hier verlief ein alter Handelsweg der Indianer, die Fischöl von der Küste zum Tausch gegen Elchhäute ins Landesinnere transportierten. Die »Western Union Telegraph Company« schlug eine Schneise durch den Busch für eine nie fertiggestellte Telegrafenlinie über Alaska und Sibirien nach Europa. Während des *gold rush* zogen einige hundert Goldgräber auf dieser Route nach Norden, eine Telegrafenlinie nach Dawson City entstand, und sogar eine Rinderherde wurde auf dem Trail nach Whitehorse getrieben.

Nach langer Fahrt durch niedrigen Jungwald – die Holzfäller haben vor Jahren ganze Arbeit geleistet – zweigt an der **Meziadin Junction** links die Straße nach Stewart und Hyder ab. Hier beginnt die Panoramafahrt über die Coast Mountains. Grüne Berghänge führen hinauf zu den leuchtenden Schneefeldern der Gipfel, Wasserfälle rauschen auf beiden Seiten der Straße zu Tal, und der **Bear Glacier** schiebt seine blaue Eiszunge aus einem Seitental bis dicht an den Highway heran, bevor sich die Straße neben dem Bachbett hinabsenkt nach Stewart und seinem »Anhängsel« Hyder jenseits der Grenze zu Alaska.

**Stewart** und **Hyder** gingen durch die üblichen Zyklen von Boom und Bust des Edelmetallbergbaus. Seit die *miners* die Kassen nicht mehr so kräftig klingeln lassen, sind auch die immer öfter auftauchenden Touristen gern gesehene Gäste. Selbst die Filmindustrie hat die Gegend entdeckt: *»Bear Island«, »The*

*Natur pur: Der Cassiar Highway führt durch eines der ruhigsten und abgelegensten Gebiete von British Columbia*

Iceman« und »*The Thing*« wurden hier vor der grandiosen Kulisse der Berge, Gletscher und verlassenen Bergwerke gedreht.

Hyder, hundert Schritte und eine Zeit-zonen-Stunde entfernt auf der anderen Seite der (unbewachten) U.S.-Grenze, nennt sich die »freundlichste Geisterstadt in Alaska« und sieht auch so aus. Die sehr empfehlenswerte Hauptattraktion für Reisende mit der nötigen Zeit ist ein rau-her Schotterweg, der 70 Kilometer weit hinaufführt in die Bergwelt Alaskas, durch enge Schluchten, zu verlassenen Bergwerken und zu den Drehorten der Filme. Den größten Teil der Strecke am

Salmon-Gletscher entlang fährt man, nur wenige Höhenmeter über dem Gletschereis, vom Zehr- bis hinauf ins Nährgebiet oberhalb der Schneegrenze. Die freundlichen *locals* informieren im Museum von Stewart über aktuellen Zustand und Befahrbarkeit der Straße.

Die zweite Attraktion sind die 23 Stunden am Tag geöffneten Bars von Hyder, die auch die von den strengen kanadischen Kneipen-Konzessionen gegängelten Bewohner von Stewart schätzen. »Arbeit ist der Fluch der arbeitenden Klasse«, steht über dem Tresen, und im »Glacier Inn« schmückt eine teure Tapete die Wände: Seitdem die ersten *miners* begannen, mit ihrem Namen versehene Geldscheine an die Wände zu pinnen, damit sie nicht auf dem Trockenen saßen, falls sie einmal pleite aus den Bergen zurückkamen, haben Legionen von Besuchern hier ihre signierten Geldscheine hinterlassen.

Wieder zurück auf dem Cassiar Highway beginnt die über 600 Kilometer lange Fahrt durch altes Indianerland, durch dichte Wälder und vorbei an unzähligen, stillen Seen und rauschenden Bächen. Hier wird die Wildnis wirklich einsam, die Abstände zwischen Lodges und Tankstellen sind groß. Der Blick schweift über riesige Wälder bis zum Horizont, Reste der »Dominion Telegraph Line« zwischen Vancouver und Dawson City tauchen auf, dann ein Indianerdorf, einsame Fishing- oder Hunting-Lodges, das Tal des wilden Stikine River, Gold- und Jademinen und **Dease Lake**, einst Stützpunkt der Goldwäscher und heute Versorgungszentrum für die wenigen Bewohner der Region.

**Watson Lake**, 22 Kilometer auf dem Alaska Highway nach Osten, hat nach so viel einsamer Wildnis schon fast den Appeal einer Großstadt. ∎

*Die Stunde nach dem Regen – auf dem Cassiar Highway*

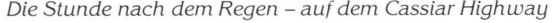

# VI SERVICETEIL

## REISEPLANUNG

## REISEDATEN

## SPRACHHILFEN

# Reisefahrplan: Östliche Route nach Alaska

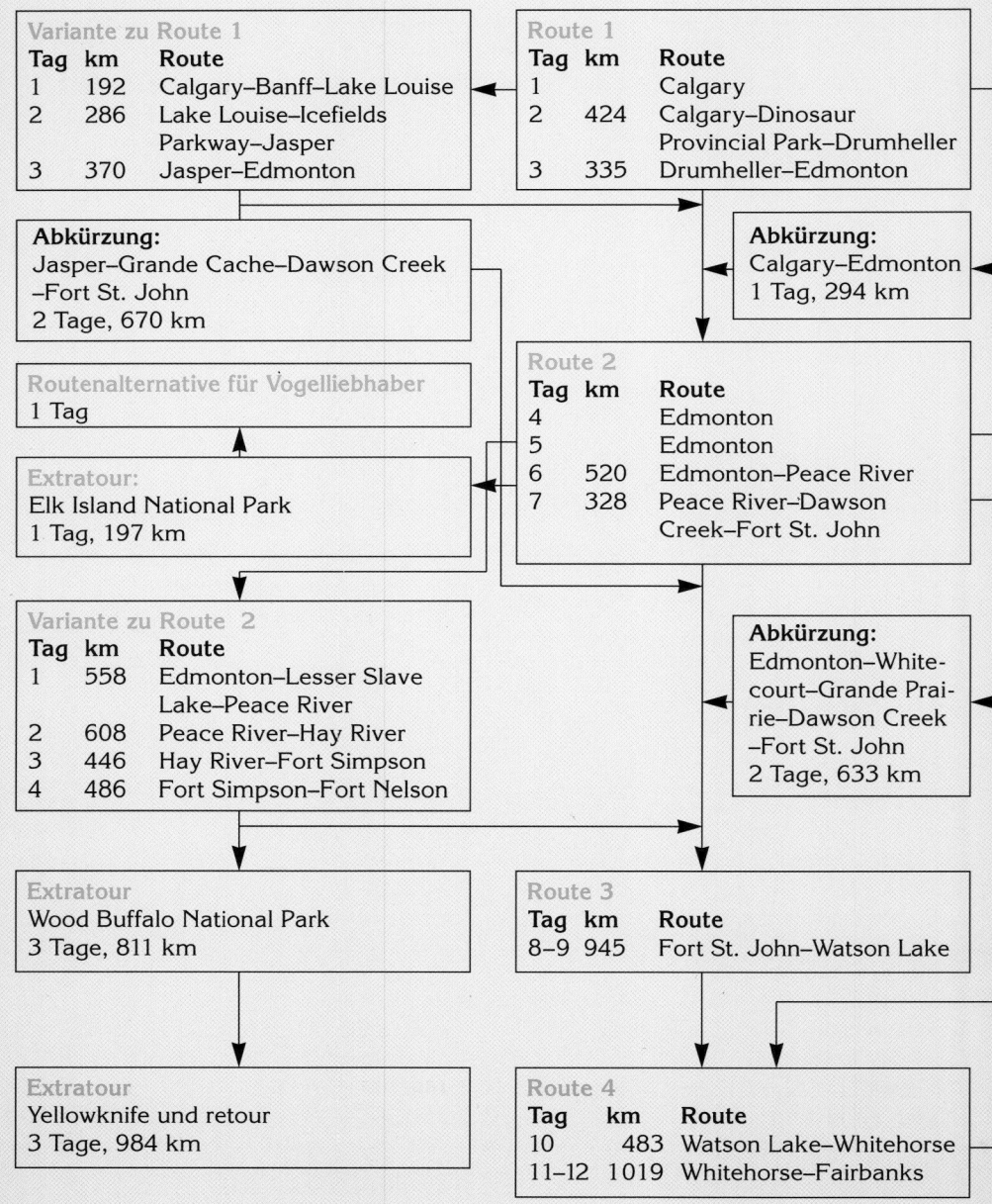

**Variante zu Route 1**

| Tag | km | Route |
|---|---|---|
| 1 | 192 | Calgary–Banff–Lake Louise |
| 2 | 286 | Lake Louise–Icefields Parkway–Jasper |
| 3 | 370 | Jasper–Edmonton |

**Route 1**

| Tag | km | Route |
|---|---|---|
| 1 | | Calgary |
| 2 | 424 | Calgary–Dinosaur Provincial Park–Drumheller |
| 3 | 335 | Drumheller–Edmonton |

**Abkürzung:**
Jasper–Grande Cache–Dawson Creek
–Fort St. John
2 Tage, 670 km

**Abkürzung:**
Calgary–Edmonton
1 Tag, 294 km

**Routenalternative für Vogelliebhaber**
1 Tag

**Route 2**

| Tag | km | Route |
|---|---|---|
| 4 | | Edmonton |
| 5 | | Edmonton |
| 6 | 520 | Edmonton–Peace River |
| 7 | 328 | Peace River–Dawson Creek–Fort St. John |

**Extratour:**
Elk Island National Park
1 Tag, 197 km

**Variante zu Route 2**

| Tag | km | Route |
|---|---|---|
| 1 | 558 | Edmonton–Lesser Slave Lake–Peace River |
| 2 | 608 | Peace River–Hay River |
| 3 | 446 | Hay River–Fort Simpson |
| 4 | 486 | Fort Simpson–Fort Nelson |

**Abkürzung:**
Edmonton–White-court–Grande Prairie–Dawson Creek
–Fort St. John
2 Tage, 633 km

**Extratour**
Wood Buffalo National Park
3 Tage, 811 km

**Route 3**

| Tag | km | Route |
|---|---|---|
| 8–9 | 945 | Fort St. John–Watson Lake |

**Extratour**
Yellowknife und retour
3 Tage, 984 km

**Route 4**

| Tag | km | Route |
|---|---|---|
| 10 | 483 | Watson Lake–Whitehorse |
| 11–12 | 1019 | Whitehorse–Fairbanks |

# Reisefahrplan: Westliche Route nach Alaska

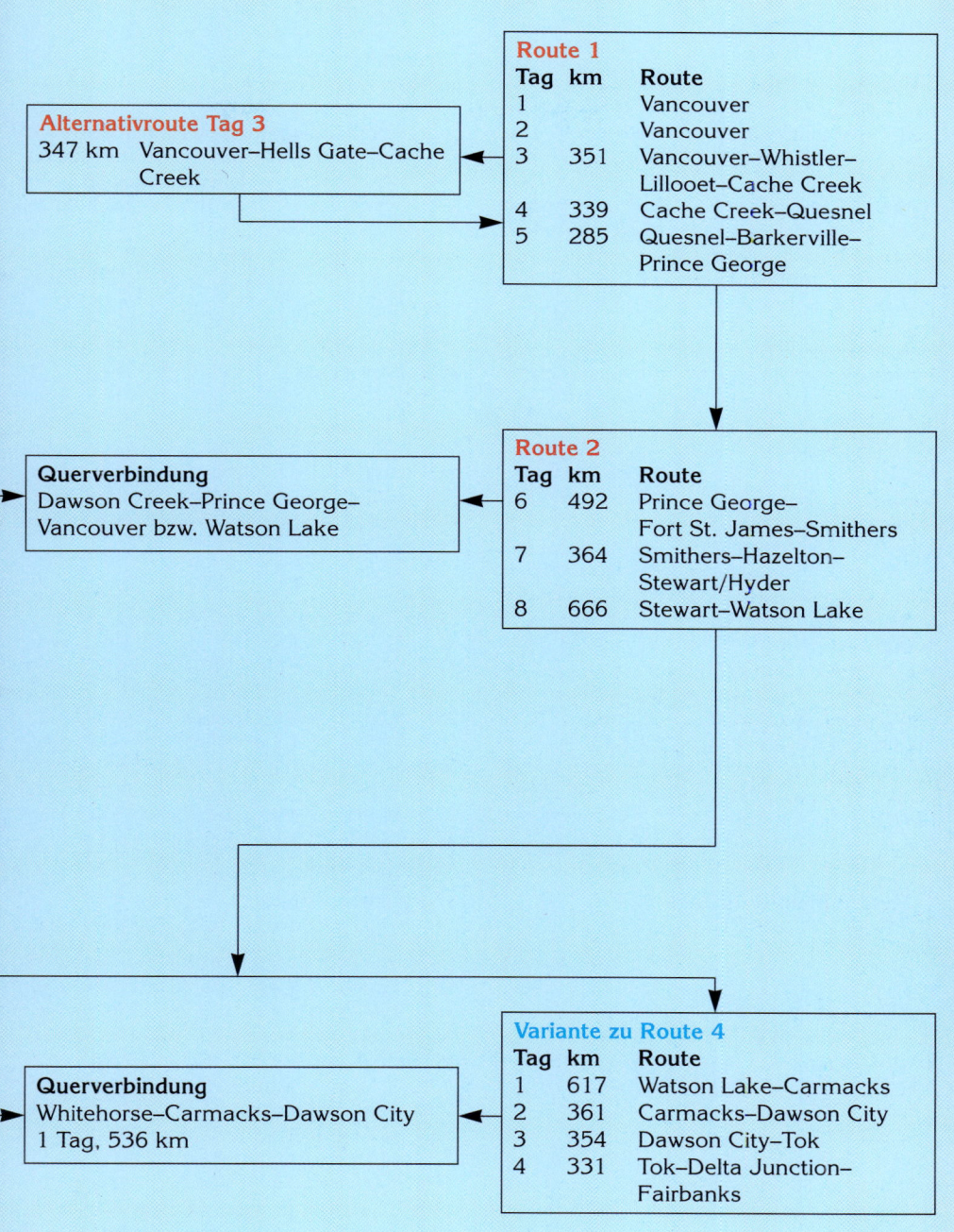

**Route 1**

| Tag | km | Route |
|-----|-----|-------|
| 1 | | Vancouver |
| 2 | | Vancouver |
| 3 | 351 | Vancouver–Whistler–Lillooet–Cache Creek |
| 4 | 339 | Cache Creek–Quesnel |
| 5 | 285 | Quesnel–Barkerville–Prince George |

**Alternativroute Tag 3**

347 km   Vancouver–Hells Gate–Cache Creek

**Route 2**

| Tag | km | Route |
|-----|-----|-------|
| 6 | 492 | Prince George–Fort St. James–Smithers |
| 7 | 364 | Smithers–Hazelton–Stewart/Hyder |
| 8 | 666 | Stewart–Watson Lake |

**Querverbindung**

Dawson Creek–Prince George–Vancouver bzw. Watson Lake

**Variante zu Route 4**

| Tag | km | Route |
|-----|-----|-------|
| 1 | 617 | Watson Lake–Carmacks |
| 2 | 361 | Carmacks–Dawson City |
| 3 | 354 | Dawson City–Tok |
| 4 | 331 | Tok–Delta Junction–Fairbanks |

**Querverbindung**

Whitehorse–Carmacks–Dawson City
1 Tag, 536 km

# Reiseplanung

## Reisefahrplan (s. Übersicht S. 260)

Der Routenverlauf und die Tagespläne der beschriebenen Routen sind so gewählt, daß sie möglichst vielfältige Eindrücke bieten und Erfahrungen vermitteln, auf die man bei der Planung weiterer Reisen in die Region aufbauen kann.

Den zeitlichen Ablauf und die Kombinationsmöglichkeiten der Routen, Routenvarianten, Extratouren und Abkürzungen vermittelt die graphische Darstellung auf Seite 260 f. Neben dem Routenverlauf finden Sie dort auch die Aufteilung der Route in Tage und die pro Tag zu fahrenden Kilometer. Als erste, grobe Planung markieren Sie Ihre gewünschte Route im Plan und zählen dann jeweils die Kilometerangaben und die Zahl der Tage je Teilroute zusammen. Neben der Mindestdauer der Fahrt erhalten Sie so die Mindestzahl der zu fahrenden Kilometer, können die Kosten für die Fahrzeugmiete abschätzen und entscheiden, ob ein unter Umständen angebotener Pauschaltarif ohne Berechnung der gefahrenen Kilometer sinnvoll ist oder nicht. Bedenken Sie dabei aber, daß die Kilometerzähler der Fahrzeuge in der Regel nicht geeicht sind und bis zu mehr als zehn Prozent abweichen können.

Auf keinen Fall sollen die Zeitangaben bei den Tagesrouten dazu verleiten, mit der Uhr in der Hand die Tage »abzuspulen«. Sinn der Zeitangaben ist es, einen Orientierungsrahmen vorzugeben, der die möglichen Reisegeschwindigkeiten wiedergibt. Straßenzustand und Verkehrsaufkommen sind so unterschiedlich, daß es für den Ortsunkundigen meist schwierig ist, Fahrzeiten halbwegs richtig zu schätzen. Die vorgeschlagenen Tageseinteilungen geben einen Zeitrahmen vor, den Sie nach Lust und Laune erweitern bzw. kürzen können. Lassen Sie sich, sofern möglich, ruhig Zeit, und schieben Sie zusätzliche Tage ein. Zu diesem Zweck finden Sie bei den Tagesplänen zahlreiche Hinweise auf mögliche Extratouren, Umwege, Abkürzungen und auf zusätzliche interessante Unternehmungen.

Wie in Kapitel II (»Die Reiserouten«, S. 13 ff.) erwähnt, schließen die in diesem Buch beschriebenen Routen nahtlos an die Routen der Vista Point Reiseführer »Alaska und Kanadas Yukon« und »West-Kanada« an. Die Kombinationsmöglichkeiten der Routen aus den drei Büchern sind vielfältig. Intensiv- und Langzeitreisenden bietet das Vista Point *tourbook* eine interessante Alternative zum Mitschleppen und abwechselnden Benutzen aller drei Reiseführer. Jeder Titel gibt es auch als gelochte Loseblatt-Einlage für das *tourbook*-Ringbuch. Nach abgeschlossener Routenplanung gehen nur die aus den Büchern ausgewählten Routen im Ringbuch als individuell zusammengestellter Reiseführer mit auf die Reise.

## Reisebuchung

Buchen Sie rechtzeitig: West-Kanada ist ein beliebtes Reiseziel, und schon im Spätwinter oder zu Anfang des Frühjahres kann es passieren, daß es heißt: Leider ausgebucht. **Folgende Reservierungen sollten Sie deshalb so früh wie möglich vornehmen:**

### 1. Flug

Besonders die preiswerten Holiday- und Sondertarife zwischen Europa und Kanada sind in der Hauptreisezeit oft Monate im voraus ausgebucht. Hauptsächlich gilt dies für Nonstopflüge nach Calgary oder Vancouver. Nonstopflüge erreichen nach knapp zehn Stunden Flugzeit Calgary bzw. nach knapp elf Stunden Vancouver. Umsteigeverbindungen verlängern die Flugzeit um zwei bis drei Stunden – beim Flug über acht bzw. neun Zeitzonen ist das eine spürbare zusätzliche Belastung.

### 2. Hotel

Die Hotelzimmer für den Ankunftstag und die Nacht vor dem Rückflug sollte man auf jeden Fall frühzeitig buchen. Ein fest reserviertes, halbwegs komfortables und vor allem ruhiges Hotelzimmer vermeidet Streß nach der Ankunft und hilft bei der Bewältigung des *jet lag*.

### 3. Fahrzeugmiete

Insbesondere bei Wohnmobilen kommt es während der Hauptferienzeit zu Engpässen. Unbedingt also schon im Winter oder sogar im Herbst buchen! Je eher Sie buchen, desto größer ist die Auswahl an Fahrzeugen und Vermietern. Wichtig ist, daß Sie schon vor der endgültigen Reservierung auf Ihre geplante Route hinweisen, da es Vermieter gibt, die Fahrten in den Norden und auf Schotterstraßen nicht gestatten (s. »Auto-/Wohnmobilmiete«, S. 263).

## An- und Einreise

Reisende aus Deutschland, der Schweiz und Österreich benötigen für Kanada und zur Zeit auch für die Einreise nach Alaska kein Visum. Es genügt ein Reisepaß, der noch drei Monate über den letzten Reisetag hinaus gültig sein muß.

Die beschriebenen Routen beginnen in Vancouver und Calgary. Beide Städte werden von Deutschland aus täglich *non-stop* angeflogen. Fairbanks, das Ziel beider Routen, ist über Anchorage erreichbar. Anchorage wird im Sommer einmal pro Woche ab Frankfurt/M. mit einer Chartermaschine angeflogen. Per Linie erreicht man Anchorage über Seattle oder Chicago. Andere internationale Flughäfen an der Strecke sind Edmonton (umsteigen in Calgary oder an der kanadischen Ostküste) und Whitehorse (umsteigen in Vancouver).

Nach der Ankunft trifft man als erstes auf den *immigration officer*, der die Papiere kontrolliert und die Aufenthaltsdauer festsetzt. Er erkundigt sich nach Dauer und Zweck der Reise *(business or vacation?)*, einer Adresse im Land (man gibt am besten die Adresse des vorgebuchten Hotels an) und manchmal auch nach dem Rückflugticket und der Höhe der mitgeführten Reisekasse. Unmittelbar darauf folgen Gepäckausgabe und Zollkontrolle. Gleich außerhalb des Zollbereichs findet man die Schalter der Autovermieter, wo man das reservierte Fahrzeug übernimmt. Wohnmobilfahrer fahren zweckmäßigerweise erst einmal mit dem Taxi oder dem Hotelbus in die Stadt, um den *jet lag* auszuschlafen, und lassen sich am nächsten Tag vom Vermieter zur Fahrzeugübernahme abholen.

Beim **Rückflug** wird am Flughafen eine Abfluggebühr erhoben; sie beträgt z. B. in Vancouver $ 15 für Direktflüge nach Europa.

## Zoll

Außer der persönlichen Reiseausrüstung dürfen nach Kanada 200 Zigaretten oder 50 Zigarren oder 1 000 g Tabak, 1 Liter alkoholische Getränke und Geschenke im Einzelwert von bis zu $ 40 eingeführt werden. In Alaska sind es abweichend 1 500 g Tabak und Geschenke im Gesamtwert von $ 400. Für beide Länder gilt: **Tierische und pflanzliche Frischprodukte** (Obst, Gemüse, Wurst, Schinken usw.) **dürfen nicht eingeführt werden**. Versuchen Sie erst gar nicht, die Dauerwurst von zu Hause einzuschmuggeln, die Zollbeamten sind unerbittlich, und darüber hinaus bekommen Sie eine Menge Ärger wegen der falschen Angaben auf Ihrer Zolldeklaration. Käse, Gebäck, Süßigkeiten usw. sind erlaubt.

Angel, Jagdausrüstung, Foto- und Videokamera können problemlos eingeführt werden. Den eigenen Wagen darf man ebenfalls mitbringen und bis zu zwölf Monate lang benutzen. Danach ist eine Umrüstung entsprechend den lokalen Sicherheitsvorschriften und eine Verzollung fällig. Dies gilt auch für den Verkauf des Fahrzeugs! Spezielle Auskünfte erteilt das zuständige Konsulat.

## Auto-/Wohnmobilmiete

Auto oder Wohnmobil? Die Antwort auf diese Frage ist primär eine Frage der persönlichen Präferenzen. Mietwagen sind relativ billig, und preiswerte kleine Motels gibt es, mit Ausnahme entlang weniger spezieller Routen im Norden, fast überall. Mit dem Wohnmobil ist man mehr draußen in der Natur und unter Umständen ein bißchen billiger dran. Es garantiert Freiheit und Flexibilität und eliminiert den Zwang, abends rechtzeitig dort zu sein, wo ein Zimmer reserviert ist, und auch das Problem der Zimmerreservierung in den Orten mit touristischen Schwerpunkten entfällt. Campgrounds, die auf Wohnmobile eingerichtet sind, gibt es überall. Selbst wenn ein Platz voll belegt ist, findet sich auf einem anderen in der Nähe immer noch ein Stellplatz. Entlang zwei der vorgeschlagenen Routen (Variante zu Route 2 und Variante zu Route 4) ist die touristische

Infrastruktur so dünn gesät, daß hier die Benutzung eines Wohnmobils deutliche Vorteile bringt. Auch die Kücheneinrichtung eines Wohnmobils erweist sich oft als Plus. Mit Ausnahme der Städte nehmen im Norden Vielseitigkeit und Anzahl der Restaurants und leider auch oft die Qualität des Essens ab. Auch die spürbare Entlastung der Reisekasse bei Selbstversorgern wird manchem ein Argument für das Wohnmobil sein.

Wohnmobile oder Mietwagen mietet man zweckmäßigerweise über ein Reisebüro oder einen spezialisierten Reiseveranstalter. Diese können durch Großeinkauf meist günstigere Preise erzielen, als es dem einzelnen Touristen vor Ort möglich ist – es sei denn, man hat Freunde vor Ort, die sich nach einem »Schnäppchen« bei einer der kleineren, weniger bekannten Verleihfirmen umsehen. Das kann Geld sparen, aber man muß sich über mögliche Nachteile im klaren sein: Im Fall einer (größeren) Panne sind meist nur die großen Verleihfirmen in der Lage, schnell für Abhilfe zu sorgen.

Zur Vermeidung unliebsamer Überraschungen nach der Ankunft in Kanada ist es wichtig, noch vor der Buchung gezielt nach eventuellen Nutzungsbeschränkungen zu fragen. Einzelne Vermieter im Süden West-Kanadas verbieten die Benutzung ihrer Fahrzeuge auf Schotterstraßen *(dirt roads)* und/oder nördlich einer meist willkürlich gewählten Linie. Um sicher zu gehen, sollten Sie sich vom Vermieter oder seinem Agenten in Deutschland schriftlich bestätigen lassen, daß die Benutzung des Fahrzeugs auf allen *public roads* und im Norden Kanadas gestattet ist. Andere Vermieter (z.B. Canadream Inc., 1212, 31st Ave., Suite 510, Calgary, Alta. T2E 7S8, ✆ (403) 250-32 09, Fax 291-55 09) verlangen einen Aufpreis *(northern surcharge)* und beschränken das Befahren von *dirt roads* auf *public roads*, also öffentliche Straßen, die mit einer Straßennummer gekennzeichnet sind (alle in diesem Buch beschriebenen Routen führen ausschließlich über *public roads*). Gegen Aufpreis sind auch Einwegmieten möglich.

Ein Tip für alle, die in der Vor- bzw. Nachsaison reisen und eine Einwegmiete planen: Richten Sie Ihre Route antizyklisch ein, d.h. fahren Sie im Frühling von Süden nach Norden und im Herbst von Norden nach Süden, und fragen Sie beim Vermieter gezielt nach Sonderkonditionen. Vermieter, die Vermietstationen im Norden unterhalten, müssen im Frühling Fahrzeuge nach Norden und im Herbst wieder nach Süden schaffen. Wer gezielt fragt, kann unter Umständen Sonderkonditionen aushandeln, z.B. keine *one way charge* und keine *northern surcharge*.

Klären Sie auch, wie Sie sich bei eventuellen Reparaturen verhalten müssen, wer die Kosten dafür übernimmt, wer fürs Abschleppen, für ein Ersatzfahrzeug und notwendige Hotelübernachtungen aufkommt und was zurückerstattet wird, wenn das Fahrzeug ausfällt. Verlangen Sie eine Telefonnummer des Vermieters, die Sie in Notfällen anrufen können. Von vielen Vermietern werden gegen Aufpreis »Versicherungen« angeboten, mit denen die Selbstbeteiligung bei Unfällen beschränkt werden kann und die bei Ausfall eines Fahrzeugs für Hotel- und andere Kosten aufkommen. Diese »Versicherungen« sind aber oft mit erheblichen Einschränkungen versehen, z.B. sind fast immer Schäden beim Rückwärtsfahren, Beschädigungen des Dachaufbaus usw. ausgenommen. Deshalb gilt: Erkundigen Sie sich genau, und wägen Sie dann ab, welche Risikobegrenzung für Sie sinnvoll ist.

Wohnmobile gibt es in drei Varianten. **Van Conversions** sind umgebaute Lieferwagen, die bis zu zwei Personen (beengten) Platz bieten. Sie sind mit Spülbecken, Kochstelle und kleinem Kühlschrank ausgerüstet. **Camper** sind Huckepack-Wohnkabinen auf der Ladefläche von Pick-up genannten Kleinlastern. Die meisten Camper sind für zwei Erwachsene geeignet, die größeren Versionen (größer als zwölf ft.) auch zur Not für einen dritten Erwachsenen oder ein bis zwei kleinere Kinder. Die größeren Camper haben eine separate Wasch-/ Duschkabine mit Toilette. Versuchen Sie auf alle Fälle, auch wenn Sie nur zu zweit unterwegs sind, einen Pick-up mit einer *crew cab* (zweite Sitzbank hinter den Frontsitzen) oder *super cab* (Klappsitze hinter den Frontsitzen) genannten Fahrerkabine zu bekommen. Da der Stauraum im Camper nicht allzu üppig bemessen ist, werden Sie den zusätzlichen Platz bald schätzen lernen. **Mobile Homes** entsprechen unseren Wohnmobilen, sind aber oft größer und sehr komfortabel eingerichtet. Servo-Lenkung, Servo-Bremsen und automatisches Getriebe sind Standardausrüstung.

**Mietwagen** kann man auch über die großen internationalen Autovermieter bestellen. Tilden Rent-a-Car wird in Deutschland von interRent/Europcar (✆ 01 30-22 11) vertreten. AVIS (✆ 01 30-77 33) und Hertz (✆ 01 30-21 21) sind ebenfalls überall zu finden. Besser ist es, Sie mieten keinen Kombi *(station waggon)*. Der hat zwar schön viel Platz für Gepäck, aber es ist für jedermann gut sichtbar, und die Gefahr eines Diebstahls wird ganz erheblich erhöht.

Wer sich unter den verschiedenen Anbietern umsieht, wird bald feststellen, daß es für identische Leistungen deutlich unterschiedliche Preise gibt. Aber Vorsicht! Lesen Sie die Bedingungen aufmerksam durch, und rechnen Sie nach! Für das Verwirrspiel mit Kosten pro Tag, Nebenkosten und Freikilometern gibt es nahezu unendlich viele Varianten. Achten Sie besonders bei Wohnmobilen auf versteckte Zusatzkosten wie Vorbereitungsgebühr *(prep charge)*, Miete für Bettwäsche, Geschirr usw. *(housekeeping kit)*, Versicherung *(CDW)*, die sich zu erheblichen Summen addieren können. Die angebotene Kaskoversicherung *(CDW)* ist nicht billig, kann sich aber bei einem größeren Schaden bezahlt machen. Allerdings deckt sie bei Wohnmobilen in der Regel nicht alle Schäden ab. Dachschäden (durch Bäume, zu niedrige Tankstellendächer usw.) und Rangierschäden sind meist ebenso ausgenommen wie der Bruch der Windschutzscheibe. Nehmen Sie sich Zeit, das »Kleingedruckte« zu lesen, und lassen Sie sich alles erklären, was Sie nicht verstehen. Bestehen Sie darauf, daß bei der Fahrzeugübergabe alle sichtbaren Mängel und Beschädigungen, und seien sie noch so klein, vom Zigarettenloch in der Polsterung bis zum Kratzer im Lack, im Übergabeprotokoll festgehalten werden. Es kann Ihnen sonst passieren, daß man versucht, Sie nach Ende der Reise zur Kasse zu bitten.

Für die in diesem Buch beschriebenen Routen kann es je nach Reisedauer, zurückgelegter Entfernung und gewährten Freikilometern pro Tag günstiger sein, eine *flat rate with unlimited mileage*, also eine Mietpauschale pro Tag ohne Gebühr für gefahrene Kilometer zu vereinbaren, sofern diese angeboten wird.

Bei Übernahme Ihres Fahrzeugs müssen Sie, sofern Sie nur wenige Wochen bleiben, nur den **nationalen Führerschein** vorlegen. Ein internationaler Führerschein ist nicht nötig. Eine **Kreditkarte** erspart Ihnen Vorauszahlungen und Hinterlegung einer Kaution. Lassen Sie sich bei der Übergabe des Fahrzeugs Zeit, und fragen Sie ungeniert nach, falls Sie etwas nicht verstehen. Die wichtigsten Informationen sind:

- Wo sind Ersatzrad, Wagenheber und Werkzeug?
- Wo ist der Ölmeßstab des Motors und der Einfüllstutzen für das Öl?
- Wie funktionieren Automatikschaltung und Klimaanlage?

Bei Wohnmobilen zusätzlich:

- Wo sind Füllstutzen und Absperrventil des Gastanks, bzw. wo sind die Gasflaschen?
- Wo sind Wasserschlauch und Füllstutzen des Wassertanks?
- Wie leert man die Abwassertanks?
- Wie stellt man den Kühlschrank an, und wie stellt man ihn von Gas auf Strom um?
- Wie funktioniert der Heißwasserbereiter?

Die Fahrzeugvermieter haben handliche Stadtpläne, die Ihnen das Navigieren am Ort der Übernahme erleichtern. Ihre Koffer können Sie fast ausnahmslos bei der Wohnmobil-Vermietstation für die Dauer der Fahrt einlagern. Sie sollten dies auch tun, der Stauraum im Fahrzeug ist begrenzt. Wichtiges Zubehör für Ihre Wohnmobilreise ist: Taschenlampe, Regenkleidung, ein kleiner Rucksack für Wanderungen, Wäscheleine und Klammern.

## Unterkunft/Camping

Die Städte und größeren Orte entlang der Routen bieten eine Auswahl von einfachen bis luxuriösen **Hotels** und **Motels**. Außerhalb der Städte und entlang der Überlandstrecken findet man meist einfach und zweckmäßig gehaltene Motels. Die Zimmersuche ist im Normalfall unproblematisch. In der Regel zeigt eine gut sichtbare Leuchtreklame an, ob es noch Zim-

# Reiseplanung

mer gibt *(vacancy)* oder ob schon alles belegt ist *(no vacancy)*.

Langfristig im voraus reservieren sollten Sie das Hotel für den Ankunftstag, die Nacht vor dem Rückflug und die Übernachtungen in den Nationalparks Banff und Jasper. Auch auf den Routen im Norden ist es ratsam, im voraus zu reservieren. Meist genügt ein Telefonat am Morgen vor der Abfahrt; für die Strecken mit dünner Infrastruktur (z. B. Variante zu Route 2 und Variante zu Route 4) kann es ratsam sein, schon einige Tage im voraus zu reservieren. Auch in Whitehorse und Dawson City kann es z. B. bei Fest-Wochenenden zu Engpässen kommen.

Kurzfristig helfen bei der Zimmersuche auch die örtlichen Visitor Information Centres, die Sie meist an der Hauptdurchgangsstraße der Orte finden.

Reservierungen macht man mit den Worten: *I would like to reserve a room* (bei Campground: *space) for next tuesday, July 15. Two people, two beds, if possible.* Bei telefonischer Reservierung müssen Sie **spätestens um 18 Uhr einchecken**, um diese Reservierung nicht zu verlieren. Ist man spät dran und muß befürchten, daß man später als 18 Uhr im Hotel eintrifft, bestätigt man die Reservierung mit den Worten: *I would like to confirm my reservation for tonight. My name is... We are running late and will be there around 8 pm* (20 Uhr). Einfacher ist es allerdings, wenn man schon bei der Reservierung auf die Frage: *Would you like to guarantee this reservation with your credit card?* mit einer Kreditkartennummer aufwarten kann. Dies garantiert die Zimmerreservierung auch bei später Ankunft. Sollten Sie dann allerdings trotz Reservierung nicht kommen, finden Sie später den Zimmerpreis auf Ihrer Kreditkartenrechnung. Muß man, aus welchen Gründen auch immer, absagen: *I am sorry, I have to cancel my reservation for tonight.*

Im Hotel/Motel angekommen geht man durch die *lobby* zur *reception* am *front desk: I have a reservation for tonight, my name is...* Kommt man ohne Reservierung an, muß man sehen, was frei ist und wieviel es kostet, z. B.: *I am looking for a room for tonight. What are your rates?* Wer länger bleiben möchte, fragt nach dem Wochenpreis, der *weekly rate.* Rückfragen beziehen sich meist auf die Größe von Zimmer und Betten und die Anzahl der Gäste (s. »Abkürzun-

gen und Kauderwelsch«, S. 276). Bezahlt wird in der Regel im voraus *(in advance),* bar oder durch Abdruck der Kreditkarte.

Im Hotel muß man wissen, daß der Aufzug *elevator* und nicht Lift heißt und der *second floor* die erste Etage bezeichnet, weil man mit dem Zählen im Erdgeschoß anfängt. *Incidentals* (Nebenkosten) wie Telefon, Essen im Restaurant oder im Zimmer *(room service),* Telefon usw. kann man auf die Zimmerrechnung setzen lassen *(charge this to my room, please).*

Die **Dollar-Zeichen** unter den Hoteladressen auf den Info-Seiten der einzelnen Tage kennzeichnen die folgenden Preiskategorien:

$ – bis 40 can. Dollar
$$ – 40 bis 70 can. Dollar
$$$ – 70 bis 100 can. Dollar
$$$$ – über 100 can. Dollar

Die Preise gelten jeweils für einen *double room* – Einzelzimmer sind, wenn überhaupt, nur unwesentlich billiger. Kinder, die im Zimmer der Eltern schlafen, kosten meistens keinen Aufpreis.

**Bed & Breakfast** umfaßt die ganze Bandbreite vom Hotel Garni bis zu Zimmer mit Frühstück in Privathäusern. Die Unterkunft in Privathäusern ist meist nur bei mehrtägigem Aufenthalt sinnvoll, aber für kontaktfreudige Reisende eine interessante Alternative zum Hotel. Man lernt andere Reisende kennen, kann z. T. am Familienalltag teilnehmen und erhält beim Frühstück gute Tips für Ausflüge und Besichtigungen in der Umgebung. Die Preise liegen meist nur unwesentlich unter denen einfacher Hotels/Motels. Bed & Breakfast-Adressen erhalten Sie von den lokalen B & B-Organisationen und in den Visitor Information Centres.

**Staatliche Campingplätze** bieten viel Platz, aber wenig Service und Infrastruktur. Ein hölzerner Tisch mit zwei Bänken und eine Feuerstelle sind aber meistens vorhanden. Die Preise für einen Platz liegen pro Nacht zwischen $ 5 und $ 12. Reservierungen sind nicht möglich, deshalb sollte man sich nach Ankunft einen Platz sichern, bevor man sich dem Rest des Tagesprogramms widmet.

**Private Campingplätze**, die man meist telefonisch vorab reservieren kann, kosten zwischen $ 10 und $ 25, sind oft exzellent ausgestattet und bieten Komfort wie heiße Dusche, Münzwaschmaschine und Trockner, dazu Strom-, Wasser- und Abwasseranschluß.

**Wildes Campen** für mehrere Tage wird in der Nähe von Ortschaften nicht gern gesehen. In der Wildnis stört sich allerdings niemand daran, sofern man sich nicht auf Privatgelände niederläßt. Ein für eine Nacht auf einem Parkplatz abgestelltes Wohnmobil wird in der Regel toleriert.

## Ärztliche Vorsorge

Die ärztliche Versorgung ist auch in den abgelegenen Gebieten gesichert – aber teuer! In Kanada und Alaska sind Sie grundsätzlich Privatpatient. Informieren Sie sich bei Ihrer Krankenversicherung über den bestehenden Versicherungsschutz bzw. mögliche Rückerstattung von Behandlungskosten, und schließen Sie gegebenenfalls eine zusätzliche **Reisekrankenversicherung** ab.

**Medikamente** erhalten Sie beim *chemist* oder in der *pharmacy*, die sich meistens in einem *drugstore* befindet. Die Adressen finden Sie in den *yellow pages* des Telefonbuchs. Im *drugstore* erhalten Sie auch die für den Norden unerläßlichen Moskito-Abwehrmittel (s. S. 269).

Nehmen Sie eine ausreichende Menge und in jedem Fall eine Rezeptkopie von regelmäßig einzunehmenden Medikamenten mit, damit der Apotheker/Arzt das lokale Äquivalent finden kann. Viele bei uns rezeptfreie Medikamente sind vor Ort nur mit Rezept erhältlich. In Notfällen hilft die Telefonvermittlung (*operator*, »0«) weiter. Über die **Notrufnummer 911** erreichen Sie Ambulanz, Feuerwehr und Polizei.

## Auskunft

Allgemeine Informationen:

**Kanadisches Fremdenverkehrsamt**
Immermannstr. 65 d
40210 Düsseldorf
℮ (02 11) 35 03 34, Fax 35 01 65

**USTTA**
Bethmannstr. 56, 60311 Frankfurt/Main
℮ (0 69) 29 52 11

Gezielter helfen die Informationsbüros der kanadischen Provinzen und Alaskas weiter:

**Alberta Tourism**
P.O. Box 2500, Edmonton, Alta. T5J 2Z4
℮ (403) 427-43 21

**Tourism British Columbia**
Parliament Buildings, Victoria, B.C. V8V 1X4
℮ (604) 387-16 42, Fax (604) 356-82 46

**Yukon Tourism**
P.O. Box 2703, Whitehorse, Y.T. Y1A 2C6

**Fremdenverkehrsamt Alaska**
Pfingstweidstr. 4, 60316 Frankfurt/Main
℮ (0 69) 44 00 13, Fax 44 00 14

Informationen zu den kanadischen Provinzen erhalten Sie auch von:

**Kanada Tourismus Programm**
Postfach 20 02 47, 63469 Maintal
Fax (0 61 09) 6 15 98

## Geld/Devisen

Am besten verteilen Sie die Reisekasse auf einen kleineren Betrag an Bargeld in kanadischen Dollar (can. $ und U.S.-Dollar (für Alaska), Reiseschecks und eine oder mehrere Kreditkarten. Geeignet sind vor allem die an Mastercharge angeschlossene Eurocard und die VISA-Karte. Mit diesen Kreditkarten können Sie fast überall zahlen und ersparen sich viele Schwierigkeiten, z. B. bei der Hotelreservierung und der Fahrzeugmiete. Reiseschecks in der Landeswährung einzulösen ist unproblematisch. Man zahlt damit im Restaurant, an der Tankstelle oder im Geschäft und bekommt das Wechselgeld bar zurück. **Eurocheques sind nutzlos und DM-Reiseschecks unpraktisch**, sie können nur bei den großen Banken in den Städten eingelöst werden. Im Yukon ist der amerikanische Dollar eine Art Parallelwährung, er wird überall akzeptiert und durchweg zu einem fairen Kurs in Zahlung genommen.

Gängige Dollar-Scheine in beiden Währungen sind 1, 2, 5, 10, 20, 50 und 100 Dollar. Die amerikanischen sind alle grün, gleich groß und auf den ersten Blick nur durch die aufgedruckte Zahl zu unterscheiden. Die kanadischen Geldscheine unterscheiden sich durch Größe und Farbe. Wichtige Münzen sind der *loonie*, die kanadische Ein-Dollar-Münze, und die *quarters* (25-Cent-Münzen) beider Währungen. Davon sollten Sie immer einen Vorrat in der Tasche haben, damit Sie Telefon und alle Arten von Automaten füttern können.

## Gepäck/Kleidung

Packen Sie bequeme **Freizeitkleidung** ein! Nur wer in den elegantesten Restaurants und Nachtclubs von Vancouver, Calgary und Edmonton ausgehen will oder einen Opernbesuch plant, benötigt entsprechende Garderobe. Aber auch hier bedeutet das Schild *proper attire required* lediglich, daß man keine Gäste in Jeans, T-Shirt oder Turnschuhen wünscht. Falls Sie Zweifel haben, rufen Sie einfach an, und fragen Sie nach dem *dress code*. Ein offener Kragen wird meist akzeptiert, wenn Sie ein Jackett tragen. Ansonsten liegen Sie mit lockerer Freizeitkleidung genau richtig. Auch Badekleidung gehört ins Gepäck, um die *jacuzzis* der Hotels und die Thermalbäder nutzen zu können. Rasierapparat und Fön müssen auf 110 Volt umstellbar sein. Einen passenden **Adapter** sollten Sie von zu Hause mitbringen, unterwegs ist er kaum zu finden.

Wer Wanderungen plant, braucht feste, am besten knöchelhohe Wanderstiefel, Tagesrucksack, Windjacke und Regenkleidung. Mehrtägige Wanderungen oder Kanutouren erfordern Schlafsack und Unterlage, Zelt, Kompaß, Messer, Erste-Hilfe- und Überlebens-Paket. Die Touren in den Nationalparks oder im *bush* des Nordens sind kein Picknick und erfordern Planung und eine gewisse Erfahrung. Neulingen sei dringend geraten, sich den örtlichen *tour operators* und *outfitters* anzuvertrauen, die auch die benötigte Ausrüstung stellen.

Während der Reise kann es heiße Sommertage mit über 30 °C und kühle, regnerische Tage von 10 °C bis 15 °C geben. Statt ein ganzes Sammelsurium von T-Shirts und Shorts, Pullovern und Parka mitzuschleppen, ist es sinnvoller, sich nach dem »Zwiebelprinzip« zu kleiden: statt einer dicken Lage trägt man mehrere dünne Lagen (außen wind- und wasserdicht) übereinander, die man nach Bedarf Stück für Stück wieder ablegen kann.

Generell gilt: Nicht zu viel Kleidung mitschleppen. Auf den meisten privaten Campgrounds und in den größeren Orten gibt es Waschsalons mit Münzwaschmaschinen und Trocknern.

## Reisezeit/Klima

Die Reisesaison dauert im Norden von Mitte Mai bis September. Statistisch gesehen fallen im Mai die geringsten Niederschläge. Anfang Juli beginnt meist die warme Zeit im Yukon und Zentral-Alaska mit heißen, trockenen Sommertagen, an denen die Temperatur tagsüber auf über 30 °C ansteigen kann. Im August beginnt der Herbst mit angenehmen Temperaturen am Tag und kalten Nächten. Während Schlechtwetterperioden kann es zu Schneeschauern kommen, aber der Schnee bleibt, zumindest in den Tälern, nicht liegen, und wenn danach die Sonne scheint, erglüht die Landschaft im goldenen Gelb und knalligen Rot der herbstlichen Laubfärbung, akzentuiert von blaugrünen Nadelwäldern und weiß gepuderten Berggipfeln. Für viele sind die Wochen des frühen Herbstes die schönste Reisezeit im Norden, u.a. auch weil die ersten Nachtfröste die »Geißel des Nordens«, die Moskitoschwärme, beseitigt haben.

Im Süden dauert die Saison von Mai bis Oktober. Hochsaison ist von Mitte Juni bis Ende August, dann sind alle Paßstraßen geöffnet, die Nationalparks Banff, Jasper und die anderen Hauptattraktionen stark frequentiert und die Hotels ausgebucht.

Das Binnenland hat ein ausgeprägtes Kontinentalklima mit heißen, trockenen Sommertagen, an denen das Thermometer auf über 30 °C klettert, und kalten Wintertagen mit Temperaturen unter minus 20 °C. Die Rockies haben ihr eigenes, mit den Alpen vergleichbares Wetter. Wer im Winter zum Skifahren hierherkommt, wird angenehm überrascht sein: Die trockene

Kälte ist gut zu ertragen und die Zahl der Pulverschneetage groß. Vancouver an der Westküste hat wenig Frost im Winter und etwas kühlere, feuchtere Sommer. Die Reisesaison dauert hier fast das ganze Jahr. Eine Attraktion ist das fast vor der Haustür gelegene Skigebiet um Whistler. Wenn man in Vancouvers Straßencafés schon in der warmen Frühlingssonne sitzen kann, gibt es im 120 Kilometer entfernten Whistler noch ausgezeichnete Skibedingungen.

## Die »Geißel des Nordens« oder »Unliebsame Begegnungen der stechenden Art«

Die Behauptung, der Moskito sei das Wappentier des Nordens, ist maßlos übertrieben – und ungerecht. Schließlich gibt es ja auch noch die black fly – ihr Biß juckt eine Woche lang –, die deer fly, die einheimische Variante unserer Pferdebremse, und die no-see-ums, die man wirklich kaum sehen kann. Am aktivsten sind die kleinen Biester im Juni und Juli während der Morgen- und Abendstunden und während windstiller Perioden. Mit den ersten kalten Nächten reduziert sich diese Plage erheblich, und mit dem ersten Nachtfrost ist sie dann endgültig vorbei. Dunkle Kleidung und Parfüm scheinen auf Moskitos eine besondere Anziehungskraft auszuüben. Der einfachste Schutz gegen Moskitos ist weit geschnittene, an den Öffnungen gut abschließende Kleidung. Durch enge Jeans und T-Shirts stechen die Biester einfach durch.

Im Bereich der dichter besiedelten Abschnitte der beschriebenen Routen sorgt die in jedem Frühling durchgeführte Bekämpfung der Larven dafür, daß die Moskitoplage nicht überhand nimmt. Die von zu Hause bekannten Abwehrmittel reichen hier völlig aus. Problematischer wird es entlang der Wildnisstrecken und bei Wanderungen im bush. Wer sich hier mit blutrünstigen schwarzen Moskito-Wolken konfrontiert sieht, greift sehr schnell resigniert zur chemischen Keule. Im Norden gängige mosquito repellents, z.B. die Marken »OFF« oder »Cutter« sind über mehrere Stunden wirksam, enthalten aber toxische Stoffe, die von der Haut absorbiert werden. Wer mit Kindern reist oder unter Allergien leidet, sollte deshalb von zu Hause biologisch unbedenkliche Mittel wie »Dschungel-Milch« oder »Zedan« mitnehmen und entsprechend oft »nachschmieren«.

Praktisch sind auch die in den Supermärkten des Nordens angebotenen bug jackets und bug pants, mit mosquito repellent getränkte, weite Überkleidung aus grobem Netzgewebe, die über viele Tage hinweg schützt und immer wieder mit Abwehrmittel aufgefrischt werden kann.

## Auskunft vor Ort

In den größeren Orten finden Sie, gut ausgeschildert, ein Visitor Information Centre oder Visitor Reception Centre (s. blaue Info-Seiten der einzelnen Tage). Hier hilft man durch Vermittlung von Unterkünften, mit Tips für Unternehmungen oder Veranstaltungen und mit Auskünften allgemeiner Art. Eine gebührenfreie Reiseberatungs-Telefonnummer gibt es in Alberta (℡ 1-800-663-6000) und in British Columbia (℡ 1-800-661-8888). In den Provincial Parks liegen die Information Centres stets direkt am Eingang; in Banff und Jasper sind die stattlichen Gebäude mitten im Ort nicht zu übersehen. Hier erhält man stets eine kleine Broschüre mit Landkarte und Informationen zu Wanderungen, geführten Touren und Veranstaltungen.

## Autofahren

An die Verkehrsdichte der Ballungszentren Europas gewöhnt, hat man in Kanada und Alaska leichtes Fahren. Man fährt rücksichtsvoll und gemächlich, meistens jedenfalls. Landkarten und Stadtpläne bekommt man in den örtlichen Visitor Information oder Visitor Reception Centres und an Tankstellen.

Die **Orientierung** anhand von Straßenkarten ist sehr einfach. Alle Überlandstraßen sind numeriert und mit dem Zusatz Ost *(East)*, West *(West)*, Nord *(North)* oder Süd *(South)* gekennzeichnet. Man muß sich also nur die Generalrichtung der Reise merken und nicht alle Ortsnamen auswendig lernen, die möglicherweise auf den Wegweisern stehen.

Eine detaillierte Beschreibung des größten Teils der Routen aus diesem Buch und der Straßen in Alaska kann man in *»The Milepost«* nachlesen (in englischer Sprache). Er enthält u. a. Informationen zu örtlichen Sehenswürdigkeiten, zu Hotels und Campgrounds.

**Benzin** *(gas* oder *gasolin)* gibt es als Normalbenzin *(regular)* und Super *(premium)*. Bleifreies Benzin, für neuere Fahrzeuge Standard, wird als *no lead, unleaded* oder *lead free* bezeichnet. Selbstbedienungstankstellen sind etwas billiger als *full serve* mit Säuberung der Windschutzscheibe und Prüfung des Ölstandes *(to check the oil)* durch den Tankwart. Der Tankwart erwartet kein Trinkgeld. Auf den Strecken im Norden können Tankstellen, besonders an Nebenstrecken, sehr weit auseinanderliegen, deshalb rechtzeitig volltanken *(fill it up, please)*.

Eine **Panne** signalisiert man mit hochgestellter Motorhaube. Ein weißes Tuch im Fenster oder ein großes Stück Papier U-förmig auf die Antenne gespießt, bedeutet, daß Sie unterwegs sind, um Hilfe zu holen. Verlassen Sie in einsamen Gegenden auf keinen Fall Ihr Fahrzeug, um zu Fuß Hilfe zu holen. Warten Sie bei Ihrem Wagen, bis jemand hält und Sie zur nächsten Werkstatt oder Tankstelle mitnimmt. Bei einer Panne sollten Sie sich zunächst mit der Vermietgesellschaft in Verbindung setzen, um das weitere Vorgehen abzusprechen. Notrufsäulen gibt es nicht, Sie müssen zusehen, daß Sie irgendwie zum nächsten Telefon (Kneipe, Tankstelle, Hotel usw.) kommen.

Die **Höchstgeschwindigkeit** beträgt, sofern nicht anders ausgeschildert, auf autobahnähnlichen Straßen 110 km/h, sonst 90 km/h und in Ortschaften 50 km/h, in Alaska 55 bzw. 30 m/h. *Speeding*, schneller als erlaubt zu fahren, kann auch auf den Überlandstraßen teuer werden. Die oft nicht gekennzeichneten Streifenwagen

können auch die Geschwindigkeit entgegenkommender Fahrzeuge messen. Bis zu 10 km/h werden oft toleriert, wer schneller ist, wird nach einer Standpauke kräftig zur (finanziellen) Ader gelassen.

Alle **Entfernungen** in Kanada sind, da das Land inzwischen schon eine ganze Weile das metrische System eingeführt hat, im Gegensatz zu Alaska in Kilometern angegeben. Bei mündlichen Auskünften geht es mit Meilen und Kilometern noch bunt durcheinander, alte Gewohnheiten haben ein zähes Leben. Falls Sie eine Entfernungsangabe in *klicks* hören: Dies ist eine Dialektbezeichnung für Kilometer.

In Alaska und Kanada herrscht **Gurtpflicht** für alle Insassen eines Fahrzeugs. Darüber hinaus gilt es, folgende von Europa abweichende Regeln zu beachten:

- Stehende oder fahrende **Schulbusse** mit blinkenden gelben Warnleuchten dürfen nicht überholt oder aus der Gegenrichtung passiert werden.

- **Rechtsabbiegen an roten Ampeln** ist erlaubt, aber erst nach vollständigem Halt und nur, wenn keine Fußgänger oder andere Verkehrsteilnehmer behindert werden.

- **Fußgänger**, besonders Kinder, haben immer und unter allen Umständen »Vorfahrt«. Sobald sie auch nur einen Fuß auf die Fahrbahn setzen, wird angehalten!

- Beim **Parken** unbedingt die Beschilderung beachten und vor allem niemals vor einem Hydranten, in einer *tow away zone* oder an einer Bushaltestelle parken. Die Abschleppwagen sind schnell zur Stelle, und einmal abschleppen kostet immer über $ 100. Strafzettel gibt es auch bei abgelaufener Parkuhr *(parking meter)*. Öffentliche Parkplätze heißen *public parking*, und *park in rear* heißt, daß man auf dem Grundstück hinter dem Geschäft oder Restaurant parken kann. Hängt einmal ein **Strafzettel** *(ticket)* an der Scheibe, sollten Sie ihn auch bezahlen. Dazu kauft man auf der Post eine *money order*. Nicht bezahlte Tickets folgen Ihnen, mit zusätzlichen Gebühren beladen, über die Vermietfirma nach Hause.

- Außerhalb der Ortschaften muß man zum Parken oder Anhalten **vollständig von der Straße herunterfahren**.

## Einkaufen

Lebensmittel und andere Artikel für die Fahrt bekommen Sie problemlos in den Supermärkten und *shopping malls* der größeren Orte. Genußvolles Shopping findet nur in den Großstädten statt. In den kleineren Orten entlang der Routen ist die Auswahl oft sehr beschränkt. Es empfiehlt sich, die Vorräte in den größeren Orten so gut aufzufüllen, daß man auch eine »Durststrecke« von mehreren Tagen überstehen kann.

Beliebte Souvenirs sind die kunsthandwerklichen Erzeugnisse der Indianer und Eskimos: Schnitzereien, Schmuck, Mokassins, Skulpturen und Drucke. Wirklich authentische Arbeiten sind meist recht teuer, die *gift shops* der Museen haben meist günstige Angebote an guten Repliken und Kunstdrucken. Westernkleidung und Cowboy-Hüte kauft man in Edmonton und Calgary.

In Geschäften lautet die Standardfrage des Verkaufspersonals: *Can I help you?* Die Standardantworten sind: *No, thank you, I am just looking* oder *Yes, I am looking for...* Bei Kleidungsstücken fragt man unter Umständen: *Is this my size?* und *May I try it on?* An der Kasse ist die Standardfrage: *Will that be cash or credit card?* (bar oder Kreditkarte).

## Feiertage

An den langen Feiertagswochenenden im Sommer – die meisten Feiertage haben kein festes Datum, sondern werden jeweils auf den nächstgelegenen Montag geschoben – werden in den Urlaubsgebieten, den National- und Provinzparks die Hotelzimmer und Campingplätze knapp. Rechtzeitige Reservierungen sind an diesen Tagen ein Muß! Gleiches gilt für die örtlichen Feste, z.B. in Calgary, Edmonton oder Dawson City. Banken, öffentliche Gebäude, Regierungsdienststellen und viele Museen sind an Feiertagen geschlossen. Groß gefeiert werden neben den örtlichen Festen eigentlich nur **Victoria Day** und **Canada Day**.

**Offizielle Feiertage in Kanada:**
**Neujahrstag** (1. Januar)
**Good Friday** (Karfreitag)
**Easter Monday** (Ostermontag)
**Victoria Day** (Montag vor dem 25. Mai)
**Canada Day** (1. Juli)
**Provincial Holiday** (1. Montag im August)
**Labour Day** (1. Montag im September)
**Thanksgiving** (2. Montag im Oktober)
**Remembrance Day** (11. November)
**Christmas Day** (25. Dezember)
**Boxing Day** (26. Dezember)

## Kinder

Der lange Flug über acht oder neun Zeitzonen ist auch für Kinder eine Strapaze. Es empfiehlt sich, wegen der Zeitumstellung besonders zu Beginn der Reise zusätzliche Ruhezeit einzuplanen. Unterwegs gibt es wenig Probleme: Die Fahrzeugvermieter halten spezielle Kindersitze mit Anschnallgurten bereit, in den Hotels und Motels übernachten Kinder im Zimmer der Eltern meist umsonst. Ein zusätzliches Bett kostet nur einen kleinen Aufpreis. In den Restaurants sind Kinder willkommen, es gibt Kinderstühle und oft auch spezielle Kindermenüs, die Hotels in den großen Städten vermitteln Babysitter.

Wohnmobilreisen sind für Kinder ideal. Lagerfeuer, Grillen, Angeln usw. lassen keine Langeweile aufkommen. Es empfiehlt sich, mit Kindern die Tage etwas lockerer zu planen und eventuell Zusatztage einzuschieben, damit sie ausreichend Pausen und Bewegung haben und nicht zu quengelnden Nervensägen werden. Unterwegs gibt es selten deutschsprachige Gesellschaft, und mangelnde Sprachkenntnisse können zu Kontaktschwierigkeiten führen. Allerdings reisen die Kanadier und Amerikaner gern und bevölkern mit Kind und Kegel die Campingplätze, und da Kinder sehr kontaktfreudig sind, finden sie auf dem Campingplatz meist schnell Anschluß.

## Maße und Gewichte

Kanada hat schon seit längerer Zeit das metrische System eingeführt: Man tankt Benzin in Litern, fährt Kilometer und schwitzt oder friert in Grad Celsius. In Alaska sind nur die National-

# Reisedaten

**Längenmaße:** 1 *inch (in.)* = 2,54 cm
1 *foot (ft.)* = 30,48 cm
1 *yard (yd.)* = 0,9 m
1 *mile* = 1,6 km
**Flächenmaße:** 1 *square foot* = 930 cm²
1 *acre* = 0,4 Hektar
(= 4 047 m²)
1 *square mile* = 259 Hektar
(= 2,59 km²)
**Hohlmaße:** 1 *pint* = 0,47 l
1 *quart* = 0,95 l
1 *gallon* = 3,79 l
**Gewichte:** 1 *ounce (oz.)* = 28,35 g
1 *pound (lb.)* = 453,6 g
1 *ton* = 907 kg

parks metrisch, ansonsten blieb alles beim alten: Gallonen, Meilen, *pounds* und Grad Fahrenheit. Die folgenden Tabellen helfen bei der Umrechnung.

## Notfälle

Bei allen Arten von Notfällen kann man sich telefonisch an die Telefonvermittlung (*operator*, »0«) oder die Notrufzentrale (911) wenden. Man nennt Namen, Adresse oder Standort und die Art des Notfalls. Der *operator* informiert Polizei, Rettungsdienst oder Feuerwehr. In den Nationalparks sind die *park wardens* für sämtliche Notfälle zuständig.

Beim Verlust von Reisepaß usw. wenden Sie sich an Ihr Konsulat:

**Temperaturen:**

| F° | 104 | 100 | 90 | 86 | 80 | 70 | 68 | 50 | 40 | 32 |
|---|---|---|---|---|---|---|---|---|---|---|
| C° | 40 | 37,8 | 32,2 | 30 | 26,7 | 21,1 | 20 | 10 | 4,4 | 0 |

**Bekleidungsmaße:**

Herrenkonfektion

| | | | | | | | | | | |
|---|---|---|---|---|---|---|---|---|---|---|
| Deutsch | 46 | | 48 | | 50 | | 52 | | 54 | | 56 | | 58 |
| Amerikanisch | 36 | | 38 | | 40 | | 42 | | 44 | | 46 | | 48 |

Damenkonfektion

| Deutsch | 38 | | 40 | | 42 | | 44 | | 46 | | 48 |
|---|---|---|---|---|---|---|---|---|---|---|
| Amerikanisch | 10 | | 12 | | 14 | | 16 | | 18 | | 20 |

Kinderbekleidung

| Deutsch | 98 | | 104 | | 110 | | 116 | | 122 |
|---|---|---|---|---|---|---|---|---|---|
| Amerikanisch | 3 | | 4 | | 5 | | 6 | | 6x |

Kragen/*collars*

| Deutsch | 35–36 | 37 | 38 | 39 | 40/41 | 42 | 43 |
|---|---|---|---|---|---|---|---|
| Amerikanisch | 14 | 14½ | 15 | 15½ | 16 | 16½ | 17 |

Strümpfe/*stockings*

| Deutsch | 35 | 36 | 37 | 38 | 39 | 40 | 41 |
|---|---|---|---|---|---|---|---|
| Amerikanisch | 8 | 8½ | 9 | 9½ | 10 | 10½ | 11 |

Schuhe/*shoes*

| Deutsch | 36 | 37 | 38 | 39 | 40 | 41 | 42 | 43 | 44 | 45 | 46 | 47 |
|---|---|---|---|---|---|---|---|---|---|---|---|---|
| Amerikanisch | 5 | 5¾ | 6½ | 7¼ | 8 | 8¾ | 9½ | 10¼ | 11 | 11¾ | 12½ | 13¼ |

**Deutsches Generalkonsulat**
in Vancouver:
704-999 Canada Place
✆ (604) 684-83 77
in Calgary:
700, 4th Ave. S.W.
✆(403) 269-59 00
in Edmonton:
10180, 101st St.
✆ (403) 422-61 75

**Österreichisches Honorarkonsulat**
in Vancouver:
525 Seymour St., Suite 7/6
✆ (604) 687-33 38

**Schweizer Generalkonsulat**
in Vancouver:
World Trade Centre
790-999 Canada Place
✆ (604) 684-22 31

## Post

Postämter gibt es auch in den winzigsten Orten des Nordens. Briefe und Karten in die Heimat brauchen mindestens eine Woche. Läßt man sich postlagernd Sendungen nachschicken, müssen sie wie folgt adressiert sein:

(Name), c/o General Delivery
Main Post Office
(Stadt), (Provinz)
Canada bzw. USA

Das Telefonsystem ist privatwirtschaftlich organisiert, deshalb findet man in den Postämtern keine Telefonzellen. Telegramme gibt man auf in den Büros von CN/CP Telegraph, im Yukon bei Northwestel in Whitehorse, 211 Elliott St. Man kann dort auch telefonisch Telegramme aufgeben, die Laufzeit nach Europa beträgt in der Regel drei Tage.

## Restaurants

Die Restaurants außerhalb der Städte und im Norden orientieren sich, von wenigen Ausnah-men abgesehen, am Prinzip »solide und reich-lich«. Steaks und Lachs gehören zum Standardangebot der meisten Lokale. Wildgerichte findet man sehr selten, denn gejagt wird eigentlich nur für den Hausgebrauch, und wegen der vielen Hygienevorschriften findet Wild nur selten den Weg in die Restaurantküche.

Außerhalb der Städte bietet sich ein mittägliches Picknick an, das erspart Zeit und Reinfälle in den *coffee shops* entlang der Straße. Das Schild *food to go* im Fenster eines Restaurants zeigt an, daß man die Gerichte auch zum Mitnehmen verpackt bekommen kann, man hängt dann beim Bestellen an der Theke die Worte *to go* an. Kalte Getränke gibt es auch in jeder Tankstelle.

Die empfohlenen Restaurants auf den blauen Seiten der Tagesinformationen sind nach folgenden Preiskategorien (pro Person, ohne Getränke) eingeteilt:

$     – bis 10 can. Dollar
$$    – 10 bis 20 can. Dollar
$$$   – über 20 can. Dollar

Der Restaurantbesucher wartet am Eingang zum Speiseraum beim Schild *Please wait to be seated* darauf, daß ihm *host* oder *hostess* einen Tisch zuweist. Warten bereits andere Gäste, bildet man nach diszipliniert-angelsächsischer Manier eine Schlange (*line*). Im Zweifelsfall fragt man einen der Herumstehenden: *Excuse me, is this a line? Lines* gibt es überall: an der Hotelrezeption, am Bankschalter, im Flughafen, einfach überall, wo mehrere Leute darauf warten, daß sie an die Reihe kommen.

*Two for breakfast/lunch/dinner?* lautet die Standardfrage, bevor man zum Tisch begleitet wird. Wer es eilig hat, kann Frühstück oder Lunch auch an der Theke (*counter*) einnehmen, dort geht es schneller. Kaffee wird sofort angeboten, und mit der Frage »*Have you decided?*« oder »*Are you ready to order?*« erkundigt sich die Bedienung (*waiter* oder *waitress*) nach den Wünschen der Gäste. Wer mehr Zeit zur Entscheidung braucht, sagt: *I will need a little more time* oder *Can you come back in a little while, please.* Nach der Bedienung ruft man mit einem vernehmlichen: *Excuse me, please.* Wer die Toilette sucht, stellt die Frage: *Where are the rest*

273

rooms?, Damen auch: *Where is the ladies' room, please?*

Abends wird man in den besseren Restaurants nach der Reservierung gefragt *(Did you make a reservation?).* Wenn ja, nennt man seinen Namen und die Anzahl der Gäste, also zum Beispiel: *Braun, party of four.* Hat man nicht reserviert und die Antwort lautet: *I am sorry we are fully booked,* dann muß man sich für diesen Abend ein anderes Restaurant suchen. Anderenfalls heißt es: *It will be twenty minutes,* oder *I will have a table for you in twenty minutes, do you want me to put your name down?* Die Wartezeit überbrückt man mit einem Drink in der Lounge oder an der Bar. Drinks gibt es fast immer mit Eis, *on the rocks* (mit Eiswürfeln), *crushed* (zermahlenes Eis) oder *blended* (schaumig geschlagenes Eis). Wer kein Eis möchte, muß das mit *»No ice, please!«* auch bei *soft drinks* (alkoholfreien Getränken) schon bei der Bestellung sagen.

Am Tisch erkundigt sich die Bedienung zuerst nach den Getränkewünschen: *Would you like anything from the bar?* Wein muß man *right away* bestellen, sonst kommt er automatisch mit oder kurz vor dem Essen *(with the meal).* Vorspeisen heißen *starter* oder *appetizer,* das Hauptgericht *entrée.* Nachtisch *(dessert)* wird gesondert bestellt, nachdem die Hauptspeise verzehrt und das Geschirr abgeräumt ist. Eine Liste gängiger Namen für Speisen und Zubereitungsarten finden Sie im Kapitel »Wortschatz für unterwegs«.

Irgendwann während des Essens wird man gefragt: *How are we all doing?* oder *How is your dinner?* Dann ist ein *great, delicious, excellent, fabulous* oder eine ähnliche Übertreibung fällig, nur nicht *good,* denn das bedeutet, daß man's gerade noch essen kann.

Mit der Frage *Would you care for anything else tonight?* erkundigt sich die Bedienung danach, ob es noch weitere Wünsche gibt oder ob es jetzt an der Zeit ist, die Rechnung fertig zu machen. Nach der Rechnung fragt man mit den Worten: *Could we have the check, please?* Unter Umständen will die Bedienung dann noch wissen, ob man eine gemeinsame oder eine getrennte Rechnung haben möchte: *Will that be together or on separate checks?* Die Rechnung wird oft an der Kasse am Ausgang bezahlt, manchmal auch am Tisch. Kreditkarten, zumindest Mastercharge und VISA, werden fast überall akzeptiert, wo das nicht der Fall ist, wird dieser Umstand unübersehbar auf einem Schild am Eingang und auf der Speisekarte verkündet. Das Trinkgeld *(tip)* sollte mindestens 15 % betragen, da die Bedienung überwiegend vom Trinkgeld lebt und nicht vom meist jämmerlichen Gehalt. Wer mit Kreditkarte zahlt, schreibt das Trinkgeld mit auf den Kartenbeleg, anderenfalls läßt man es auf dem Tisch liegen.

## Telefonieren

Telefone sind allgegenwärtig: an der Tankstelle, vor dem Supermarkt und manchmal sogar in freier Wildbahn. Allzeit hilfreich ist der *operator* (»0«), meist eine freundliche Dame, die Ferngespräche vermittelt, Vorwahlnummern *(area codes)* bekannt gibt und auch den Preis eines Gesprächs ansagt. Mit dem Vormarsch der digitalen Telefone *(touch tone phone)* werden viele Aufgaben des *operator* – besonders in den Ballungszentren – inzwischen von einer Computerstimme übernommen. Diese Stimme führt die angebotenen Optionen auf und fordert den Anrufer auf, seine Wahl durch Drücken bestimmter Zifferntasten bekanntzugeben.

Um eine Nummer herauszufinden, ruft man die *directory assistance* an. Innerhalb des Bereichs der eigenen Vorwahlnummer wählt man dazu die Nummer »411«, für andere Vorwahlbereiche wählt man »1«, den dreistelligen *area code* und die Nummer 555-12 12. Auskunft über gebührenfreie 1-800-Nummern gibt es unter ✆ 1-800-555-12 12. Die Auskunft meldet sich meist mit dem Satz: *Which area code do you wish?,* um sich zu vergewissern, daß man bei ihr richtig ist. Erst danach kann man dann sein Sprüchlein aufsagen: *I am looking for the number of Mr. Joe Brown at 2211 Sunset Boulevard in Calgary.* Eine spezielle Auslandsauskunft gibt es nicht, Nummern außerhalb Nordamerikas vermittelt der *operator* (»0«).

**Die Vorwahlnummern für West-Kanada und Alaska sind:**
403 Alberta, Yukon Territory,

Northwest Territories
604 British Columbia
907 Alaska

Das **Telefonieren aus der Telefonzelle**, dem *pay phone*, kostet für ein **Ortsgespräch** *(local call)* 25 Cents, die man vor dem Wählen einwirft. Anders als bei uns meldet sich der Angerufene im Privatbereich nicht mit seinem Namen, sondern mit einem kurzen *hello*. Im gewerblichen Bereich hört man selbstverständlich zuerst den Namen von Hotel, Restaurant oder Firma. Danach ist man selbst an der Reihe: *This is Wolfgang Weber speaking, I would like to talk to ...*

Für **Ferngespräche** *(long distance calls)* innerhalb Kanadas und der USA wählt man innerhalb des eigenen *area code* eine »1« vor der siebenstelligen Teilnehmernummer, sonst »1«, den dreistelligen *area code* und die Teilnehmernummer. Für **Auslandsgespräche** *(overseas calls)* wählt man 011-Länderkennzahl-Vorwahl ohne die erste »0«–Telefonnummer. Also z.B. für Frankfurt: 011-49-69-Teilnehmernummer. Nach dem Wählen meldet sich der *operator* oder eine Computerstimme und teilt die Gebühr für die ersten drei Minuten mit, die man dann in Form von *quarters* (25-Cents-Münzen) einwirft, bevor die Verbindung hergestellt wird. Spricht man länger, kommt die Stimme wieder und verlangt mehr Geld. Ein Gespräch nach Europa kostet etwa $ 8 für drei Minuten. Es empfielt sich also, einen größeren Vorrat an *quarters* bereitzuhalten oder bargeldlos bzw. vom Hotelzimmer aus zu telefonieren.

**Bargeldlos telefonieren** kann man von allen Telefonen aus, sofern man eine Telefonkarte oder eine Telefon-Kreditkarte *(calling card)* hat. Für ein Telefonat mit der Telefon-Kreditkarte wählt man eine »0« und dann die oben genannte Nummernfolge. Danach meldet sich entweder der *operator* mit: *What kind of service do you wish?* Antwort: *A calling card call, please, my card number is...*, oder ein Gong ertönt, nachdem man seine Kartennummer über die Telefontastatur eingegeben hat. Dies geht in Kanada aber in der Regel nur, wenn man einen Privatanschluß, das Telefon im Hotel oder ein spezielles Kreditkarten-Telefon benutzt. Calling-card-Telefonate vom *pay phone* akzeptieren die Telefongesellschaften nicht.

Telefonkarten werden von verschiedenen Dienstleistungsunternehmen verkauft und sind mit einem bestimmten Dollar-Betrag »geladen«. Man ruft zunächst die auf der Karte angegebene gebührenfreie 1-800-Nummer an. Dort meldet sich eine Computerstimme, fragt nach der ebenfalls auf der Karte angegebenen persönlichen Kennzahl *(PIN)* und teilt nach erfolgter Eingabe mit, wieviel vom ursprünglichen Kartenwert noch zur Verfügung steht. Danach wählt man ganz normal wie am *pay phone* mit 1-*area code*-Teilnehmernummer oder international mit 011-Länderkennzahl-Vorwahl ohne die erste »0« den gewünschten Anschluß. Die Telefonkarten kann man auch telefonisch »nachladen« lassen. Die entsprechende 1-800-Nummer ist auf der Karte angegeben.

Eine weitere Möglichkeit, zu Hause anzurufen, ist der Service **»Deutschland Direkt«** der Telecom. Mit der Nummer ✆ 1-800-465-0049 kann man von jedem Telefon in Kanada gebührenfrei eine Vermittlung in Deutschland anrufen, der man die gewünschte Teilnehmernummer auf Deutsch mitteilt. Die Abrechnung erfogt als R-Gespräch, für das der Angerufene zahlt. Die Gebühren sind DM 19 für die ersten drei Minuten und danach DM 2 pro Minute.

**Vom Hotel/Motel aus** kann man entweder über den Hotel-Operator telefonieren oder direkt selbst wählen. Die Amtsleitung wählt man meist mit einer »8« oder »9« an (auf dem Apparat genau angegeben). Die Prozedur für die Direktwahl entnehmen Sie den im Zimmer bzw. auf dem Telefon vorhandenen Instruktionen, sie ist im wesentlichen die gleiche wie oben beschrieben. Bei *DD calls (direct dial!* = direkt gewählten Anrufen) erscheint die Telefongebühr auf Ihrer Rechnung. Bei älteren Anlagen oder wenn Sie die Null für den *operator* mitgewählt haben, weil Sie den Anruf über Ihre *calling card* abrechnen wollen, schaltet sich der *operator* der Telefongesellschaft ein, der Sie nach Ihren Wünschen bzw. der Zimmernummer fragt.

Klappt das alles aus irgendeinem Grund nicht, dann rufen Sie einfach den Hotel-Operator oder den *front desk* an und fragen: *How do I make a call to Germany?* Dann fragt man Sie (in guten Hotels) nach der gewünschten Nummer

# Reisedaten

und stellt die Verbindung für Sie her, oder man sagt Ihnen: *Dial 8 and 0.* Dann wählen Sie diese Nummern (es können natürlich auch andere sein), und eine Stimme meldet sich mit: *Overseas operator, may I help you? Yes, I'd like to make a call to Germany, please. What is the number in Germany? The country code is 49, the area code is...* (Vorwahlnummer **ohne** die erste »0«!) *and the number is... Thank you, and how would you like this billed? Charge it to my room number... (calling card number...).*

Der *operator* stellt dann die Verbindung her oder meldet sich mit: *I am sorry, the line is busy* (besetzt) oder *I am sorry, there is no answer* (es meldet sich niemand).

## Trinkgeld

Man gibt reichlich und bei jeder Gelegenheit in Nordamerika. Neben den mindestens 15 %

für die Bedienung im Restaurant sind in der Bar etwa 50 Cents pro Drink fällig. Im Hotel bekommt der *bellman*, der Kofferträger, je nach Hotelklasse 50 Cents bis $ 1 pro großem Gepäckstück und das Zimmermädchen bei mehrtägigem Aufenthalt $ 3 bis $ 5. Der Taxifahrer erwartet etwa 15 % bis 20 % vom Rechnungsbetrag.

## Zeitzonen

Die Reiserouten führen durch drei Zeitzonen:
Alberta = MEZ minus 8 Stunden
British Columbia und Yukon Territory = MEZ minus 9 Stunden
Alaska = MEZ minus 10 Stunden
Wie in Europa gibt es auch hier eine Sommerzeit *(daylight saving time)*, somit ändert sich die absolute Zeitdifferenz nicht.

# Sprachhilfen

### Abkürzungen und Kauderwelsch

Wer auf der Reise durch Nordamerika Enttäuschungen vermeiden will, muß sich an den manchmal etwas eigenwilligen Umgang mit der Sprache gewöhnen und die gängigen Abkürzungen und Euphemismen richtig entschlüsseln können.

Auf der Suche nach einer Unterkunft kann man schon von der Straße aus erkennen, ob bei einem Hotel *RMS AVL*, Zimmer, zu haben sind. Ein unübersehbares Leuchtschild signalisiert mit *vacancy* freie Zimmer. Das Gegenteil wird mit *no vacancy*, oft auch mit einem lapidaren *no* angezeigt.

Hat man sich entschieden und sein *DBL* oder *SGL* (Doppel- oder Einzelzimmer) bezogen, zeigt sich bald, ob man richtig gewählt hat. Ein mit *standard* klassifiziertes Zimmer ist zumeist klein und unter Standard, denn sonst hieße es *deluxe. Superior* bedeutet oft nichts anderes, als daß man mit einem etwas größeren Zimmer rechnen kann, in dem genug Handtücher vorhanden sind und dessen *AC (air conditioner =*

Klimaanlage) nicht die Lautstärke einer Fabrikhallenentlüftung erreicht. Entsprechend ist eine *junior suite* keineswegs eine Suite, sondern ein größeres Zimmer mit Sitzgruppe und einem Schreibtisch, der möglicherweise neben *TV* und *DD phone* (Selbstwähltelefon) auch noch Platz für Schreibarbeiten bietet.

Für den Fernseher gibt es gleich ein ganzes Bündel von Möglichkeiten. Ist es ein *CTV* oder *COTV with HBO*, dann steht ein Farbfernseher mit Kabelanschluß und (meist kostenlosem) Spielfilmprogramm zur Verfügung. *In-house movies* dagegen, eine Auswahl von sechs bis acht aktuellen Spielfilmen, darunter meist zwei *blue movies* (Soft-Pornos), kosten in der Regel mindestens $ 6 pro Film. *CBLTV* verspricht Kabelfernsehen mit, zumindest theoretisch, besserer Empfangsqualität. *32CH* (32 Kanäle) kann auch eine uralte Flimmerkiste mit Schwarzweißbild sein.

Bei den Betten ist der Bezeichnungswirrwarr nicht geringer. Ein *twin* ist kein Doppelbett, sondern ein Einzelbett, mindestens einen Meter breit und 1,93 Meter lang. Ein Beinahe-Doppelbett mit den Mindestabmessungen 1,37 mal 1,93 Meter wird *full* genannt. Noch größer sind *queen* und *king* mit 1,52 bzw. 1,98 Meter Breite und 2,03 Meter Länge.

Der Zimmergrundpreis ohne Steuer, die mindestens 6 %, in manchen Städten aber auch 15 % oder 20 % beträgt, steht oft unübersehbar auf der Anzeigetafel schon an der Straße vor dem Hotel oder Motel. Dabei spielt es meist keine Rolle, ob ein oder zwei Personen im Zimmer nächtigen. Mit *SP* oder *EP (extra person)* wird der Zuschlag für eine zusätzliche Person im Zimmer ausgewiesen. Ausnahmen für Kinder *(kid free)*, die im Zimmer der Eltern übernachten, sind häufig; und *TOTs,* das sind Kleinkinder, kosten in der Regel nichts, sofern sie kein zusätzliches Bett benötigen. Nicht verwechseln sollte man *kid,* wie Kind, mit der Abkürzung *KIT,* die eine Einbauküche verspricht.

Das Versprechen von *no extra fees* ist durchweg glaubwürdig, weil es in diesem Fall wahrscheinlich auch keine Extras gibt, sonst würden nämlich *options galore* zu saftigen Aufpreisen angeboten. *Surprising bargains* sind im Zweifelsfall Rabatt-Coupons für den hoteleigenen *gift shop* mit überhöhten Preisen und *amenities* ein extra großes Stück Seife und ein Schuhputzlappen im Zimmer.

Den abendlichen Drink nimmt der Reisende nicht in der Hotelbar, sondern in der Lounge. Zur *happy hour,* der blauen Stunde am späten Nachmittag, gibt es dort oft *2-4-1 (two for one),* zwei Drinks zum Preis von einem. Folgt den Drinks ein Restaurantbesuch, hat es meist wenig Zweck, den in den Hotels herumliegenden Werbezetteln zu vertrauen. *Exquisite cuisine* entpuppt sich nur allzuoft als phantasielose Einheitsküche, serviert in dämmriger Umgebung, und *authentic local food* als ungenießbar. Eine bessere Empfehlung ist ein volles Restaurant mit einer Schlange wartender Gäste, die hinter dem Schild mit der Aufschrift *Q here* eine *line* bilden.

Wer beabsichtigt, längere Zeit zu bleiben, wird auf eine *kitchenette,* eine Einbauküche, Wert legen oder gleich versuchen, ein *FURN APT* (möblierte Wohnung) bzw. ein *CONDO* (Ferienwohnung) zu finden. Möglicherweise mit *OCV (ocean view),* also Blick aufs Meer.

Aber weder *OCV* noch *OCF (ocean front)* sind eine Versicherung gegen eine möglicherweise zwischen Hotel und Strand verlaufende Straße, über die der Fernverkehr donnert. Mit dem *INDR POOL*, dem Schwimmbad im Haus, gibt es wenig Probleme. Aber *ACC TO POOL* (Zugang zu einem Pool) kann natürlich auch bedeuten, daß vor dem Badevergnügen ein längerer Fußmarsch zu einem anderen Haus nötig ist.

## Wortschatz für unterwegs

**Autofahren/Verkehr:**

| | |
|---|---|
| ambulance | – Krankenwagen |
| brake | – Bremse |
| bump | – Schlag, Stoß |
| carburettor | – Vergaser |
| to charge the battery | – Batterie laden |
| clutch | – Kupplung |
| dead-end | – Sackgasse |
| detour | – Umleitung |
| dip | – Bodensenke |
| dip stick | – Meßstab für das Motoröl |
| do not enter | – Einfahrt verboten |
| do not pass | – Überholverbot |
| engine | – Motor |
| falling rocks | – Steinschlag |
| fan belt | – Keilriemen |
| fender | – Kotflügel |
| to fill it up | – volltanken |
| first-aid kit | – Verbandkasten |
| game crossing | – Wildwechsel |
| gas | – Benzin |
| gas station | – Tankstelle |
| generator | – Lichtmaschine |
| handicapped parking | – Parken nur für Behinderte |
| hose | – Schlauch |
| ignition lock | – Zündschloß |
| jack | – Wagenheber |
| lane closed | – Fahrbahn gesperrt |
| licence plate | – Nummernschild |
| to merge | – einfädeln |
| muffler | – Auspuff |
| no passing | – Überholverbot |
| no U-turn | – Wenden verboten |
| spare, spare tire | – Ersatzrad |
| speed | – Geschwindigkeit |

# Sprachhilfen

| | |
|---|---|
| *starter* | – Anlasser |
| *steep* | – steil |
| *through traffic* | – Durchgangsverkehr |
| *tire, tyre* | – Reifen |
| *transmission* | – Getriebe |
| *trunk* | – Kofferraum |
| *to make an u-turn* | – wenden |
| *valve* | – Ventil |
| *wheel-nut* | – Radmutter/-schraube |
| *windshield,* | – Windschutzscheibe |
| *windscreen* | |
| *wiper* | – Scheibenwischer |
| *wrench* | – Schraubenschlüssel |
| *yield* | – Vorfahrt beachten |

## Wohnmobil/Camping:

| | |
|---|---|
| *barbecue* | – Grill |
| *(light) bulb* | – (Glüh-) Birne |
| *campground* | – Campingplatz |
| *coin laundry* | – s. *laundromat* |
| *dump station* | – Stelle zum Leeren der Abwassertanks |
| *electricity* | – Elektrizität |
| *full hook up* | – Anschluß von Wasser, Strom, Abwasser |
| *fuse* | – Sicherung |
| *garbage* | – Müll, Abfall |
| *heating* | – Heizung |
| *hose* | – Schlauch |
| *laundromat* | – Raum mit Münzwaschmaschinen und Trockner |
| *motor home* | – Wohnmobil |
| *oven* | – Backofen |
| *plug* | – Stecker |
| *plug in* | – Steckdose |
| *propane* | – Propangas |
| *pump* | – Pumpe |
| *refrigerator,* | – Kühlschrank |
| *fridge* | |
| *rest room* | – Toilette, Waschraum |
| *RV Park* | – Campingplatz nur für Wohnmobile |
| *sewage* | – Abwasser |
| *short circuit* | – Kurzschluß |
| *shower* | – Dusche |
| *spark plug* | – Zündkerze |

## Telefonieren:

| | |
|---|---|
| *to answer the phone* | – ans Telefon gehen |
| *collect call* | – R-Gespräch |
| *hold on, please* | – bitte warten, bleiben Sie dran |
| *local call* | – Ortsgespräch |
| *long distance call* | – Ferngespräch |
| *message* | – Nachricht |
| *to speak up* | – lauter sprechen |

## Essen:

| | |
|---|---|
| *arctic char* | – arktischer Saibling |
| *bacon* | – Schinkenspeck |
| *baked potatoe* | – Folienkartoffel, in der Schale gebacken |
| *bass* | – Barsch |
| *beef* | – Rindfleisch |
| *bread* | – Brot |
| *broiled* | – gebraten |
| *caribou* | – Karibu |
| *chicken* | – Hühnchen |
| *chive* | – Schnittlauch |
| *clams* | – (Mies-) Muscheln |
| *clam chowder* | – gebundene Muschelsuppe |
| *corned beef hash* | – Mischung aus Corned Beef und Kartoffelwürfeln |
| *crabs* | – Krebse, Krabben |
| *duck* | – Ente |
| *eggs* | – Eier |
| *– boiled* | – gekocht |
| *– over easy* | – von beiden Seiten gebraten |
| *– poached* | – pochiert |
| *– scrambled* | – Rührei |
| *– sunny side up* | – Spiegelei |
| *French fries* | – Pommes frites |
| *fried* | – fritiert |
| *grilled* | – gegrillt |
| *halibut* | – Heilbutt |
| *ham* | – gekochter Schinken |
| *hash browns* | – ähnlich wie Rösti |
| *home fries potatoes* | – Bratkartoffeln |
| *lamb* | – Lamm |
| *lobster* | – Hummer |

| | |
|---|---|
| *mashed potatoes* | – Kartoffelbrei |
| *oyster* | – Auster |
| *prawn* | – Steingarnele |
| *prime ribs* | – Hochrippe (Rind) |
| *raisin toast* | – getoastetes Rosinen-<br>brot |
| *salmon* | – Lachs |
| *sauteed* | – gedünstet |
| *scallop* | – Kammuschel |
| *seafood* | – Meeresfrüchte |
| *shellfish* | – Schalentiere |
| *shrimp* | – Garnele |
| *sour cream* | – saure Sahne |
| *steak* | – Steak |
| *– rare* | – Zentrum rot und kühl |
| *– medium* | – Zentrum rosa und warm |
| *– well done* | – durchgebraten |
| *swordfish* | – Schwertfisch |
| *trout* | – Forelle |
| *tuna* | – Thunfisch |
| *turkey* | – Truthahn |
| *veal* | – Kalb |

**Allgemeine/spezielle Ausdrücke:**

| | |
|---|---|
| *ALCAN* | – alter Name des Alaska<br>Highway |
| *antler* | – Geweih |
| *bald eagle* | – Weißkopf-Seeadler |
| *bighorn* | – Bergschaf |
| *bush* | – die nicht durch den Stra-<br>ßenbau erschlossenen<br>Landesteile |
| *caribou* | – Karibu |
| *cheechako* | – Neuling im Norden |
| *claim* | – ein Stück Land, für das<br>jemand die Bergbaurech-<br>te beansprucht |
| *coach* | – Reisebus |
| *eh* | – scherzhaft oft als das häu-<br>figste kanadische Wort be-<br>zeichnet; wird am Ende<br>des Satzes angehängt, wie<br>z. B.: *You are from Germa-<br>ny, eh?* |
| *elk* | – (Wapiti-) Hirsch |
| *esker* | – Geröll- oder Sandhügel |
| *ground squirrel* | – Erdhörnchen |

| | |
|---|---|
| *hi!* | – freundliche Begrüßung,<br>man antwortet ebenfalls<br>mit *hi!* |
| *hoodoo* | – durch Erosion herausge-<br>bildete, säulenartige<br>Gesteinsformen |
| *hootch* | – Schnaps (auch *hooch*) |
| *howdy!* | – s. *hi!* |
| *hypothermia* | – Unterkühlung |
| *king crab* | – Riesenkrabbe |
| *marmot* | – Murmeltier |
| *miner* | – Goldgräber, Bergbau-<br>arbeiter |
| *moose* | – Elch |
| *mountain goat* | – Bergziege, Schneeziege |
| *mountie* | – s. *R.C.M.P.* |
| *outfitter* | – Wildnis-, Angel- oder<br>Jagdführer oder jemand,<br>der Ausrüstungen für<br>Wildnistouren vermietet |
| *outside* | – die Welt südlich von<br>60° Nord |
| *permit* | – Genehmigung |
| *porcupine* | – Stachelschwein |
| *potlatch* | – Indianerfest an der West-<br>küste |
| *powwow* | – Fest der Prärie-Indianer |
| *ranger* | – Nationalpark-Aufseher<br>oder Wildhüter |
| *R.C.M.P.* | – *Royal Canadian Mounted<br>Police*; Bundespolizei von<br>Kanada |
| *salmon bake* | – Lachs-Grillparty im Freien |
| *sourdough* | – 1. Sauerteig, 2. jemand,<br>der schon lange im Nor-<br>den lebt |
| *squirrel* | – Eichhörnchen |
| *stampede* | – eigentlich das »Durch-<br>gehen« einer Rinderher-<br>de, heute auch für Rodeos<br>gebraucht |
| *steelhead* | – eine Art Forelle |
| *stetson* | – Cowboy-Hut |
| *The Cariboos* | – Bergregion in British<br>Columbia |
| *trail* | – Pfad |
| *wapiti* | – Rothirsch |
| *warden* | – s. *ranger* |
| *wolverine* | – Vielfraß |

# Orts- und Sachregister

Die *kursiv* gesetzten Begriffe und Seitenzahlen beziehen sich auf den Serviceteil, **halbfette** Ziffern verweisen auf ausführlichere Erwähnungen.

# Personenregister